사도들을 통한
하나님의 행적 3권

사도행전 강해 설교 3

사도들을 통한 하나님의 행적 3권

하인택 목사 저

바른북스

머리말

　사도행전 7:38절에 보면 '시내 산에서 말하던 그 천사와 우리 조상들과 함께 광야 교회에 있었고 또 살아 있는 말씀을 받아 우리에게 주던 자가 이 사람이라'

모세를 가리켜 '살아 있는 말씀을 받아 우리에게 주던 자가 이 사람이라'는 구절이 있습니다.

개인적으로 가장 부러운 말씀이요 새벽마다 하나님께 올려드리는 저의 기도 제목입니다.

말씀의 종으로 쓰임받기를 소원하며 모세에게 주셨던 말씀의 영을, 예레미야에게 주셨던 선지자의 영을 허락해 달라고 기도하며 담임목회를 시작한 지 이제 15년이 되었습니다.

사무엘상하, 여호수아, 요한복음, 마태복음에 이어 사도행전을 주일 예배 때 강해 설교하면서 특별히 사도행전의 말씀을 많은 분들과 함께 은혜를 나누고 싶은 마음이 들었습니다.

그 이유는 사도행전은 사도들을 통한 하나님의 행적으로 지금까지도 이어져 가고 있는 살아 있는 역사이기 때문입니다.

마가의 다락방에서 시작된 복음을 물결은 사도들의 행적을 통하여 세상에 흘러 들어가면서 교회를 세웠고, 선교의 역사가 시작이 되었으며 하나님의 나라를 이 땅에 심으며 지금까지도 땅끝을 향해 흘러가고 있습니다.

성경 66권 가운데 유일하게 끝이 나지 않은 책, 사도행전은 지금도 이어져가고 있는 하나님의 행적을 기록하고 있는 역사서입니다.

사도행전 말씀을 통하여 우리는 지금도 성령의 역사를 체험할 수 있고, 살아 역사하시는 하나님의 능력을 경험하게 될 줄로 믿습니다.

나에게까지 흘러들어 온 복음의 물결이 나를 통해 누군가에게 흘러갈 때 하나님의 행적은 계속해서 이어져 가는 것이고 지금도 사도행전의 역사는 우리를 통해 기록되어 가고 있는 것입니다.

부족한 종이 대치동교회를 섬기며 나누었던 사도행전 말씀을 많은 분들과 함께 공유하기 위해 세 번째 설교집을 출간하게 되었습니다.

모든 영광을 하나님께 올려드리며 설교집을 출간할 수 있도록 배려해 주시고 도와주신 당회 장로님들과 지금까지 기도로 섬겨주시는 대치동교회 성도님들께 진심으로 감사의 말씀을 전합니다.

그리고, 옆에서 묵묵히 기도로 섬겨주는 사랑하는 아내 최은정 사모와 선물로 주신 승주와 승혁이에게도 고맙다는 말 전하고 싶습니다.

앞으로 이 시대 속에 하나님께 쓰임받는 말씀의 종이 되기 위하여 한 주 한 주 최선을 다해 말씀을 묵상하고 연구하며 준비된 말씀을 전할 때 이 시대 성령께서 말씀 가운데 역사하시는 진정한 부흥의 시대가 열리기를 소망합니다.

대치동교회 목양실에서
하인택 목사

목차

　　우리가 기도하는 곳에 가다가 점치는 귀신 들린 여종 하나를 만나니 점으로 그 주인들에게 큰 이익을 주는 자라 그가 바울과 우리를 따라와 소리 질러 이르되 이 사람들은 지극히 높은 하나님의 종으로서 구원의 길을 너희에게 전하는 자라 하며 이같이 여러 날을 하는지라 바울이 심히 괴로워하여 돌이켜 그 귀신에게 이르되 예수 그리스도의 이름으로 내가 네게 명하노니 그에게서 나오라 하니 귀신이 즉시 나오니라 여종의 주인들은 자기 수익의 소망이 끊어진 것을 보고 바울과 실라를 붙잡아 장터로 관리들에게 끌어 갔다가 상관들 앞에 데리고 가서 말하되 이 사람들이 유대인인데 우리 성을 심히 요란하게 하여 로마 사람인 우리가 받지도 못하고 행하지도 못할 풍속을 전한다 하거늘 무리가 일제히 일어나 고발하니 상관들이 옷을 찢어 벗기고 매로 치라 하여 많이 친 후에 옥에 가두고 간수에게 명하여 든든히 지키라 하니 그가 이러한 명령을 받아 그들을 깊은 옥에 가두고 그 발을 차꼬에 든든히 채웠더니 한밤중에 바울과 실라가 기도하고 하나님을 찬송하매 죄수들이 듣더라 이에 갑자기 큰 지진이 나서 옥터가 움직이고 문이 곧 다 열리며 모든 사람의 매인 것이 다 벗어진지라 간수가 자다가 깨어 옥문들이 열린 것을 보고 죄수들이 도망한 줄 생각하고 칼을 빼어 자결하려 하거늘 바울이 크게 소리 질러 이르되

네 몸을 상하지 말라 우리가 다 여기 있노라 하니

간수가 등불을 달라고 하며 뛰어 들어가 무서워 떨며 바울과 실라 앞에 엎드리고 그들을 데리고 나가 이르되 선생들이여 내가 어떻게 하여야 구원을 받으리이까 하거늘 이르되 주 예수를 믿으라 그리하면 너와 네 집이 구원을 받으리라 하고 주의 말씀을 그 사람과 그 집에 있는 모든 사람에게 전하더라 그 밤 그 시각에 간수가 그들을 데려다가 그 맞은 자리를 씻어 주고 자기와 그 온 가족이 다 세례를 받은 후 그들을 데리고 자기 집에 올라가서 음식을 차려 주고 그와 온 집안이 하나님을 믿으므로 크게 기뻐하니라

축복의 통로

오늘 본문에 보면 하나님께 축복의 통로로 쓰임받는 사람이 등장하는데 사도 바울과 실라입니다. 사도 바울이 루디아의 집을 선교 거점으로 삼아 빌립보에서 사역을 시작하는데 귀신 들린 여종이 며칠을 따라다니며 소리 지르는 모습이 17절에 나옵니다.

'그가 바울과 우리를 따라와 소리 질러 이르되 **이 사람들은 지극히 높은 하나님의 종으로서 구원의 길을 너희에게 전하는 자라** 하며'

이것이 사도 바울에게는 괴로움이었습니다. 왜냐하면 귀신 들린 여종이 말하는 구원의 길은 예수 그리스도가 유일한 구원이 아니라 구원에 이르는 여러 길 중의 하나를 의미하기 때문입니다. 여종의 외침은 복음의 본질을 흐리고 선교 사역에 전혀 도움이 되지 않는 악한 영에 사로잡힌 사람의 괴변이었습니다. 귀신 들린 여종이 복음을 전하는 것에 방해가 될 것을 알게 된 사도 바울은 예수의 이름을 선포하면서 귀신을 떠나가게 만들었습니다.

'이같이 여러 날을 하는지라 바울이 심히 괴로워하여 돌이켜 그 귀신에게 이르되 **예수 그리스도의 이름으로 내가 네게 명하노니 그에게서 나오라** 하니 귀신이 즉시 나오니라'

그러자 심각한 문제가 생기기 시작했습니다. 19절 보면 귀신 들린 여종을 이용해서 돈을 벌고 있던 사람들이 수익이 끊어진 것을 알게 되었고 분한 마음에 사도 바울과 실라를 고발하였습니다.

'여종의 주인들은 **자기 수익의 소망이 끊어진 것을 보고 바울과 실라를 붙잡아 장터로** 관리들에게 끌어 갔다가'

결국 바울과 실라는 재판도 없이 매를 맞고 빌립보 감옥에 갇히는 신세가 되어버렸습니다. 하지만 하나님의 역사는 여기서부터 시작이 되었습니다. 결과적으로 사도 바울은 빌립보 감옥에서 하나님께서 예비하신 간수를 만나 복음을 전하게 되고 간수의 가족 모두가 예수 그리스도를 영접하여 세례를 받는 구원의 역사가 일어났습니다. 사도 바울과 실라는 하나님이 사용하신 축복의 통로였습니다. 오늘은 **'축복의 통로'**라는 제목 가지고 말씀의 은혜를 나누기 원합니다.

첫째, 하나님의 뜻을 따르면 성령의 역사를 반드시 경험하게 된다는 사실입니다.

사도 바울과 일행이 빌립보에 도착하였을 때 모든 것을 준비하시고 인도하시는 여호와 이레의 하나님을 만나게 되었습니다. 기도할 곳을 찾기 위해 나갔다가 강가에 모인 여자들을 만나 복음을 전했을 뿐인데 하나님은 그곳에 루디아를 예비해 놓으셨습니다. 사도 바울은 루디아와 그의 가족에게 복음을 전해주었고 이 일로 인하여 루디아의 집은 빌립보 교회의 시작이 되었으며 유럽을 복음화하는 선교 센터가 되었습니다. 사도 바울은 루디아와의 만남을 통하여 준비된 길로 인도하시는 하나님의 손길을 느낄 수 있었습니다. 사도 바울과 일행은 자신감을 얻었을 것입니다. 이제 빌립보 거리에 나가 복음을 전하기만 하면 하나님 예비하신 영혼들을 만나게 될 것이고 빌립보에 구원의 역사가 크게 일어날 것을 기대했을 것입니다. 하지만 사도 바울의 기대가 여지없이 무너지는 사건이 일어나게 됩니다. 16절 보면 귀신 들린 여종을 소개하고 있는데 사도 바울이 전하는 복음이 예수 그리스도가 유일한 구원이 아니라 여러 길 중의 하나일 뿐이라는 것을 전하기 위해 온 사람들이라고 소리치면서 선교 사역에 방해가 되었습니다.

'우리가 기도하는 곳에 가다가 점치는 귀신 들린 여종 하나를 만나니 점으로 그 주인들에게 큰 이익을 주는 자라'

헬라어 성경에 귀신 들린 여종, 이 구절을 찾아보면 퓨톤의 영을 가진 사람이라고 기록하고 있습니다. 퓨톤은 그리스 신화에 나오는 뱀으로 델피의 신탁을 지키는 존재로 되어 있습니다. 귀신 들린 여종은 퓨톤이 의미하는 뱀 즉 사탄의 영에 사로잡혀 점을 치는 사람이었음을 알 수 있습니다. 사도 바울은 귀신 들린 여종이 선교 사역에 방해가 될 것을 알고 예수의 이름을 선포하며 귀신을 쫓아내 주었습니다. 문제는 여기서부터 시작이 되었습니다. 복음을 전하기만 하면 빌립보에 구원의 문이 열리고 많은 사람들이 주께로 돌아올 것을 기대하고 사역을 시작했는데 예상치 못한 사건으로 인하여 사도 바울과 실라가 감옥에 갇히게 되었습니다. 귀신 들린 여종을 이용해서 돈을 벌던 주인들은 일제히 사도 바울을 고발했습니다. 죄목이 두 가지인데 20-21절 보시면 이 사람들은 빌립보 성을 요란하게 만드는 문제 있는 사람들이고 특히 로마 사람들이 받아들이기 어려운 이상한 풍속을 전하는 사람들이라고 고발하였습니다.

'상관들 앞에 데리고 가서 말하되 이 사람들이 유대인인데 **우리 성을 심히 요란하게 하여** 로마 사람인 우리가 **받지도 못하고 행하지도 못할 풍속을 전한다** 하거늘'

결국 사도 바울과 실라는 빌립보의 치안을 담당하는 판사에게 끌려가 심한 매질을 당하고 감옥에 갇히는 상황에 놓이게 되었습니다. 그런데 여기서 우리가 생각해 보아야 할 중요한 포인트가 있습니다. 왜 사도 바울은 고소를 당하며 억울하게 매를 맞기 전에 로마 시민권 카드를 꺼내지 않았는가의 문제입니다. 빌립보 사람들은 로마 황제가 식민지로 지정하면서 로마 시민권을 얻은 사람들이지만 사도 바울은 태어나면서부터 시민권을 손에 쥔 차원이 다른 사람이었습니다. 그 당시 법에 의하면 로마 시민권을 가진 사람을 재판도 없이 때리고 처형하면 그 관리는 큰 벌을 받게 되어 있었습니다. 상식적으로 생각해 보기 원합니다. 사도 바울이 매를 맞기 전 나는 로마 시민권을 가진 사람이라고 한마디 했더라면 감옥에 갇힐 일도 매질을 당할 일도 일어나지 않았을 것입니다. 자동적으로 풀려나게 되었을 것이고 빌립보에서의 선교 사역은 계속해서 이어갈 수 있었을 것입니다. 하지만 37절 보면 일이 다 끝난 후에야 사도 바울이 로마 시민권 가진 사람임을 밝히는 이해가 가지 않는 장면을 볼 수 있습니다.

'바울이 이르되 **로마 사람인 우리를 죄도 정하지 아니하고 공중 앞에서 때리고 옥에 가두었다가 이제는 가만히 내보내고자 하느냐** 아니라 그들이 친히 와서 우리를 데리고 나가야 하리라 한 대'

사도 바울이 억울한 매를 맞으면서도 로마 시민권 카드를 꺼내지 않은 이유가 무엇일까.

사도 바울에게는 하나님을 신뢰하는 믿음이 있었습니다. 하나님의 인도하심에는 뜻이 있음을 알고 있는 사도 바울은 허락하신 고난을 순종하는 마음으로 받아들인 것입니다. 로마 시민권을 꺼내 들면 위기의 상황은 모면할 수 있을 것을 알았지만 사도 바울에게 중요한 것은 고난을 피하는 것이 아니라 고난 속에 이루고자 하시는 하나님의 뜻이 더 중요했습니다. 때로 살다 보면 억울한 상황을 맞이할 때가 있습니다. 나의 의지와 상관없이 당해야 하는 억울함, 고난의 매질, 우리는 어떻게 해야 할까요. 하나님이 허락하신 고난 속에 이루고자 하시는 뜻이 있음을 믿어야 합니다. 하나님의 뜻이 이루어질 때까지 힘들어도 인내함으로 견디는 자를 통하여 성령의 역사가 나타나는 것입니다. 하나님을 신뢰하는 믿음을 가지고 고난을 견디다 보면 합력하여 선을 이루시는 하나님을 만나게 될 것입니다. 25절 보시면

'한밤중에 바울과 실라가 기도하고 하나님을 찬송하매 죄수들이 듣더라'

질문을 던져보겠습니다. 여러분들 같으면 갇혀 있는 상황에서 어떤 기도를 드리시겠습니까. 대부분의 사람들이 하나님 나의 억울함을 돌아보시고 건져 달라 간구할 것입니다. 고난의 터널에서 빨리 나오게 해달라고 부르짖을 것입니다. 그런데 하나님의 인도하심에는 뜻이 있음을 확신하는 사도 바울은 그렇게 기도하지 않았습니다. 사도 바울은 억울한 상황에서 건져 달라고 기도한 것이 아니라 나를 통하여 하나님의 뜻이 이루어지기를 기도하였습니다. 그 증거가 26절입니다. 사도 바울이 기도를 시작하였을 때 어떤 일이 일어났는가.

'이에 **갑자기 큰 지진이 나서 옥터가 움직이고 문이 곧 다 열리며** 모든 사람의 매인 것이 다 벗어진지라'

큰 지진이 일어나더니 감옥의 문이 열렸습니다. 사람들의 매인 것이 풀어지는 기적이 일어났습니다. 사도 바울과 실라가 그 틈을 이용하여 감옥을 빠져나오려 했을까. 사도 바울은 감옥을 나오지 않았습니다. 오히려 자리를 지켰습니다. 하나님께서 어떻게 역사하셨을까. 사도 바울은 그 자리에서 하나님께서 예비해 놓으신 간수를 만나 구원의 복음을 전하는 장면이 30-32절에 기록이 되어 있습니다.

'그들을 데리고 나가 이르되 선생들이여 **내가 어떻게 하여야 구원을 받으리이까** 하거늘 이르되 **주 예수를 믿으라 그리하면 너와 네 집이 구원을 받으리라** 하고 주의 말씀을 그 사람과 그 집에 있는 모든 사람에게 전하더라'

본문에 나오는 결과를 보면서 중요한 메시지를 깨달을 수 있습니다. 하나님의 인도하심에는 뜻이 있다는 사실입니다. 여기에 우리가 기도해야 할 제목이 있습니다. 하나님의 인도하심을 믿음으로 따라갈 때 성령의 역사가 나타나도록 기도하시기 바랍니다. 사랑하는 성도 여러분! 하나님의 뜻을 따르면 성령의 역사를 반드시 경험하게 될 줄 믿으시기 바랍니다. 하나님의 역사하심을 삶의 현장에서 경험하기 위해 우리가 해야 할 일이 있습니다. 25절을 다시 보시기 바랍니다.

'**한밤중에 바울과 실라가 기도하고** 하나님을 찬송하매 죄수들이 듣더라'

사도 바울은 어떤 상황에서도 기도의 카드를 제일 먼저 꺼낸 사람임을 성경이 증거하고 있습니다. 하나님을 신뢰하는 사람과 그렇지 못한 사람의 차이는 어떤 카드를 꺼내느냐에 달려 있습니다. 하나님을 믿지 않는 사람은 세상적인 카드를 먼저 꺼낼 것입니다. 그러나 하나님을 믿는 우리는 어떤 상황에서도 기도의 카드를 먼저 꺼내야 함을 잊지 마시고 하나님의 뜻을 믿음으로 따르는 여러분들에게 도우시는 성령의 역사가 나타나기를 주님의 이름으로 축원합니다. 아멘

둘째, 하나님은 우리를 축복의 통로로 사용하기 원하신다는 사실입니다.

창세기에 나오는 아브라함과 이삭과 야곱을 하나님께서 부르신 이유가 있습니다. 축복의 통로로 사용하기 위해서입니다. 하나님께서 아브라함을 부르신 이유가 창 12:2-3절에 기록이 되어 있습니다.

'내가 너로 큰 민족을 이루고 네게 복을 주어 네 이름을 창대하게 하리

니 **너는 복이 될지라** 너를 축복하는 자에게는 내가 복을 내리고 너를 저주하는 자에게는 내가 저주하리니 **땅의 모든 족속이 너로 말미암아 복을 얻을 것이라** 하신지라'

　기억하실 것은 영적 아브라함의 자손으로 부름받은 우리를 하나님은 축복의 통로, 은혜의 통로, 생명의 통로로 사용하기를 원하신다는 사실입니다. 어떻게 하면 우리가 축복의 통로로 쓰임받을 수 있을까.

1. 풀림의 역사

　사도 바울이 빌립보에서 선교 사역을 시작할 때 제일 먼저 만난 사람이 루디아입니다. 성경은 루디아를 유대교로 개종하여 구약의 하나님을 믿는 사람으로 소개하고 있습니다. 루디아는 아직 예수님을 만나지 못했습니다. 루디아는 아직까지 율법에 매여 있었습니다. 하나님은 루디아에게 사도 바울을 보내주셨고 그가 전하는 복음을 통하여 구원자 되시는 예수님을 믿게 되었습니다. 진리의 말씀을 들으며 예수 안에 참된 자유가 있다는 사실을 루디아는 알게 되었습니다. 예수님께서 십자가를 지심으로 율법의 요구를 이루어 주셨다는 사실 알게 되었습니다. 루디아는 사도 바울을 통하여 구원의 은총을 누리게 되었고 율법에 매여 있는 사람이 아닌 진리 안에서 자유를 누리는 그리스도인이 될 수 있었습니다. 사도 바울이 빌립보에서 만난 두 번째 사람은 귀신 들린 여종이었습니다. 귀신들린 여종 역시 매여 있는 사람이었습니다. 악한 영에 매여 있었습니다. 귀신 들린 여종이라는 단어를 헬라어로 살펴보면 뱀을 뜻하는 퓨톤의 영을 가진 사람으로 되어 있습니다. 사탄이 부리는 악한 영에 매여 있던 사람이었습니다. 또한

사람들에게 매여 있었습니다. 19절 보시면

'여종의 주인들은 자기 수익의 소망이 끊어진 것을 보고'

주인이 한 명이 아니었습니다. 이 여인은 이리저리 팔리는 과정에서 소유권이 복잡하게 얽혀 있었습니다. 사람들에게 매여 있던 여인에게 어떤 일이 일어났습니까. 18절 보시면

'이같이 여러 날을 하는지라 바울이 심히 괴로워하여 돌이켜 그 귀신에게 이르되 **예수 그리스도의 이름으로 내가 네게 명하노니 그에게서 나오라하니 귀신이 즉시 나오니라**'

사도 바울은 여종을 향해 선포했습니다. 예수 그리스도의 이름으로 명하노니 귀신아 나오라 했을 때 악한 영이 떠나갔습니다. 악한 영의 매임에서 풀림을 받게 된 것입니다. 사랑하는 성도 여러분! 예수 이름의 권세를 믿음으로 선포하는 자에게 악한 영이 떠나가는 풀림의 역사가 나타날 줄 믿으시기 바랍니다. 사람들의 매임에서도 풀려나게 되었습니다. 여종을 얽매고 있는 귀신이 떠나가자 주인들은 더 이상 붙잡아 둘 이유가 없었습니다. 사도 바울을 통하여 여종은 악한 영의 매임에서, 사람들의 얽매임에서 풀려나는 은혜를 누리게 되었습니다. 여기서 우리는 축복의 통로로 살아간다는 것이 무엇인가를 알 수 있습니다. 우리 주변에 아직도 예수님을 만나지 못해서 하나님의 살아 계심을 경험하지 못해서 악한 영에 매여 있는 불쌍한 영혼들이 있습니다. 우리는 그들을 향하여 예수의 이름으로 기도해 주어야 합니다.

예수 이름의 권세를 믿고 기도를 시작할 때 악한 영이 떠나가고 매였던 것들이 풀어지는 풀림의 역사가 일어날 줄 믿으시기 바랍니다. 예수님께서 죽은 나사로를 살려내시고 풀어놓아 다니게 하신 것처럼 예수 이름의 권세를 믿고 기도하는 우리를 통하여 매였던 것들이 풀어지는 성령의 역사가 일어날 수 있기를 간절히 소망합니다.

사도 바울이 세 번째 만난 사람은 감옥을 지키는 간수였습니다. 사도 바울은 고난의 현장에서 하나님께서 예비해 놓으신 간수를 만나게 되었습니다. 지진이 일어나고 감옥의 문이 열리게 되었을 때 죄수들이 모두 도망간 줄 알고 간수는 목숨을 끊기 위해 목에 칼을 대었습니다. 이때 사도 바울이 전한 생명의 복음이 31절에 기록이 되어 있습니다.

'이르되 **주 예수를 믿으라 그리하면 너와 네 집이 구원을 받으리라** 하고'

사도 바울은 간수에게 구원의 복음을 전하였습니다. 주 예수를 믿으면 구원의 은총이 너와 네 집에 임하게 될 것을 선포하였습니다. 복음을 받아들인 간수에게 인생의 주인이 바뀌는 놀라운 변화가 찾아왔습니다. 지금까지 간수에게 주인은 가이사 황제였습니다. 황제의 명령에 죽고 사는 존재가 바로 간수의 인생이었습니다. 감옥의 문이 열리고 죄수들이 도망칠 수 있는 상황이 되었을 때 간수는 로마 황제에게 죽임을 당할 것을 알고 있었습니다. 하지만 사도 바울이 전한 복음으로 간수는 인생의 주인이 바뀌는 변화를 경험할 수 있었습니다. 로마 황제가 주인이 아니라 나를 구원하기 위하여 십자가에 달리시고 부활하신 예수 그리스도가 인생의 주인 되심을 고백하게 되었습니다.

사도 바울을 보면서 축복의 통로로 쓰임받는다는 것이 무엇인가를 알게 되었습니다. 사도 바울이 전하는 복음을 통하여 루디아는 율법의 짐에서 풀려나는 자유를 누리게 되었습니다. 사도 바울이 선포한 예수 이름의 권세로 귀신 들린 여종이 악한 영의 매임에서 풀려나게 되었습니다. 매였던 것을 풀어주는 사람, 축복의 통로로 쓰임받는 사람입니다.

2. 기쁨의 역사

34절 보시면 기쁨을 누리는 사람들이 등장하고 있습니다.

'그들을 데리고 자기 집에 올라가서 음식을 차려 주고 **그와 온 집안이 하나님을 믿으므로 크게 기뻐하니라**'

사도 바울이 전한 복음으로 인하여 많은 사람이 하나님 주시는 참된 기쁨을 누리게 되었습니다. 예수 믿는 사람들 때문에 주변이 행복해져야 합니다. 예수 믿는 우리 때문에 주변이 하나님 주시는 기쁨을 누려야 합니다. 이 말씀 듣는 여러분들 모두 풀림의 역사, 기쁨의 역사를 만들어 내는 예수의 사람 되어 축복의 통로로 귀하게 쓰임받을 수 있기를 주님의 이름으로 축원합니다. 아멘

행 17:1-9

그들이 암비볼리와 아볼로니아로 다녀가 데살로니가에 이르니 거기 유대인의 회당이 있는지라 바울이 자기의 관례대로 그들에게로 들어가서 세 안식일에 성경을 가지고 강론하며 뜻을 풀어 그리스도가 해를 받고 죽은 자 가운데서 다시 살아나야 할 것을 증언하고 이르되 내가 너희에게 전하는 이 예수가 곧 그리스도라 하니 그 중의 어떤 사람 곧 경건한 헬라인의 큰 무리와 적지 않은 귀부인도 권함을 받고 바울과 실라를 따르나 그러나 유대인들은 시기하여 저자의 어떤 불량한 사람들을 데리고 떼를 지어 성을 소동하게 하여 야손의 집에 침입하여 그들을 백성에게 끌어내려고 찾았으나 발견하지 못하매 야손과 몇 형제들을 끌고 읍장들 앞에 가서 소리 질러 이르되 천하를 어지럽게 하던 이 사람들이 여기도 이르매 야손이 그들을 맞아 들였도다 이 사람들이 다 가이사의 명을 거역하여 말하되 다른 임금 곧 예수라 하는 이가 있다 하더이다 하니 무리와 읍장들이 이 말을 듣고 소동하여 야손과 그 나머지 사람들에게 보석금을 받고 놓아 주니라

약한 데서 온전하여
짐이라

지난 시간에 우리는 사도 바울과 실라가 귀신 들린 여종을 고쳐주었다는 이유로 여종을 이용해서 돈을 벌던 사람들에게 고발당하고 빌립보 감옥에 갇히는 어려운 상황을 살펴보았습니다. 그러나, 하나님께서 허락하신 고난에는 뜻이 있다는 사실을 알고 있는 사도 바울은 감옥 문이 열리는 기적에도 순종하는 마음으로 자리를 지켰습니다. 그 결과 하나님은 구원하기로 예정하신 간수를 만나게 하시고 사도 바울이 전하는 복음을 통하여 그의 가족 모두가 예수 그리스도를 믿는 구원의 역사를 이루셨습니다. 성령의 인도하심으로 도착한 빌립보에서 사도 바울은 루디아에게 귀신들린 여종에게 간수와 그의 가족에게 복음을 전함으로 유럽 선교의 첫 열매들을 수확하는 기쁨을 누리게 되었습니다. 그뿐만이 아니라 루디아의 집에서 빌립보 교회가 시작되면서 유럽을 향한 구원의 문이 열리기 시작했습니다. 빌립보교회는 사도 바울의 사역을 돕기 위해 선교헌금을 보낸 교회로 하나님 나라 역사에 귀하게 쓰임받은 교회였습니다. 사도 바울은 성령의 인도 하심에 따라 데살로니가로 이동하게 되는데 빌립보에서 약 150km 떨어진 데살로니가는 당시 마게도냐의 수도였습니다. 데살로니가에는 마게도냐 지역을 다스리는 총독의 관저가 있었고 교통과 상권이 크게 발달하여 여기에는 많은 인종이 모여 살고 있었습니다. 그중에는 유대인들의 삶의 중심이 되는 회당이 데살로니가에 있었습니다. 데살로니가에 도착한 사도 바울은 무엇을 하였을까. 2절 보시면

'바울이 자기의 관례대로 그들에게로 들어가서 세 안식일에 성경을 가지고 강론하며'

'바울이 자기의 관례대로 그들에게로 들어가서' 구절이 나오는데 사도 바울이 가지고 있던 전도 원칙을 설명해 주는 말씀입니다. 사도 바울에게 있어 선교 원칙이 자비량 선교였다면 전도 원칙은 유대인들에게 먼저 복음을 전하는 것이었습니다. 롬 1:16절을 보시기 바랍니다.

'내가 복음을 부끄러워하지 아니하노니 **이 복음은 모든 믿는 자에게 구원을 주시는 하나님의 능력이 됨이라 먼저는 유대인에게요 그리고 헬라인에게로다**'

전도 원칙에 따라 사도 바울은 먼저 유대인들이 모이는 회당에 들어가 3주 동안 하나님의 말씀을 전하게 되는데 사도 바울이 전했던 복음이 3절에 나와 있습니다.

'뜻을 풀어 그리스도가 해를 받고 죽은 자 가운데서 다시 살아나야 할 것을 증언하고 이르되 내가 너희에게 전하는 이 예수가 곧 그리스도라 하니'

사도 바울은 왜 유대인의 회당에 들어가 복음 전하는 것을 전도 원칙으로 삼았을까. 유대인의 회당에는 두 종류의 사람이 모이게 되는데 하나는 전통 유대인이요 또 한 부류는 유대교로 개종한 이방인들이 있었습니다. 유대인이나 유대교로 개종한 이방인이나 인종은 달라도 공통분모가 있었는데 구약에 익숙한 사람들이었습니다. 구약에 익숙한 사람들은 무엇을 뜻하는가. 구약의 선지자들이 예언했던 메시야 사상에 대하여 기초 지식을 가지고 있었다는 것을 의미합니다. 구약의 선지자들이 예언한 대로 언젠가 하나님께서 그리스도를 보내실 것이니 맞이할 준비를 해야 한다는 메시야 사상을 가지고 이들은 회당에 모여 그리스도의 오심을 기대하는 마음으로 안식일마다 모임을 가지고 있었습니다. 그러니 사도 바울에게 있어 회당은 복음을 전하기에 가장 적합한 곳이었습니다. 메시야 사상에 대한 기초 지식을 가진 사람들이기에 너희들이 기다리는 메시야가 바로 우리의 죄를 대신하여 십자가에 달리시고 부활하신 예수라는 복음을 전하였을 때 많은 사람이 그리스도를 믿는 구원의 역사가 일어나게 되었습니다. 4절 보시면

'그 중의 어떤 사람 곧 경건한 헬라인의 큰 무리와 적지 않은 귀부인도 권함을 받고 바울과 실라를 따르나'

하지만 복음이 전파되는 곳에는 구원의 역사가 일어남과 동시에 저항의 역사도 일어나게 되는 법인데 많은 이방인과 귀부인들이 유대교

에서 기독교로 넘어가려 하자 유대인들이 들고일어나기 시작했습니다. 5절에 그 장면이 나옵니다.

'그러나 유대인들은 시기하여 저자의 어떤 불량한 사람들을 데리고 떼를 지어 성을 소동하게 하여 야손의 집에 침입하여 그들을 백성에게 끌어내려고 찾았으나'

하나님은 주의 종들을 그냥 두지 않으셨습니다. 빌립보에 루디아를 예비해 두셨다면 데살로니가에는 하나님께서 야손을 준비해 두시고 말씀 전하는 주의 종들을 돕도록 하셨습니다.

하지만 유대인들의 저항은 쉽게 사라지지 않았습니다. 불량한 사람들을 선동하여 사도 바울 일행을 붙잡으려 했던 유대인들은 야손의 집으로 찾아가 사도들에게 거처를 제공한 야손과 그 형제들을 읍장들 앞으로 끌고 갔습니다. 결과적으로 사도들은 더 이상 데살로니가에 머물지 못하고 떠날 수밖에 없게 되는데 사도 바울은 어쩔 수 없이 베뢰아로 이동하게 되었습니다. 그 후 데살로니가에 어떤 일이 일어났을까, 오늘은 **'약한 데서 온전하여 짐이라'** 이 제목 가지고 말씀 나눌 때 우리의 약함을 통하여 위대한 일을 이루시는 하나님을 삶의 현장에서 경험할 수 있기를 주님의 이름으로 축원합니다.

첫째, 우리의 약함이 하나님의 능력이 임하는 통로가 된다는 사실입니다.
성령의 인도하심 속에 데살로니가에 도착한 사도 바울은 준비된 길을 걷게 하시는 하나님을 경험하게 됩니다. 사도 바울은 전도 원칙에 따라 유대인들의 사회적, 종교적 중심지라 할 수 있는 회당을 제일 먼저 찾아 들어갔고 거기서 하나님의 말씀을 전할 수 있는 기회를 갖게 되었습니다. 2절 마지막에 보면 '성경을 가지고 강론하며'라는 구절을 볼 수 있는데 당시 회당에는 안식일이 되면 예배를 인도하는 회당장이 사람들을 향해 구약의 말씀을 읽고 난 후 이렇게 말을 하였습니다. 혹시 우리 중에 말씀을 풀어서 의미를 가르쳐 줄 수 있는 사람이 있냐고 물으면 자리에 앉아 있는 사람 중에 율법을 정통으로 배운 바리새인 같은 사람들이 일어나 구약의 말씀을 풀어 설명하는 기회가 주어졌습니다. 아마도 사도 바울이 그 기회를 잡은 것 같습니다. 왜냐하면 사도 바울은 가말리엘 문하에서 최고의 학문을 배운 사람이고 율법에 정통한 바리새인이었기 때문입니다. 사도 바울이 회당에 모인 사람들에게 구약의 말씀을 강론하는 것은 어려운 일이 아니었고 중요한 것은 기회를 잡은 사도 바울은 복음을 선포하는 자리로 만들었다는 사실입니다. 3절 보시면 '뜻을 풀어'라는 단어로 시작하고 있는데 구약의 말씀을 풀어 그 의미를 설명하기 시작하는 장면입니다. 사도 바울은 어떤 말씀을 전하려 했을까, 3절 보시기 바랍니다.

'뜻을 풀어 **그리스도가 해를 받고 죽은 자 가운데서 다시 살아나야 할 것을 증언하고** 이르되 **내가 너희에게 전하는 이 예수가 곧 그리스도라** 하니'

사도 바울은 세 가지 메시지를 선포했습니다. 십자가의 죽음과 부활하심, 그리고 유대인들이 기다리는 메시야가 바로 예수 그리스라는 복음을 전해주었습니다. 이사야 53장에 보면 메시야는 고난당하는 종의 모습으로 오실 것을 예언하고 있는데 예수 그리스도의 십자가 죽음을 통하여 구약의 예언이 성취되었음을 알려 주었습니다. 사도 바울은 구약에 기록된 말씀을 통하여 십자가에 죽으시고 부활하신 예수님이 바로 우리가 기다리던 메시야이심을 선포하였습니다. 그러자, 반응이 두가지로 나오기 시작했습니다. 헬라인들과 귀부인들이 말씀에 감화되어 예수 그리스도를 메시야로 인정하기 시작했고 유대교에서 기독교로 넘어오기 시작했습니다. 그러자 유대인들이 들고 일어났습니다. 이들은 사도 바울이 전하는 복음을 거부하면서 핍박의 칼을 들기 시작했습니다. 이것이 복음이 가지고 있는 이중성이라 말할 수 있습니다. 복음을 받아들이는 이들에게는 구원의 문이 열리지만, 복음을 받아들이지 않는 사람들에게는 그 말씀이 오히려 심판의 이유가 되어 저주받은 자로 전락하게 되는 안타까운 일이 생겨나게 된 것입니다. 이 장면을 묵상하면서 중요한 진리를 깨닫게 되었습니다. 하나님의 말씀을 믿음으로 받는 자에게는 구원의 역사가 일어난다는 사실입니다. 사랑하는 성도 여러분! 말씀을 받을 때 믿음으로 받으시기 바랍니다. 말씀이 문제가 아니라 말씀을 받는 우리의 마음 밭이 문제입니다. 주님께서도 씨 뿌리는 비유에서 말씀하셨습니다. 눅 8:15절 보시면

'좋은 땅에 있다는 것은 **착하고 좋은 마음으로 말씀을 듣고 지키어 인내로 결실하는 자니라**'

하나님의 말씀을 믿음으로 받을 때, 은혜를 사모하는 마음으로 들을 때, 선포되는 말씀이 나를 위해 준비된 말씀으로 받을 때 비로소 말씀이 마음 밭에 심어지고 자라나 귀한 열매 맺는다는 사실을 잊지 마시기 바랍니다. 결과적으로 사도 바울은 데살로니가를 떠날 수밖에 없는 상황이 되어 버렸습니다. 왜냐하면 사도 바울에게 거할 수 있는

장소를 제공한 야손과 그 형제들이 유대인들에게 끌려가 어려움을 당하게 되었기 때문입니다. 결국 사도 바울은 데살로니가를 떠나 베뢰아로 가게 되는데 데살로니가에 사도 바울이 머물렀던 기간이 얼마나 되는가 겨우 3주밖에 되지 않았습니다. 사도 바울의 마음이 얼마나 힘들었겠습니까? 3주 동안 회당에서 복음을 전하였을 때 예수 그리스도의 주 되심을 믿게 된 사람들이 생겨나는 시점에 사도 바울이 이들을 남겨두고 떠나게 되었을 때 그 마음이 얼마나 괴로웠겠습니까, 그런데, 사도 바울의 마음과 하나님의 생각은 달랐습니다. 비록 사도 바울이 3주밖에 머물지 못하고 떠나는 상황이 되었지만, 데살로니가에는 사도 바울이 전한 복음의 씨앗이 심어지기 시작했습니다. 사도 바울이 전해준 복음을 구원에 이르는 말씀으로 받아들인 사람들이 예수 그리스도를 주로 고백하면서 믿음의 공동체가 세워지기 시작했습니다. 그래서 생겨난 교회가 바로 데살로니가 교회입니다. 훗날 사도 바울이 디모데로부터 데살로니가 교회의 소식을 전해 듣게 되는데 사도 바울의 눈에 눈물이 나게 만드는 좋은 소식을 전해주었습니다. 사도 바울이 들은 좋은 소식, 어떤 소식이었을까요.

1. 믿음의 역사와 사랑의 수고와 소망의 인내

사도 바울이 들은 데살로니가에 대한 첫 번째 좋은 소식, 살전 1:2-3절에 나와 있습니다.

'우리가 너희 모두로 말미암아 항상 하나님께 감사하며 기도할 때에 너희를 기억함은 너희의 **믿음의 역사와 사랑의 수고와 우리 주 예수 그리스도에 대한 소망의 인내**를 우리 하나님 아버지 앞에서 끊임없이 기억함이니'

디모데를 통하여 듣게 된 좋은 소식은 데살로니가 교인들이 모여 교회를 세워가는데 믿음의 역사와 사랑의 수고와 예수 그리스도에 대한 소망의 인내를 가지고 믿음의 공동체를 세워가고 있다는 소식을 들려주었습니다. 이것은 사도 바울에게 기쁨과 위로를 안겨다 주는 좋은 소식이었습니다. 데살로니가 교회는 사도 바울이 3주밖에 머물지 못한 기간에 세워진 약한 교회였습니다. 그런데, 들려오는 소식이 데살로니가 성도들은 무슨 일이 있어도 믿음으로 주의 일을 하려 한다고, 하나님의 은혜를 기쁨으로 나누는 사랑의 수고를 아끼지 아니한다고, 예수 그리스도의 오심을 사모하며 소망 가운데 인내함으로 잘 견디고 있다는 소식을 전해주었습니다. 이 소식을 들은 사도 바울의 마음이 아니 하나님의 마음이 얼마나 기뻐하셨겠습니까.

사랑하는 성도 여러분! **'믿음의 역사와 사랑의 수고와 예수 그리스도에 대한 소망의 인내'** 이 말씀을 기억하시고 무슨 일을 하든지 믿음으로 하시기 바랍니다. 무슨 일을 하든지 성령을 의지하시기 바랍니다. 하나님 나라의 일은 믿음으로 하는 것입니다. 믿음으로 주의 일을 감당하려 할 때 성령의 도우시는 역사가 나타날 줄 믿습니다. 하나님이 기회 주실 때 사랑의 수고를 기쁨으로 감당하시기 바랍니다. 주님의 몸 된 교회를 섬긴다는 것, 거룩한 수고임에 틀림없지만, 그 시작은 하나님에 대한 사랑이어야 합니다. 직분자이기 때문에, 봉사자로 세움을 받았기 때문에 섬기는 것이 아니라 하나님을 사랑하는 마음으로 섬길 때 그 사랑의 수고를 통해 그리스도의 향기가 퍼져나가는 것을 기억하시기 바랍니다. 힘든 세상 살아가는 우리에게 소망의 인내가 필요합니다. 믿음으로 살려고 하면 사탄 마귀는 우리를 가만두지 않습니다. 믿음으로 살려고 하면 꼭 시험 드는 일들이 생기곤 합니다.

여기에 소망의 인내가 필요합니다. 어떤 일이 있어도 하나님이 합력하여 선을 이루실 것을 기대하며 소망 가운데 인내함으로 믿음을 지켜나갈 때 하나님이 일하시는 것을 경험하며 주께 영광 돌리는 우리가 되었으면 좋겠습니다.

2. 기쁨으로 말씀을 받음

살전 1:6절 보시면 중요한 말씀이 기록되어 있습니다.

'또 너희는 많은 **환난 가운데서 성령의 기쁨으로 말씀을 받아** 우리와 주를 본받은 자가 되었으니'

'환난 가운데서'라는 구절이 나오는데 환난이라는 단어는 헬, '들립시스'라는 단어입니다. 들립시스는 포도주를 만들기 위해 포도알을 틀에 넣고 발로 밟아서 으깰 때 사용하는 단어입니다. 데살로니가 교인들이 얼마나 짓밟힘을 당하고 핍박받았는지 짐작할 수 있습니다. 하지만 데살로니가 성도들은 환난 가운데서도 말씀을 받되 기쁨으로 받았다고 성경은 증거하고 있습니다. 예수 믿는다는 이유로 무시당하고 손해를 보고 심지어 삶의 기반을 빼앗기는 일이 생길 때 데살로니가 교인들은 더욱더 하나님의 말씀을 붙들고 살기 원했습니다. 어떤 어려움이 와도 말씀을 놓으면 안 된다고 하면서 환난 가운데서도 주의 말씀을 붙들고 살려고 노력했습니다. 믿음으로 살고자 하는 데살로니가 성도들에게 하나님은 말씀으로 위로해 주셨고 세상 사람들이 알 수 없는 기쁨을 허락해 주셨습니다. 세상 사람들이 경험할 수 없는 말씀의 능력을 체험하게 하셨고 말씀이 꿀송이보다 달다는 시편의 말씀이 무슨 의미인지 알게 하셨습니다. 말씀 속에 함께하시는 하나님의 임재를 느끼게 해주셨고 말씀 속에 세상을 견딜 수 있는 힘과 능력을 더하심으로 말씀을 붙들고 사는 자가 누릴 수 있는 은혜 허락해 주셨습니다.

사랑하는 성도 여러분! 말씀 붙들고 사는 자를 하나님이 능력의 손으로 붙들어 주실 줄 믿으시기 바랍니다. 고난의 파도 속에 있을 때 환난이 닥쳐올 때 그때 우리가 붙들어야 할 것은 오직 주의 말씀밖에 없습니다. 말씀 붙들고 사는 자 언젠가 이 고백을 하게 되는 날이 반드시 오게 될 것입니다. 시 119:50절입니다.

'이 말씀은 나의 고난 중의 위로라 주의 말씀이 나를 살리셨기 때문이니이다'

말씀 붙들고 사는 자를 하나님께서 말씀의 능력으로 붙들어 주시고 그 말씀 때문에 살아나는 회복의 역사가 우리에게도 경험되어질 수 있기를 간절히 소망합니다.

3. 믿는 자의 본

살전 1:7절에 보면 데살로니가 성도들의 신앙이 어느 정도였는지 알 수 있는 기록이 있습니다.

'그러므로 너희가 마게도냐와 아가야에 있는 **모든 믿는 자의 본이 되었느니라**'

데살로니가 교인들의 믿음이 얼마나 귀했는지 마게도냐 지역에 있는 모든 믿는 자들의 본이 되었다고 성경은 증거하고 있습니다. 여러분 주변에 정말 내가 닮고 싶은 신앙의 롤 모델이 있으십니까, 믿는 자의 본이 되는 사람이 있으십니까, 자세히 한번 보시기 바랍니다. 믿는 자의 본이 되는 사람에게서 볼 수 있는 것이 있습니다. 선한 영향력입니다. 선한 영향력을 다른 말로 표현하면 그리스도의 향기요 예수님의 성품이라 말할 수 있습니다. 마 11:29절에 보면 예수님의 성품을 알려주는 두 단어가 등장합니다.

'나는 마음이 **온유하고 겸손하니** 나의 멍에를 메고 내게 배우라'

온유가 예수님의 외적 성품을 가리킨다면 겸손은 예수님의 내적 성품을 보여주는 단어입니다. 예수 믿는 사람들의 성품이 이와 같아야 한다는 것입니다. 사람들에게는 온유한 성품으로 하나님에게는 겸손한 성품으로 대할 때 비로소 우리는 그리스도의 향기를 발휘하는 선한 그리스도인이 될 수 있는 것입니다. 봉사와 사역도 중요하지만, 주변 사람들에게 선한 영향력을 끼치고 있는가, 중요한 문제입니다. 열심보다 중요한 것이 그리스도를 닮아가는 성품입니다. 우리 모두 사람들에게는 온유함으로 하나님에게는 겸손한 믿음으로 예수님의 성품을 닮으며 살아갈 때 믿는 자들의 본이 되어 선한 영향력 발휘할 수 있기를 간절히 소망합니다.

4. 좋은 소문

살전 1:8절에 보면 이런 말씀이 기록되어 있습니다.

'주의 말씀이 너희에게로부터 마게도냐와 아가야에만 들릴 뿐 아니라 **하나님을 향하는 너희 믿음의 소문이 각처에 퍼졌으므로** 우리는 아무 말도 할 것이 없노라'

데살로니가 성도들의 하나님을 향한 믿음이 좋은 소문을 타고 퍼져가기 시작했습니다. 어려운 환난이 와도 주의 말씀을 붙잡고 소망의 인내 가운데 주님의 교회를 세워가는 데살로니가 교인들의 믿음이 좋은 소문으로 퍼져가고 있었습니다. 바라기는 우리가 섬기는 교회도 앞으로 더 좋은 소문이 퍼져가는 교회가 되어 하나님께 기쁨과 영광을 올려드리는 건강한 믿음의 공동체 함께 세워갔으면 좋겠습니다. 예배의 부흥이 일어나는 교회, 1-2-3세대가 함께 하나님을 기쁨으로 섬기는 교회, 훈련 목회를 통하여 성도 한 사람 한 사람의 믿음을 말씀 위에 세워가는 교회, 말씀이 살아 있고 기도의 역사가 나타나는 교회, 복음의 능력으로 선교의 지경을 넓혀가는 교회, 하나님 주신 비전을 함께 이루어 감으로 세상을 향하여 축복의 통로가 되는 건강한 교회 함께 세워갈 수 있기를 간절히 소망합니다.

개인적으로 궁금했습니다. 어떻게 해서 데살로니가 교회가 좋은 소문 나는 공동체로 세움받을 수 있었을까. 믿음의 역사와 사랑의 수고와 소망의 인내가 무엇인지를 보여주는 교회, 환난 가운데서도 하나님의 말씀을 기쁨으로 받아 진리의 말씀 위에 세워져 가는 교회, 믿는 자의 본이 되는 교회, 점점 더 좋은 소문이 퍼져가는 교회, 데살로니가 교회였습니다. 데살로니가는 약한 교회였습니다. 사도 바울이 3주밖에 머물지 못한 상황에서 복음을 전하여 세워진 작은 교회였습니다. 목회자 없이 평신도들이 세운 연약한 교회였습니다. 그런데 어떻게 데살로니가 교회가 믿는 자들의 본이 되는 교회로 세워져 갈 수 있었을까, 데살로니가 교회를 보면서 이 말씀이 생각이 났습니다. 고후 12:9절 보시면

'나에게 이르시기를 내 은혜가 네게 족하도다 이는 **내 능력이 약한 데서 온전하여짐이라** 하신지라 그러므로 도리어 크게 기뻐함으로 **나의 여러 약한 것들에 대하여 자랑하리니 이는 그리스도의 능력이 내게 머물게 하려 함이라**'

내 능력이 약한 데서 온전하여짐이라, 이 말씀을 묵상하면서 데살로니가 교회에 임하신 그리스도의 능력을 생각하게 되었습니다. 데살로니가 교회는 사도 바울이 3주밖에 머물지 못하고 복음의 씨앗을 심어준 약한 교회였습니다. 약하기 때문에 데살로니가 교인들은 하나님을 의지할 수밖에 없었습니다. 약하기 때문에 하나님의 말씀을 붙들고 살 수밖에 없었습니다. 그런데 그 약함 속에 그리스도의 능력이 임함으로 데살로니가 교회는 환난 가운데서도 말씀을 기쁨으로 받는 교회, 하나님의 은혜가 머무르는 교회, 성령의 역사가 나타나는 능력 있는 교회로 세워져 갈 수 있었습니다.

사랑하는 성도 여러분! 하나님의 능력은 약한 데서 온전하여진다는 말씀 믿으시기 바랍니다. 우리의 약함이 그리스도의 능력이 임하는 통로가 된다는 것을 믿으시기 바랍니다. 부족함을 은혜로 채우시고 연약함을 말씀의 능력으로 붙드시는 하나님 의지하며 살아가실 때 믿음으로 세상을 이겨낼 수 있는 우리 모두가 될 수 있기를 주님의 이름으로 축원합니다.

밤에 형제들이 곧 바울과 실라를 베뢰아로 보내니 그들이 이르러 유대인의 회당에 들어가니라 베뢰아에 있는 사람들은 데살로니가에 있는 사람들보다 더 너그러워서 간절한 마음으로 말씀을 받고 이것이 그러한가 하여 날마다 성경을 상고하므로 그 중에 믿는 사람이 많고 또 헬라의 귀부인과 남자가 적지 아니하나 데살로니가에 있는 유대인들은 바울이 하나님의 말씀을 베뢰아에서도 전하는 줄을 알고 거기도 가서 무리를 움직여 소동하게 하거늘 형제들이 곧 바울을 내보내어 바다까지 가게 하되 실라와 디모데는 아직 거기 머물더라 바울을 인도하는 사람들이 그를 데리고 아덴까지 이르러 그에게서 실라와 디모데를 자기에게로 속히 오게 하라는 명령을 받고 떠나니라

열심

지난 시간에 우리는 사도 바울이 데살로니가에 있는 유대인의 회당에 들어가 3주 동안 복음을 전하는 장면을 살펴보았습니다. 사도 바울이 전하는 말씀을 통하여 하나님께서 약속하신 메시야가 바로 예수 그리스도라는 사실을 깨달은 많은 헬라인들이 유대교에서 기독교로 개종하려 했습니다. 그러자 정통 유대인들은 복음을 거부하며 핍박의 칼을 들기 시작했고 사도 바울 일행을 쫓아내려 했습니다. 사도 바울은 하는 수 없이 베뢰아로 이동하게 되는데 그 장면이 10절에 나옵니다.

'밤에 형제들이 곧 바울과 실라를 베뢰아로 보내니 그들이 이르러 유대인의 회당에 들어가니라'

믿음의 형제들은 왜 사도 바울과 실라를 베뢰아로 피신시키려 했을까 이유가 있습니다. 기록에 의하면 베뢰아는 B.C. 5세기경에 건설

된 도시인데 로마의 식민지였으나 번성하는 도시는 아니었습니다. 왜냐하면 키케로라는 사람은 베뢰아를 가리켜 '도로에서 떨어진 성읍'이라 불렀는데 그 이유는 주요 도로라고 할 수 있는 비아 에크나티아로부터 상당히 떨어져 있던 도시가 베뢰아였기 때문입니다. 믿음의 형제들이 사도 바울과 실라를 베뢰아로 안내한 이유는 그만큼 베뢰아는 소도시였기 때문에 피신하기에 안성맞춤으로 생각했을 것입니다. 데살로니가에서 약 80km 떨어진 베뢰아에 들어간 사도 바울과 실라는 여기서도 복음을 전하는 일에 최선을 다하게 되는데 하나님은 뜻밖의 선물을 준비해 놓으셨습니다. 그 선물이 무엇인가, 11절에 나옵니다.

'베뢰아에 있는 사람들은 데살로니가에 있는 사람들보다 더 너그러워서 간절한 마음으로 말씀을 받고 이것이 그러한가 하여 날마다 성경을 상고하므로'

사도 바울이 베뢰아에 도착하자마자 유대인의 회당에 들어가 말씀을 전하는데 신기하게도 베뢰아 사람들은 사도 바울이 전하는 말씀을 간절한 마음으로 받기 시작했고, 사도 바울이 전하는 복음이 과연 구약의 말씀과 일치하는지 성경을 연구하는 모습을 보여주는 것이었습니다. 베뢰아에서의 뜻밖의 반응은 지금까지 복음을 전한다는 이유로 핍박을 받고 도망치며 달려온 사도 바울 일행에게 큰 위로가 되었습니다. 놀라운 것은 사도 바울이 전하는 복음이 성경의 말씀과 일치하는지 날마다 말씀을 연구하고 묵상하던 사람들 중에 예수 그리스도를 믿게 되는 놀라운 열매가 맺혀지기 시작했습니다. 그 장면이 12절에 나옵니다.

'그 중에 믿는 사람이 많고 또 헬라의 귀부인과 남자가 적지 아니하나'

　유대인들의 핍박을 피해 도망치듯 숨어들어 온 베뢰아에서 사도 바울은 놀라운 하나님의 은혜를 경험하게 된 것입니다. 사도 바울이 전하는 복음을 구원에 이르는 말씀으로 받아들인 베뢰아 사람들이 예수를 구주로 영접하는 은혜로운 장면을 보면서 사도 바울은 많은 힘을 얻으며 감사의 눈물을 흘렸을 것입니다. 사도 바울을 묵상하는 가운데 저도 위로를 받았습니다. 목회하면서 다양한 성도들을 대하는 저도 마음을 다스리기 힘들 정도로 어려운 순간들이 있었는데 어느 주일 저녁에 교인 한 분이 전화를 하셔서 목사님 오늘 말씀이 저를 살리는 말씀이었다고, 오늘 설교에 얼마나 많은 은혜를 받았는지 감사하다고 목사님 목회하시는데 힘내시라고 기도로 돕겠다는 전화를 받았을 때 얼마나 위로가 되었는지 모릅니다. 유대인들의 핍박을 피해 80km 떨어진 베뢰아를 향해 사도 바울은 아마도 3일 길을 걸었을 것입니다. 그 3일 길이 사도 바울에게는 힘든 길이었을 것입니다. 데살로니가에 있는 사람들이 이제 막 예수를 믿고 구원에 이르는 역사가 일어나기 시작했는데 믿음의 공동체가 생겨나기 시작하였는데 그들을 두고 떠나야 하는 사도 바울의 마음은 무거웠을 것입니다. 그런데 하나님은 베뢰아에 준비된 사람들을 예비해 두시고 사도 바울의 발걸음을 인도해 주셨고 그가 전하는 복음을 구원에 이르는 말씀으로 받아들이도록 성령이 역사하셨을 때 사도 바울은 많은 위로와 힘을 얻게 되었을 것입니다. 하지만 구원의 역사가 일어나는 곳에 마귀의 역사도 함께 일어나는 것을 13절에서 다시 한번 보여주고 있습니다.

'**데살로니가에 있는 유대인들은** 바울이 하나님의 말씀을 베뢰아에서도 전하는 줄을 알고 **거기도 가서 무리를 움직여 소동하게 하거늘**'

데살로니가에 있던 유대인들이 베뢰아까지 쫓아와 사도 바울의 선교 사역을 방해하며 소동을 일으키는 장면인데 결국 사도 바울과 실라는 여기서도 오래 머무를 수가 없었고 형제들의 안내를 따라 320km 떨어진 문화와 역사와 철학의 중심지 아덴으로 입성하게 됩니다. 오늘은 '**열심**'이라는 제목을 가지고 함께 말씀 나눌 때 잘못된 열심을 버리고 선한 열심을 가지고 살아가는 여러분들에게 하나님께서 새로운 문을 열어주시기를 주의 이름으로 축원합니다.

첫째, 어떤 상황에서도 하나님과 함께 동역하는 자로 살아야 한다는 사실입니다.

사도 바울과 일행이 데살로니가를 떠나 베뢰아로 들어간 이유는 유대인들의 저항 때문인데 피신하는 마음으로 들어간 곳이 베뢰아라는 작은 도시였습니다. 베뢰아는 어떻게 보면 사도 바울이 숨을 고르기 위해 찾아간 곳이고 잠시 몸을 추스르기 위해 피난처로 찾아간 곳이 베뢰아였습니다. 그렇다면 사도 바울은 베뢰아에서 무엇을 하는 게 맞는 것일까, 아무것도 하지 않는 쉼의 시간을 가지든지 아니면 기도의 처소를 마련하여 영적으로 재충전의 시간을 가지는 것이 합당한 이야기일 것입니다. 그런데 우리의 예상과는 달리 사도 바울과 실라는 베뢰아에 도착하자마자 어디로 들어가는가. 유대인들이 모여드는 회당으로 들어가는 모습을 본문에서 볼 수 있습니다. 유대인들의 핍박을 피해 베뢰아로 숨어들어 왔는데 사도 바울과 실라는 유대인들이 모이는 회당을 제일 먼저 찾아간다는 것이 상식적으로 받아들이기 어려운 장면입니다. 사도 바울과 실라는 왜 회당을 찾아간 것일까, 그 이유가 11절에 나옵니다.

'**베뢰아에 있는 사람들은** 데살로니가에 있는 사람들보다 더 너그러워서 **간절한 마음으로 말씀을 받고** 이것이 그러한가 하여 날마다 성경을 상고하므로'

베뢰아에는 복음을 들어야 할 사람들이 있었기 때문에 베뢰아에도 하나님께서 구원하기로 예정하신 사람들이 있었기 때문에 사도 바울과 실라는 도착하자마자 회당에 들어가 말씀을 전하는 모습을 우리에게 보여주고 있습니다. 이 장면을 묵상하면서 딤후 4:2절이 떠올랐습니다.

'너는 말씀을 전파하라 때를 얻든지 못 얻든지 항상 힘쓰라'

사도 바울이 제자 디모데에게 권면했던 말씀인데 사도 바울은 때를 얻든지 못 얻든지 복음을 전하는 일에 최선을 다했던 주의 일꾼이었음을 성경이 증거하고 있습니다. 때를 얻든지 못 얻든지, 이 말씀 속에 기회가 주어질 때마다라는 의미가 담겨 있지 않나 생각됩니다. 언젠가 권사회 모임에서 섬길 수 있는 기회 놓치지 말 것을 권면하며 말씀을 나누었습니다. 하나님을 섬기는 것도 주의 몸 된 교회에서 직분자로 섬기는 것도 기회가 주어질 때 가능하다는 사실을 우리는 잊어서는 안 됩니다. 세월이 흘러갈수록 내가 어떻게 할 수 없는 상황으로 바뀌기 시작하면 섬기고 싶어도 하고 싶어도 하지 못할 때가 반드시 온다는 사실 기억하시기 바랍니다. 민수기에 보면 하나님께서 성막 봉사자로 레위 지파 자손들을 부르시는 장면이 나옵니다. 하나님께서 레위 지파 사람들을 성막 봉사자로 세우실 때 한 가지 규정을 세워놓으셨습니다. 그 장면이 민 4:35절에 나옵니다.

'삼십 세부터 오십 세까지 회막에서 복무하고 봉사할 모든 자'

하나님은 성막 봉사자의 나이를 삼십에서 오십 세로 규정하셨습니다. 왜 그러셨을까, 인생에 있어 황금기의 시간을 하나님께 헌신하라는 의미가 담겨 있지 않나 생각됩니다. 사랑하는 성도 여러분! 하나님을 위해 주님의 몸 된 교회를 위해 헌신하는 것도 하나님께서 기회를 주셔야 가능하다는 사실 명심하시기 바랍니다. 주님을 위하여 옥합을 깨뜨린 마리아는 은혜받은 자로서 섬김의 기회 주시기를 간구했을 것입니다. 기회가 주어졌을 때 마리아는 준비한 옥합을 깨뜨리며 주님의 위로자로 성경에 남는 은혜를 누리게 되었습니다. 사도 바울과 실라가 피신하기 위해 들어간 베뢰아, 사도들은 자신들의 안전을 위해 숨을 곳을 찾기보다는 유대인들이 모여드는 회당에 들어가 복음 전하는 일에 우선순위를 두었습니다. 어쩔 수 없는 상황으로 베뢰아로 들어왔지만 어쩔 수 없는 상황마저 복음을 전하는 기회로 만들었던 사도 바울과 실라, 그들은 어떤 상황에서도 하나님과 함께 일하는 동역자였습니다. 자신의 안위보다는 복음을 전하는 것이 더 중요한 문제였기 때문입니다. 하나님은 사도 바울과 실라에게 어떤 은혜를 주셨을까, 11절과 12절 보시기 바랍니다.

'**베뢰아에 있는 사람들은** 데살로니가에 있는 사람들보다 더 너그러워서 **간절한 마음으로 말씀을 받고** 이것이 그러한가 하여 날마다 성경을 상고하므로 **그 중에 믿는 사람이 많고** 또 헬라의 귀부인과 남자가 적지 아니하나'

하나님은 베뢰아에 사람들을 준비해 놓으셨습니다. 사도 바울이 어떤 말씀을 전하든지 믿음으로 은혜로 받아들일 수 있는 사람들을 예비해 두셨습니다. 사도 바울이 전하는 복음을 구원에 이르는 말씀으로 받아들인 많은 사람들이 예수를 믿고 하나님께 돌아오는 구원의 역사가 일어나기 시작했습니다. 결과를 보면서 사도 바울과 실라가 얼마나 위로를 받고 힘을 얻었겠습니까. 어떤 상황에서도 때를 얻든지 못 얻든지 복음을 전하기 위해 최선을 다했던 사도 바울과 실라를 보면서 우리의 열심은 무엇을 위한 열심인지 돌아볼 필요를 느끼게 되었습니다. 어떻게 하면 피해 갈까 생각하지 마시고 하나님 기회 주실 때 거룩한 열심을 가지고 감사함으로 섬기는 우리가 되었으면 좋겠습니다. 어떤 상황에서도 하나님과 함께 동역하는 우리가 될 때 하나님은 모든 것을 예비하시고 우리를 준비된 길로 인도하실 것을 믿으시면서 여호와 이레의 하나님을 만나실 수 있기를 주님의 이름으로 축원합니다.

둘째, 잘못된 열심을 버리고 선한 열심을 가지고 살아야 한다는 사실입니다.

본문에 보면 두 부류의 사람들이 등장하는 데 하나는 선한 열심이 무엇인가를 보여주는 사람들이 있는가 하면 또 하나는 잘못된 열심을 가지고 하나님의 사역을 방해하는 사람들을 볼 수 있습니다. 먼저 잘못된 열심을 가진 사람들을 살펴보면 13절에 나옵니다.

'**데살로니가에 있는 유대인들은** 바울이 하나님의 말씀을 베뢰아에서도 전하는 줄을 알고 **거기도 가서 무리를 움직여 소동하게 하거늘**'

데살로니가에 있는 유대인들이 베뢰아까지 쫓아와 사도 바울로 하여금 복음을 전하지 못하도록 방해하는 장면을 볼 수 있는데 데살로니가에서 베뢰아까지는 약 80km 떨어진 거리에 있었습니다. 요즘으로 생각해 보면 80km 거리를 가는 것은 일도 아니지만 교통수단이 발달하지 않은 2000년 전이라 생각해 보면 유대인들이 사도 바울을 핍박하기 위해 3일 길을 달려왔다는 사실 알 수 있습니다. 유대인들의 잘못된 열심, 행 14:19절에도 나옵니다.

'**유대인들이 안디옥과 이고니온에서 와서 무리를 충동하니 그들이 돌로 바울을 쳐서** 죽은 줄로 알고 시외로 끌어 내치니라'

이고니온에서부터 루스드라까지 달려온 유대인들은 사도 바울을 죽이기로 작정하고 돌을 던지는 장면을 보여주고 있습니다. 유대인들이 달려온 이고니온에서 루스드라까지의 거리가 어느 정도인가 무려 160km입니다. 적어도 7일 정도는 걸렸을 것이라 생각됩니다. 유대인들의 열심이 느껴지십니까. 왜 유대인들은 사도 바울의 선교 사역을 방해하려 하였을까. 십자가에 달린 예수를 메시야로 인정할 수 없었기 때문입니다. 메시야가 오시면 로마의 압제로부터 해방되고 다윗 왕국의 명성을 되찾을 것으로 기대했던 유대인들은 가난한 동네 출신 나사렛 예수 십자가에 힘없이 달린 예수를 메시야로 인정할 수 없었던 것입니다. 그러기에 사도 바울이 우리의 죄를 대신하여 십자가에 죽은 예수가 하나님이 보내주신 그리스도라는 복음을 전했을 때 유대인들은 참을 수 없었던 것입니다. 예수를 메시야로 인정할 수 없었던 유대인들은 결국 복음을 거부하는 대신 돌을 들었고 구원에 이르는 말씀을 버리고 핍박의 칼을 들기 시작한 것입니다. 유대인들이 던진 돌, 사도 바울을 향해 던진 것이 아니라 사실은 그리스도를 보내신 하나님을 향해 던진 것이고 유대인들은 잘못된 열심으로 인하여 구원의 문턱에서 스스로 돌아서는 어리석은 결과를 만들어 낸 것입니다.

  믿음의 길을 걸어가는 성도가 버려야 할 잘못된 열심이 있습니다. 남의 허물을 지적하고 비판하는 열심, 돈 되는 일이라면 무슨 일이든 달려드는 열심, 내 기준으로 남을 바꾸려는 열심, 모두 우리를 망가뜨리는 잘못된 열심입니다. 예수를 믿고서도 우리가 여전히 잘못된 열심을 가지고 살아간다면 우리는 좋은 열매 맺는 인생 살 수 없습니다. 잘못된 열심을 버려야 우리의 인생이 새로워질 수 있음을 기억하시고 잘못된 열심을 하나님 앞에 내려놓고 선한 열심을 가지고 살고자 하는 우리를 하나님께서 축복의 통로로 사용하여 주시기를 간절히 소망합니다. 우리가 가져야 할 선한 열심이 무엇인가, 베뢰아 사람들에게서 찾아볼 수 있습니다. 11절 보시면 성도가 가지고 있어야 할 선한 열심을 보여주고 있습니다.

  '**베뢰아에 있는 사람들은** 데살로니가에 있는 사람들보다 더 너그러워서 **간절한 마음으로 말씀을 받고 이것이 그러한가 하여 날마다 성경을 상고하므로**'

베뢰아 사람들이 보여주는 선한 열심은 무엇인가.

'간절한 마음으로 말씀을 받고' 이 구절에서 간절한 마음을 영어 성경으로 찾아보면 eagerness라는 단어를 사용하고 있습니다. 열심을 다하여 말씀을 들었다는 것을 의미합니다. 사도 바울이 말씀을 전할 때 마음을 집중하여 들었다는 것을 성경은 증거하고 있습니다. 하나님의 말씀을 사모하는 베뢰아 사람들의 마음이 느껴지십니까, 베뢰아 사람들을 묵상하면서 진설병 상이 생각이 났습니다. 성막의 4대 기구 중 하나인 진설병 상에는 안식일이 되면 제사장이 무교병 떡을 만들어 12덩이를 올려놓았습니다. 진설병 상에 올라가는 떡이 12개라는 것은 두 가지의 의미를 담고 있습니다. 진설병 상에 올라가는 떡 12개는 이스라엘 12지파를 상징하는 것인데 이스라엘 백성을 먹이시고 돌보시는 분이 하나님이심을 보여주고 있습니다. 또한 하나님의 백성은 육신의 떡으로 사는 사람이 아니라 말씀을 먹고 살아야 한다는 진리를 보여주고 있습니다. 중요한 것은 하나님께서 진설병 상을 만들라 말씀하셨을 때 떡이 놓이는 진설병 위에 조그만 턱을 만들어 둘러싸도록 하셨다는 사실입니다. 출 25:25절 보시면

'그 주위에 손바닥 넓이만한 턱을 만들고 그 턱 주위에 금으로 테를 만들고'

왜 하나님은 진설병 상에 작은 턱을 둘러싸게 하셨을까, 떡이 떨어지지 않게 하기 위함이었습니다. 영적으로 해석해 보면 하나님의 말씀은 일점일획이라도 땅에 떨어져서는 안 된다는 사실 알 수 있습니

다. 베뢰아 성도들이 간절한 마음으로 말씀을 받았을 때 하나님은 베뢰아 성도들의 열심을 기뻐하셨을 것입니다. 하나님의 말씀을 간절한 마음으로 받고자 했던 베뢰아 성도들을 하나님께서 어떻게 하셨을까. 좋은 마음으로 말씀을 받는 베뢰아 성도들에게 하나님은 사도 바울이 선포한 복음이 구원에 이르는 말씀으로 듣게 하셨고 영생의 문을 열어주셨습니다. 설교하는 목회자로서 말씀을 전할 때 정말 집중하여 듣는 분들을 볼 때가 있습니다. 일점일획이라도 떨어지지 아니하도록 온 마음을 다하여 듣는 성도들을 볼 때 하나님의 말씀이 마음 밭에 심어지는 것이 느껴질 때가 있습니다. 사랑하는 성도 여러분! 하나님의 말씀을 간절한 마음으로 받는 여러분들에게 말씀이 30배, 60배, 100배의 열매로 나타날 수 있기를 간절히 소망합니다.

2. 말씀을 묵상하는 열심

11절 마지막 보시면 중요한 기록이 나옵니다.

'이것이 그러한가 하여 날마다 성경을 상고하므로'

상고하다는 헬라어로 '아나크리논테스'라고 합니다. '자세히 조사하다' 란 의미를 가지고 있는데 베뢰아 성도들의 선한 열심을 보여주고 있습니다. 베뢰아 성도들은 말씀을 듣는 것으로 그치지 않았습니다. 들은 말씀이 믿음의 살과 피가 되도록 말씀을 묵상하는 좋은 습관을 가지고 있었습니다. 베뢰아 성도들을 보면서 살전 2:13절이 생각이 났습니다.

'너희가 우리에게 들은 바 **하나님의 말씀을 받을 때에 사람의 말로 받지**

아니하고 하나님의 말씀으로 받음이니'

저희 교회 한 집사님은 주일 설교 요약을 한 주도 빠지지 않고 묵상집으로 만들어 놓으신 분이 계십니다. 집사님은 10년이 넘게 주보에 실려 있는 설교 요약을 노트에 옮겨 묵상집으로 만들어 놓은 것을 보게 되었습니다. 집사님은 주일 오후가 되면 성경책과 주보에 있는 설교 요약을 가지고 서재에 들어가셔서 말씀을 묵상하는 가운데 더 깊은 깨달음을 얻은 적이 많았다고 간증하시는 것을 듣게 되었습니다. 손수 만드신 묵상집을 자손들에게 신앙의 유산으로 남기겠다는 말씀도 전해주셨습니다. 사랑하는 성도 여러분! 말씀을 묵상하는 것이 우리의 좋은 습관이 되었으면 좋겠습니다. 들은 말씀이 믿음의 살과 피가 되기 위해서는 말씀을 묵상하는 훈련이 반드시 필요합니다. 묵상이라고 하는 것은 말씀을 가지고 생각하는 행위입니다. 말씀의 의미가 무엇인지, 하나님이 이 말씀을 들려주신 이유가 무엇인지, 말씀 앞에 내가 어떻게 반응해야 하는지 생각하고 묵상하다 보면 성령께서 우리의 믿음을 말씀으로 새롭게 빚으시는 은혜 임하게 될 것입니다. 성경이 말씀하는 복 있는 사람이 누구인가.

'복 있는 사람은 오직 여호와의 율법을 즐거워하여 그의 율법을 주야로 묵상하는도다'

시편 말씀처럼 날마다 말씀을 묵상하는 선한 열심을 가지고 살아가실 때 우리의 믿음이 말씀의 반석 위에 견고히 세워지는 은혜 누리시기를 주님의 이름으로 축원합니다. 아멘

　　바울이 아덴에서 그들을 기다리다가 그 성에 우상이 가득한 것을 보고 마음에
격분하여 회당에서는 유대인과 경건한 사람들과 또 장터에서는 날마다 만나는 사
람들과 변론하니 어떤 에피쿠로스와 스토아 철학자들도 바울과 쟁론할새 어떤 사
람은 이르되 이 말쟁이가 무슨 말을 하고자 하느냐 하고 어떤 사람은 이르되 이방
신들을 전하는 사람인가보다 하니 이는 바울이 예수와 부활을 전하기 때문이러라
그를 붙들어 아레오바고로 가며 말하기를 네가 말하는 이 새로운 가르침이 무엇인
지 우리가 알 수 있겠느냐 네가 어떤 이상한 것을 우리 귀에 들려 주니 그 무슨 뜻
인지 알고자 하노라 하니 모든 아덴 사람과 거기서 나그네 된 외국인들이 가장 새
로운 것을 말하고 듣는 것 이외에는 달리 시간을 쓰지 않음이더라 바울이 아레오
바고 가운데 서서 말하되 아덴 사람들아 너희를 보니 범사에 종교심이 많도다 내
가 두루 다니며 너희가 위하는 것들을 보다가 알지 못하는 신에게라고 새긴 단도
보았으니 그런즉 너희가 알지 못하고 위하는 그것을 내가 너희에게 알게 하리라
우주와 그 가운데 있는 만물을 지으신 하나님께서는 천지의 주재시니 손으로 지은
전에 계시지 아니하시고 또 무엇이 부족한 것처럼 사람의 손으로 섬김을 받으시는
것이 아니니 이는 만민에게 생명과 호흡과 만물을 친히 주시는 이심이라 인류의

모든 족속을 한 혈통으로 만드사 온 땅에 살게 하시고 그들의 연대를 정하시며 거주의 경계를 한정하셨으니 이는 사람으로 혹 하나님을 더듬어 찾아 발견하게 하려 하심이로되 그는 우리 각 사람에게서 멀리 계시지 아니하도다 우리가 그를 힘입어 살며 기동하며 존재하느니라 너희 시인 중 어떤 사람들의 말과 같이 우리가 그의 소생이라 하니 이와 같이 하나님의 소생이 되었은즉 하나님을 금이나 은이나 돌에 다 사람의 기술과 고안으로 새긴 것들과 같이 여길 것이 아니니라 알지 못하던 시대에는 하나님이 간과하셨거니와 이제는 어디든지 사람에게 다 명하사 회개하라 하셨으니 이는 정하신 사람으로 하여금 천하를 공의로 심판할 날을 작정하시고 이에 그를 죽은 자 가운데서 다시 살리신 것으로 모든 사람에게 믿을 만한 증거를 주셨음이니라 하니라 그들이 죽은 자의 부활을 듣고 어떤 사람은 조롱도 하고 어떤 사람은 이 일에 대하여 네 말을 다시 듣겠다 하니 이에 바울이 그들 가운데서 떠나매 몇 사람이 그를 가까이하여 믿으니 그 중에는 아레오바고 관리 디오누시오와 다마리라 하는 여자와 또 다른 사람들도 있었더라

4

실패 속에
답이 있습니다

사도행전에 보면 사도 바울의 설교가 아홉 편이 수록이 되어 있습니다. 사도 바울의 설교를 살펴보면 여덟 편은 유대인들이 모여드는 회당에서 구약의 여호와 하나님을 믿고 있는 사람들에게 예수 그리스도의 메시야 되심을 증거하는 말씀입니다. 나머지 한 편의 설교는 어디서 전하였는가. 아덴에 있는 아레오바고 광장에서 대중을 상대로 말씀을 전하였습니다. 특징적인 것은 아레오바고 광장에서 사도 바울이 설교를 하였을 때 대상은 주로 하나님을 모르는 하나님에 대한 아무런 지식이 없는 이방인들을 대상으로 전했던 유일한 설교였습니다. 사도 바울이 베뢰아를 떠나 아덴에 도착했을 때 나름대로 기대감이 있었을 것입니다. 왜냐하면 당시 아덴은 로마, 알렉산드리아와 함께 세계 3대 도시 중 하나였기 때문입니다. 아덴은 헬라의 수도였고 철학과 문학 그리고 예술의 중심지 역할을 하고 있었습니다. 우리가 알고 있는 소크라테스, 플라톤, 아리스토텔레스가 활동한 곳이 바로 아덴이고 민주주의의 고장으로서 자유시민 사회를 발전시켜 세계적인 영향력을 끼친 곳도 아덴입니다. 학자들의 기록에 의하면 아덴에는 무려 3만 개의 신상이 있었다고 할 정도로 다양한 신과 종교를 받아들일 만큼 아덴은 종교, 문화, 철학의 중심지였습니다. 하지만 냉철하게 생각해 본다면 아덴은 헬레 문화의 중심지임에 틀림이 없지만, 영적으로 본다면 3만 개의 우상이 세워질 정도로 영적으로 타락한 도시가 아덴이라 말할 수 있습니다. 사도 바울이 아덴에 도착하였을 때 충격적인 장면을 보게 되는데 그 장면이 16절에 나옵니다.

'바울이 아덴에서 그들을 기다리다가 **그 성에 우상이 가득한 것을 보고 마음에 격분하여**'

아덴에 도착한 사도 바울은 도시가 온갖 우상으로 가득 차 있다는 사실에 충격을 받았습니다. 그 충격이 얼마나 심했는지 사도 바울은 마음에 격분이 일어났다고 성경은 전해주는데 아덴 사람들의 우상 숭배가 어느 정도였는가 23절 보시면

'내가 두루 다니며 너희가 위하는 것들을 보다가 **알지 못하는 신에게라고 새긴 단도 보았으니** 그런즉 너희가 알지 못하고 위하는 그것을 내가 너희에게 알게 하리라'

아덴 사람들은 심지어 알지 못하는 신에게 제단을 만들 정도로 우상 숭배의 죄악을 상식적인 차원에서 범할 정도로 정말 복음이 필요한 곳이 아덴이라는 사실을 사도 바울은 깨닫게 된 것입니다. 사도 바

울은 숨 고를 여유도 없이 곧장 하나님의 말씀을 전하기 위해 사람들에게 다가가는 모습을 17절에서 보여주고 있습니다.

'회당에서는 유대인과 경건한 사람들과 또 장터에서는 **날마다 만나는 사람들과 변론하니**'

회당에서는 유대인들을 상대로 예수 그리스도의 주 되심을 증거하였고 사람들이 모이는 장터에서는 아덴 사람들과 논쟁하면서 나름대로 복음을 전하려고 애쓰는 사도 바울의 모습을 볼 수 있습니다. 그러자 반응이 나타나기 시작했습니다. 19절 보시면 사람들이 사도 바울을 향해 네가 전하고자 하는 새로운 가르침이 무엇인지 듣고 싶다고 하면서 아레오바고로 그를 데리고 가는 장면을 볼 수 있습니다.

'그를 붙들어 아레오바고로 가며 말하기를 **네가 말하는 이 새로운 가르침이 무엇인지 우리가 알 수 있겠느냐**'

아레오바고 광장으로 갔다는 것은 사도 바울에게 기회가 주어졌다고 말할 수 있는데 당시 아덴 사람들이 얼마나 철학과 종교에 관심이 많았는가를 보여주는 구절이 21절입니다.

'모든 아덴 사람과 거기서 나그네 된 외국인들이 **가장 새로운 것을 말하고 듣는 것 이외에는 달리 시간을 쓰지 않음이더라**'

새로운 철학이나 종교를 전해줄 수 있는 사람이 나타나면 사람들은 아레오바고 광장에 모여 강연을 들으면서 지적인 만족감을 느끼게 되는데 이것이 아덴 사람들에게는 하나의 정신적 쾌락으로 여겨졌던 것입니다. 사도 바울이 예수 그리스도의 십자가와 부활에 대한 복음을 전했을 때 아덴 사람들에게는 새로운 종교가 생겨났구나 한번 들어봐야지 하면서 지적 호기심을 가지고 사도 바울에게 아레오바고 광장에서 말씀을 전할 수 있는 기회를 주게 된 것입니다. 사도 바울은 종교심과 지적 호기심이 강한 아덴 사람들에게 하나님의 말씀, 복음을 전할 기회를 갖게 된 것입니다. 22절 보시면 사도 바울이 대단히 지혜로운 설교자였다는 사실 알 수 있습니다. 아덴 사람들을 향해 뭐라고 부르고 있습니까.

'바울이 아레오바고 가운데 서서 말하되 **아덴 사람들아 너희를 보니 범사에 종교심이 많도다**'

범사에 종교심이 많도다. 아덴 사람들이 새로운 종교에 관심이 많음을 인정해 주면서 말씀을 전하기 시작하는 사도 바울의 지혜를 볼 수 있습니다. 사도 바울이 전하고자 했던 말씀이 무엇이었을까 무엇보다 알지 못하는 신을 숭배하는 것은 죽은 신을 믿는 우상 숭배이며 하나님이 보내주신 예수 그리스도를 믿어야 구원에 이른다는 복음을 전해주었습니다. 오늘은 사도 바울이 아덴 사람들을 향해 선포했던 말씀을 살펴보면서 은혜를 나누기 원합니다.

첫째, 버리지 아니하면 믿을 수 없다는 사실입니다.
아덴 사람들 대단한 프라이드를 가지고 살던 사람들이었습니다. 작은 도시에 3만 개의 신상이 세워질 정도로 새로운 철학이나 종교에 대하여 열려 있던 사람들, 위대한 예술가와 지식인들을 배출했던 사람들 아덴은 헬라 문화의 중심지였다고 말할 수 있습니다. 아덴 사람들의 자존심이 얼마나 대단했겠습니까. 하지만 사도 바울의 눈에 비친 아덴 사람들은 무지의 사람이었습니다. 어느 정도 무지의 사람이었는가, 알지 못하는 신을 위하여 제단을 만들 정도로 신앙의 영역에서는 무지한 사람들이었습니다. 아덴 사람들을 보면서 느끼게 된 것은 가지고 있으나 없는 자들이요 알고 있으나 모르는 사람들이라 말할 수 있습니다. 공식화된 신이 300개가 있을 정도로 대단한 종교심을 갖고 있으나 하나님에 대한 지식이 없었고 철학과 문학에 대한 호기심은 강했으나 구원에 이르는 복음에 대해서는 전혀 알지 못하는 무지의 사람들이었습니다. 사도 바울의 눈에 비친 아덴 사람들은 알고 있는 것은 많으나 정작 중요한 것은 모르는 사람들이었습니다. 아덴 사람들이 하나님을 믿기 위해서 무엇을 버려야만 했는가.

1, 눈에 보이는 것

아덴은 당시 헬라 문화의 중심지였습니다. 아덴이라는 도시는 하나의 거대한 신전이었다고 말할 정도로 무려 3만 개의 신상이 아덴의 거리를 가득 채우고 있었습니다. 아덴에 도착한 사도 바울에게 무엇이 눈에 들어왔을까 우상이 가득한 것을 보았습니다. 아덴은 신들의 도시라는 인상을 사도 바울이 가졌을 것입니다. 아덴 사람들에게 이것은 자부심이었고 자랑이었을 것입니다. 세상에 존재하는 모든 신을 포용할 수 있을 정도로 종교심이 많다는 사실을 자랑했을 것이고 심지어 사도 바울이 아덴 사람들을 향해 '너희를 보니 범사에 종교심이 많도다'라고 말할 정도였겠습니까. 눈만 돌리면 신들의 제단으로 가득 찬 아덴. 이러한 환경 속에 살아온 아덴 사람들은 돌로 지어진 거대한 신전들을 보면서 신의 도시에 살고 있다는 자부심을 가지고 있었을 것입니다. 눈에 보이는 것에 현혹되어 살아가는 아덴 사람들은 보이지 않는 하나님을 믿을 수가 없었던 것입니다.

하와가 사탄의 꾐에 넘어가 선악과를 먹으려 할 때 보암직도 하였다라고 성경은 전해주고 있습니다. 보암직한 것들, 눈에 들어오는 것들, 여기에 현혹되기 시작하면 우리는 결코 보이지 않는 하나님을 믿을 수 없다는 사실 알아야 하는 것입니다. 세상에 있는 것들의 실체가 무엇일까. 요한일서 2:16절 보시면

'이는 세상에 있는 모든 것이 **육신의 정욕과 안목의 정욕과 이생의 자랑**이니 다 아버지께로부터 온 것이 아니요 세상으로부터 온 것이라'

우리로 하여금 죄를 짓게 만들고 우리로 하여금 넘어지게 만드는 것 중의 하나가 바로 보이는 것을 중요시하는 안목의 정욕입니다. 보암직한 것에 시선을 빼앗기게 만드는 안목의 정욕, 눈에 보이는 것을 중요하게 여기며 살아가면 보이지 않는 하나님을 온전히 섬길 수 없다는 사실 잊어서는 안 됩니다. 눈에 보이는 것은 안목의 정욕과 연결되어 있다는 것을 기억하시기 바랍니다. 보이는 것이 전부가 아닐 수 있고 보이는 것에 목숨 걸 필요도 없는 것입니다. 성도로 부름받은 우리가 세상 살아갈 때 무엇을 바라보며 살아야 하는가. 히 12:2절 말씀은 우리에게 답을 알려주고 있습니다.

'믿음의 주요 또 온전하게 하시는 이인 예수를 바라보자 그는 그 앞에 있는 기쁨을 위하여 십자가를 참으사 부끄러움을 개의치 아니하시더니 하나님 보좌 우편에 앉으셨느니라'

죄 많은 우리를 구원의 길로 인도하시기 위해 십자가의 고통을 참으신 주님, 그 아픔이 나에게는 기쁨이었다고 말씀하시는 주님, 주님만을 바라보며 사는 것, 이것이 믿음이요, 신앙의 길을 걸어가는 성도에게는 하나님 주시는 참된 기쁨과 평안이 있음을 기억하시고 오직 십자가의 주님만 바라보며 살아가는 우리가 될 수 있기를 간절히 소망합니다.

2. 하나님 자리에 있는 것

아덴에 도착한 사도 바울이 왜 분노하게 되었는가, 아덴이라는 도시는 우상 숭배의 죄악으로 가득 찬 도시였기 때문입니다. 우상 숭배, 한마디로 말하면 하나님의 하나님 되심을 인정하지 아니하고 사람의 욕심을 만족시켜 줄 수 없는 있지도 아니한 신을 만들어 섬기는 것이 우상 숭배입니다. 아덴 사람들이 하나님을 믿기 위해서는 하나님 자리에 있는 우상을 치워 버려야 했습니다. 사도 바울이 아덴 사람들에게 전하는 권면의 말씀이 23절에 나와 있습니다.

'내가 두루 다니며 너희가 위하는 것들을 보다가 알지 못하는 신에게라고 새긴 단도 보았으니 그런즉 너희가 알지 못하고 위하는 그것을 내가 너희에게 알게 하리라'

아덴 사람들은 알지도 못하는 신을 만들어 우상으로 섬기고 있었습니다. 아덴 사람들에게 사도 바울은 진정 하나님이 누구신지를 알려주고 싶어 했습니다. 사도 바울이 전하고자 하는 하나님, 어떤 하나님을 증거하려 했을까.

① 창조주 하나님

사도 바울은 먼저 하나님께서 세상을 지으신 창조주이심을 전해주었습니다. 24절 보시면

'우주와 그 가운데 있는 만물을 지으신 **하나님께서는 천지의 주재시니 손으로 지은 전에 계시지 아니하시고**'

하나님은 만물을 지으시고 존재하게 하신 창조주 하나님이심을 사도 바울은 전해주었습니다. 하나님 없이 세상은 존재하지 않는다고, 하나님께서 만물을 만드시고 지으셨기에 우리가 존재할 수 있음을 사도 바울은 가르쳐 주었습니다. 천지의 주재가 되시고 특별히 사람을 지으신 하나님에 대하여 이사야 선지자는 사 44:24절에서 말씀하고 있습니다.

'**네 구속자요 모태에서 너를 지은 나 여호와가 이같이 말하노라 나는 만물을 지은 여호와라** 홀로 하늘을 폈으며 나와 함께 한 자 없이 땅을 펼쳤고'

나를 지으신 하나님을 향하여 우리는 무엇을 고백하며 살아야 할까, 시 22:10절의 말씀이 우리 모두의 신앙고백이 되는 말씀 되기를 바랍니다.

'내가 날 때부터 주께 맡긴 바 되었고 **모태에서 나올 때부터 주는 나의 하나님이 되셨나이다**'

② 공급자 되시는 하나님

사람이 살아갈 수 있는 힘과 생명을 공급해 주시는 하나님에 대해 사도 바울은 25절에서 말씀을 전하고 있습니다.

'또 무엇이 부족한 것처럼 사람의 손으로 섬김을 받으시는 것이 아니니 이는 **만민에게 생명과 호흡과 만물을 친히 주시는 이심이라**'

사람들에게 생명의 호흡과 필요한 모든 것을 공급해 주시는 분이 하나님이심을 사도 바울이 전하는 장면입니다. 이 말씀을 묵상하면서 성도가 하루를 시작하며 제일 먼저 드려야 할 기도가 있음을 알게 되었습니다. '하나님 오늘 하루도 생명 주심에 감사드리며 살아갈 수 있는 힘을 주시고 필요한 모든 것을 공급하여 주옵소서' 우리가 살아가는 하루가 그냥 살아가는 하루가 아닙니다. 하나님께서 우리에게 생명 주시고 살아갈 수 있는 힘을 주셨기에 은혜로 사는 것임을 날마다 고백하는 우리가 되었으면 좋겠습니다. 하나님께서 생명 주시지 않는다면 우리는 내일을 기약할 수 없는 연약한 존재일 수밖에 없습니다. 하나님께서 필요한 모든 것을 공급해 주지 않는다면 광야와 같은 세상에서 우리는 살아남을 수 없는 것입니다. 하루를 살아간다는 것 그 자체가 은혜요 찬송의 이유입니다. 하나님의 돌보심으로 살아간다는 것 우리가 고백할 수 있는 감사의 제목입니다. 제가 알고 있던 한 집사님이 산에 등산 가신다고 집을 나선 후 산에 오르시다가 심장정지로 생을 마감하셨다는 소식을 듣게 되었습니다. 안타까운 소식을 접하면서 우리가 살아가는 하루가 그냥 사는 게 아니라 하나님께서 생명을 주셔야 살 수 있다는 사실, 호흡할 수 있는 힘을 주셔야 살아간다는 사실을 절실히 깨닫게 되었습니다. 본문 말씀을 묵상하면서 전에 발견하지 못한 단어를 보게 되었는데 28절과 29절에 우리가 주목해야 할 말씀이 기록되어 있습니다.

'**우리가 그를 힘입어 살며 기동하며 존재하느니라** 너희 시인 중 어떤 사람들의 말과 같이 우리가 <u>그의 소생</u>이라 하니 이와 같이 **하나님의 소생이 되었은즉** 하나님을 금이나 은이나 돌에다 사람의 기술과 고안으로 새긴 것들과 같이 여길 것이 아니니라'

소생이라는 단어가 두 번이나 사용된 것을 볼 수 있습니다. '**우리가 그를 힘입어 살며 기동하며 존재하느니라**' 이 말씀을 묵상하면서 우리는 하나님의 은혜를 힘입어 사는 소생임을 잊지 않았으면 좋겠습니다. 사람의 힘과 노력으로 되는 것이 아니라 은혜로 사는 것임을 고백하는 사람들, 이런 사람들을 가리켜 사도 바울은 '하나님의 소생'이라 부르고 있습니다. 사랑하는 성도 여러분! 우리는 은혜를 힘입어 살아가는 하나님의 소생임을 잊지 마시기 바랍니다. 하나님께서 생명 주지 아니하시면 우리는 살아갈 수도 존재할 수도 없는 사람임을 기억하면서 은혜를 힘입어 살아가는 여러분들에게 하나님께서 소생하게 하시는 힘과 능력 공급해 주시기를 주님의 이름으로 축원합니다. 아멘

둘째, 예수 그리스도는 구원의 시작이요 구원의 완성이 된다는 사실입

니다.

사도 바울은 아덴에서 하나님이 어떤 분이신지에 대하여 전하고자 최선을 다했습니다. 지적 호기심이 강하고 종교심이 많은 아덴 사람들에게 창조주 하나님에 대하여, 공급자 되시는 하나님에 대하여, 예수 그리스도를 보내주신 하나님에 대하여 증거하려고 최선을 다했습니다. 사도 바울이 전하고자 했던 메시지가 무엇이었는가, 31절 말씀입니다.

'이는 정하신 사람으로 하여금 천하를 공의로 심판할 날을 작정하시고 이에 **그를 죽은 자 가운데서 다시 살리신 것으로 모든 사람에게 믿을 만한 증거를 주셨음이니라** 하니라'

하나님께서 우리를 구원하시기 위해 믿을 만한 증거를 주셨는데 그 증거가 바로 예수 그리스도의 십자가와 부활이라는 복음을 전해주었습니다. 이것이 사도 바울이 전하고자 했던 아레오바고 설교의 결론이었습니다. 이제까지는 하나님에 대한 지식이 없었지만 이제부터는 천지의 주재이신 하나님을 믿고 우상 숭배의 죄악에서 떠나 예수 그리스도를 구주로 믿을 때 구원이 시작된다는 사실 사도 바울이 선포하는 복음이었습니다. 사도 바울이 말씀을 전해주었을 때 어떤 결과로 나타났을까, 32절 보시면

'**그들이 죽은 자의 부활을 듣고 어떤 사람은 조롱도 하고** 어떤 사람은 이 일에 대하여 네 말을 다시 듣겠다 하니'

이상하게도 반응이 좋지 않았습니다. 지금까지 기록에 의하면 선교지에서 사도 바울이 말씀을 전했을 때 사람들의 반응은 기대 이상이었습니다. 예를 들어 이고니온에서 복음을 선포했을 때 결과가 행 14:1절에 기록이 되어 있습니다.

　　'이에 이고니온에서 두 사도가 함께 유대인의 회당에 들어가 말하니 유대와 헬라의 **허다한 무리가 믿더라**'

　　지금까지 사도 바울은 나름대로 선교의 열매를 많이 거두었던 것이 사실입니다. 복음을 전해주었을 때 긍정적으로 받아들인 사람들이 많았고 예수를 믿고 하나님께로 돌아오는 구원의 역사를 경험하였습니다. 그런데 아덴에서는 달랐습니다. 말씀을 전해주었지만 사람들의 반응은 다른 선교지와는 비교가 안 될 정도로 기대 이하였다고 말할 수 있습니다. 하지만 아무런 열매가 없었다고는 말할 수 없는데 34절 보시면

　　'**몇 사람이 그를 가까이하여 믿으니** 그 중에는 아레오바고 관리 디오누시오와 다마리라 하는 여자와 또 다른 사람들도 있었더라'

　　사도행전의 저자 누가는 아덴에서의 선교 결과를 '몇 사람이 믿으니' 이렇게 기록하면서 아쉬움을 나타내고 있음을 볼 수 있습니다. 실제로 아덴에서는 믿음의 공동체가 생겨나지 않았습니다. 위대한 전도자요 설교자인 사도 바울이 아레오바고 광장에서 대중을 상대로 말씀을 전했는데 왜 이런 결과를 낳은 것일까, 사도 바울이 아덴을 떠나

고린도로 향하여 가는 과정에서 깨달았습니다.

1. 성령을 의지하지 않았기 때문입니다

17절과 18절 보시면 변론이라는 단어와 쟁론이라는 단어를 볼 수 있습니다.

'회당에서는 유대인과 경건한 사람들과 또 장터에서는 날마다 만나는 사람들과 **변론하니** 어떤 에피쿠로스와 스토아 철학자들도 바울과 **쟁론할새** 어떤 사람은 이르되 이 말쟁이가 무슨 말을 하고자 하느냐 하고 어떤 사람은 이르되 이방 신들을 전하는 사람인가보다 하니 이는 바울이 예수와 부활을 전하기 때문이러라'

복음은 변론과 쟁론의 대상이 아니라 선포의 대상입니다. 복음은 이해의 대상도 아닙니다. 사람들과의 논쟁에서 이김으로 사람들을 이해시킴으로 복음이 전파되는 것은 아닙니다. 사도 바울은 나름대로 자신감이 있었습니다. 사도 바울은 최고의 학문이라 자랑하는 가말리엘 문하에서 배운 사람이었습니다. 사도 바울은 성령에 의지하여 복음을 전하려 했던 것이 아니라 지식과 학문의 힘으로 아덴 사람들을 상대하여 아쉬운 결과를 낳게 된 것입니다. 아덴에서의 사역을 통해 사도 바울은 깨달음을 얻게 되었습니다. 하나님 나라 사역은 사람의 말로 되는 것이 아니라 성령의 능력으로 되는 것임을 고전 2:4절에 고백하고 있습니다.

'내 말과 내 전도함이 설득력 있는 지혜의 말로 하지 아니하고 다만 **성**

령의 나타나심과 능력으로 하여'

2. 예수 그리스도의 이름을 선포하지 못했습니다

31절 자세히 보시기 바랍니다.

'이는 **정하신 사람으로 하여금** 천하를 공의로 심판할 날을 작정하시고 이에 **그를 죽은 자 가운데서 다시 살리신 것으로 모든 사람에게 믿을 만한 증거를 주셨음이니라** 하니라'

사도 바울이 아레오바고에서 전한 설교를 분석해 보면 예수 그리스도라는 이름을 찾아볼 수 없습니다. '정하신 사람' 이렇게 표현하고 있을 뿐입니다. 종교심이 많은 아덴 사람들과의 접촉점을 찾기 위해 노력하였지만 정작 구원의 증표가 되시는 예수 그리스도의 이름을 사도 바울은 전하지 못하였습니다. 아덴에서의 경험은 사도 바울의 선교 사역에 전환점이 되었습니다. 사도 바울이 아덴에서의 사역 이후 결심을 하게 되는데 그 장면이 고전 2:2절에 기록이 되어 있습니다.

'내가 너희 중에서 **예수 그리스도와 그가 십자가에 못 박히신 것 외에는 아무 것도 알지 아니하기로 작정하였음이라**'

예수 그리스도, 구원의 시작이 되시며 구원의 완성이 되시는 가장 소중한 이름입니다.

그 후에 바울이 아덴을 떠나 고린도에 이르러 아굴라라 하는 본도에서 난 유대인 한 사람을 만나니 글라우디오가 모든 유대인을 명하여 로마에서 떠나라 한 고로 그가 그 아내 브리스길라와 함께 이달리야로부터 새로 온지라 바울이 그들에게 가매 생업이 같으므로 함께 살며 일을 하니 그 생업은 천막을 만드는 것이더라 안식일마다 바울이 회당에서 강론하고 유대인과 헬라인을 권면하니라 실라와 디모데가 마게도냐로부터 내려오매 바울이 하나님의 말씀에 붙잡혀 유대인들에게 예수는 그리스도라 밝히 증언하니 그들이 대적하여 비방하거늘 바울이 옷을 털면서 이르되 너희 피가 너희 머리로 돌아갈 것이요 나는 깨끗하니라 이 후에는 이방인에게로 가리라 하고 거기서 옮겨 하나님을 경외하는 디도 유스도라 하는 사람의 집에 들어가니 그 집은 회당 옆이라 또 회당장 그리스보가 온 집안과 더불어 주를 믿으며 수많은 고린도 사람도 듣고 믿어 세례를 받더라 밤에 주께서 환상 가운데 바울에게 말씀하시되 두려워하지 말며 침묵하지 말고 말하라 내가 너와 함께 있으매 어떤 사람도 너를 대적하여 해롭게 할 자가 없을 것이니 이는 이 성중에 내 백성이 많음이라 하시더라 일 년 육 개월을 머물며 그들 가운데서 하나님의 말씀을 가르치니라

5

하나님의 동역자

현대인들이 많이 사용하는 단어 중 하나가 '트라우마'라는 말입니다. 트라우마, 상처라는 의미의 그리스어 '트라우마트'에서 유래된 말인데 의학적으로는 외상을 뜻하지만 심리학에서는 정신 장애를 일으키는 충격이나 불안 요소라는 의미로 사용되고 있습니다. 어떤 사고를 당하거나 정신적 충격을 받게 되는 일이 생기면 좋지 않은 기억이 남게 되면서 그와 비슷한 상황이 발생할 때 불안한 마음이 생기거나 정신적 동요가 일어날 때 이것을 가리켜 트라우마라고 말합니다. 사람은 과거에 대한 기억을 가지고 현실 속에서 미래에 대한 불안과 두려움을 동시에 안고 살아가는 존재라고 말할 수 있습니다. 과거의 실패로 인한 정신적 충격은 미래에 대한 불안과 두려움으로 이어져 사람을 위축되게 만들거나 자존감을 잃어버릴 가능성이 있습니다. 본문에 나오는 사도 바울이 트라우마 증세를 겪지 않았을까 생각됩니다. 1절 보시면

'그 후에 바울이 아덴을 떠나 고린도에 이르러'

'그 후에' 어떤 일을 말합니까, 아덴에서의 선교 사역에서 실패를 경험한 이후라고 말할 수 있습니다. 아덴에 들어갈 때 사도 바울은 나름대로 자신감이 있었을 것입니다. 철학과 문학 그리고 예술의 중심지라 할 수 있는 세계 3대 도시에 속하는 아덴에 입성할 때 사도 바울은 기대감으로 충만했을 것입니다. 철학과 문학에 관심 많은 지식인들을 만나서 자신이 가지고 있는 학문적 역량과 논리적 대화를 진행하다 보면 복음을 이해시키고 하나님 말씀을 전할 수 있을 것이라는 생각이 사도 바울에게 있었을 것입니다. 하지만 아덴에서의 선교는 좋은 결과를 만들어 내지 못했고 교회를 세우는 일에 실패하였습니다. 쓰라린 경험을 안고 사도 바울이 아덴을 떠나 고린도에 이르렀을 때 그의 마음 상태가 어떠하였을까, 고린도에 도착한 사도 바울이 어떤 상황이었는가를 알려주는 구절이 고전 2:3절에 나와 있습니다.

'내가 너희 가운데 거할 때에 **약하고 두려워하고 심히 떨었노라**'

약함, 두려움, 떨림 이것이 사도 바울이 고린도에 도착할 때 마음 상태였음을 성경은 기록하고 있습니다. 왜냐하면 고린도 도시는 아덴보다 훨씬 더 복음을 전하기가 어려운 곳임을 사도 바울은 알고 있었기 때문입니다. 행 18장은 사도 바울의 제2차 전도 여행이 끝나는 곳으로 마지막 종착지인 고린도에서의 사역에 대한 내용이 담겨 있습니다. 고린도는 어떤 도시였는가, 고린도는 B.C. 46년에 줄리어스 시저가 재건한 도시로 아덴, 에베소와 함께 아가야 지역의 3대 도시 중 하나였습니다. 고린도는 아가야 지역의 수도였으며 항구 도시답게 무역과 상업이 발달하여 아덴이 인구 만 명 정도였다면 고린도에는 70만 명이 모여 살 정도로 거대한 도시를 이루고 있었습니다. 하지만 고린도는 영적으로 보면 가장 타락한 도시 중 하나였습니다. 고린도에는 거대한 경기장이 있어서 2년마다 운동 경기가 열리는 축제의 도시였고 항구 도시답게 미신에 대한 숭배와 향락이 넘쳐나는 도시였습니다. 기록에 의하면 고린도에는 아프로디테 신전이 있었고 여기에 매음행위를 하는 여사제들이 무려 천 명이 있었다고 할 정도로 영적으로 부패한 도시가 바로 고린도였습니다. 헬라어로 '코린스야조마이'라는 단어가 있는데 '부도덕한 일을 저지르다'란 뜻을 가지고 있고 '코린시아스테스'라는 단어는 '매춘행위를 하다'란 의미를 가지고 있습니다. 흥미로운 것은 여기에 모두 고린도라는 지명이 들어가 있을 정도로 고린도는 아가야 지역에서 가장 타락한 도시였다고 말할 수 있습니다.

고린도에 사도 바울이 입성하였을 때 그의 마음이 어떠하였을까, 자신감과 기대감보다는 아덴에서의 트라우마로 인해 사도 바울의 마음은 불안과 두려움, 떨림으로 가득 차 있었을 것입니다. 더군다나 사도 바울은 동역자들이 곁에 없었고 혼자 고린도에 도착했으니 느끼는 외로움은 그를 더욱 힘들게 만들었을 것입니다. 사도 바울에게 앞으로 어떤 일이 일어났을까, 결론적으로 말씀드리면 고린도에서의 사역은 대단히 성공적이었습니다. 사도 바울이 전하는 말씀을 듣고 많은 사람이 예수를 구주로 믿는 구원의 역사가 일어났고 고린도에 교회가 생겨나게 되면서 우리가 잘 아는 고린도서의 말씀이 성경에 기록되는 일까지 생겨나게 되었습니다. 어떻게 해서 사도 바울이 트라우마를 이겨내고 승리할 수 있었을까, 어떻게 해서 사도 바울이 실패에 대한 두려움을 이겨내고 선교 열매를 맺을 수 있었을까. 오늘은 **'하나님의 동역자'** 이 제목 가지고 말씀 나눌 때 우리를 위로하시고 승리하도록 도우시는 하나님의 역사가 우리의 삶 가운데 나타날 수 있기를 주님의 이름으로 축원합니다. 아멘

첫째, 하나님은 우리의 위로자가 되어주신다는 사실입니다.

아덴에서의 실패는 사도 바울에게 트라우마로 남았을 것입니다. 나름대로 기대감을 가지고 아덴에 입성하였지만 돌아온 것은 참담한 결과였고 아덴에서는 교회를 세우지 못한 채 쓰라린 마음으로 그곳을 떠나야 했습니다. 이러한 상태에서 고린도에 도착했을 때 부와 사치, 향락의 도시인 고린도는 사도 바울의 눈에 거대한 맘모스와 같은 형상으로 보였을 것입니다. 돈이 넘쳐나는 도시, 미신 숭배가 상식처럼 통하는 도시, 영적 타락이 극심한 고린도는 사도 바울에게 실패에 대한 두려움을 안겨주기에 충분한 곳으로 다가왔을 것입니다. 사도 바울에게 있어 정말로 필요한 것은 위로였습니다. 본문을 묵상하면서 사도 바울을 위로하시는 하나님의 손길을 여러 곳에서 보게 되었습니다. 하나님은 트라우마의 늪에 빠져서 힘들어하는 사도 바울을 어떻게 위로하시고 다시 세워주셨을까? 사도 바울을 일으켜 세우신 위로의 하나님을 말씀 속에 만나볼 수 있는 은혜가 우리에게 임하기를 간절히 소망합니다.

1. 동역자

2절 보시면 하나님께서 사도 바울을 위로하기 위해 동역자가 될 사람들을 보내주시는 장면이 나옵니다.

'**아굴라**라 하는 본도에서 난 유대인 한 사람을 만나니 글라우디오가 모든 유대인을 명하여 로마에서 떠나라 한 고로 그가 **그 아내 브리스길라**와 함께 이달리야로부터 새로 온지라 바울이 그들에게 가매'

사도 바울이 고린도에서 제일 먼저 만난 사람은 아굴라와 브리스길라 부부였습니다. 이들 부부는 로마 황제 글라우디오가 A.D. 49년경 크레스투스 선동으로 로마에 사는 유대인들을 모두 추방할 때 로마에서 쫓겨난 사람들이었습니다. 로마에서 예수를 믿는 유대인들과 정통 유대인들 사이에 갈등이 심화되자 질서 유지에 위협이 된다고 판단한 로마 황제가 유대인들 전체를 아니면 예수 믿는 유대인들을 로마에서 추방한 것으로 생각이 됩니다. 그런 사연을 안고 있는 아굴라와 브리스길라를 사도 바울이 고린도에서 만나게 된 것입니다. 아굴라와 브리스길라는 예수를 주로 믿는 신실한 믿음의 사람들이었습니다. 신기한 것은 3절 보시면 생업이 같았습니다.

'**생업이 같으므로 함께 살며 일을 하니** 그 생업은 천막을 만드는 것이더라'

아굴라와 브리스길라는 사도 바울과 같이 천막을 만들어 생활하는 tent maker였습니다. 사도 바울에게 있어 이들 부부와의 만남은 큰 위로가 되었습니다. 텐트 만드는 일을 함께하면서 신앙과 관련된 이야기들을 많이 나누었을 것입니다. 로마에도 예수를 믿는 사람들이 있다는 사실 하지만 영적 지도자가 없어서 로마에 있는 성도들의 믿음이 약해져 가고 있다는 사실 이런 이야기를 듣게 된 사도 바울은 로마에 가서도 복음을 전하고 싶은 비전을 품게 되었을 것입니다. 행

19:21절 보면 로마의 성도들을 만나고 싶어 하는 사도 바울의 마음을 보여주고 있습니다.

'이 일이 있은 후에 바울이 마게도냐와 아가야를 거쳐 예루살렘에 가기로 작정하여 이르되 내가 거기 갔다가 후에 **로마도 보아야 하리라** 하고'

영적 지도자 없이 힘들게 신앙을 지켜가고 있는 로마에 있는 그리스도인들에게 사도 바울은 자신이 가지고 있는 신학적 역량과 복음에 대한 이해를 돕기 위해 서신서를 써 보내게 되는데 그 서신서가 바로 유명한 로마서입니다. 사도 바울이 로마서를 기록한 장소가 아굴라와 브리스길라를 만난 고린도였습니다. 아굴라와 브리스길라는 하나님께서 사도 바울에게 보내주신 위로자였고 동역자였습니다. 이들 부부와 함께 텐트 만드는 일을 하면서 선교에 필요한 재정을 준비할 수 있었고 언젠가 로마에 가서 복음을 전해야겠다는 비전을 품게 되면서 동역자들의 도움으로 고린도에서 사역을 시작하는 사도 바울의 모습을 4절에서 확인할 수 있습니다.

'**안식일마다 바울이 회당에서 강론하고** 유대인과 헬라인을 권면하니라'

아덴에서의 트라우마를 안고 힘들게 고린도에 입성한 사도 바울에게 하나님은 소중한 동역자 아굴라와 브리스길라와의 만남을 이루어 주셨고 사도 바울을 위로해 주었습니다.

2. 좋은 소식

5절 보시면 **'실라와 디모데가 마게도냐로부터 내려오매'**라는 구절을 볼 수 있습니다. 사도 바울이 데살로니가에서 사역할 때 유대인들의 저항이 심했습니다. 사도 바울은 3주밖에 머물지 못하고 떠나야 했지만 데살로니가에 복음의 씨앗을 심어주었습니다. 사도 바울이 데살로니가를 떠날 때 이제 막 예수를 믿기 시작한 연약한 성도들을 위해 실라와 디모데를 머물게 하였고 데살로니가에 세워진 믿음의 공동체를 섬기도록 하였습니다. 고린도에서 사도 바울은 사역자들을 다시 만나게 되는데 실라와 디모데가 좋은 소식을 전해주었습니다. 어떤 소식이었을까. 살전 3:6-8절 보시면

'지금은 **디모데가 너희에게로부터 와서 너희 믿음과 사랑의 기쁜 소식을 우리에게 전하고** 또 너희가 항상 우리를 잘 생각하여 우리가 너희를 간절히 보고자 함과 같이 너희도 우리를 간절히 보고자 한다 하니 이러므로 형제들아 우리가 모든 궁핍과 환난 가운데서 **너희 믿음으로 말미암아 너희에게 위로를 받았노라** 그러므로 **너희가 주 안에 굳게 선즉 우리가 이제는 살리라**'

디모데가 전해준 데살로니가 교회에 대한 좋은 소식은 사도 바울에게 큰 위로가 되었습니다. 연약한 교회가 환난 가운데서도 하나님의 말씀을 붙들고 믿음을 지키고 있고 심지어 성도들의 본이 될 정도로 데살로니가 교인들의 하나님을 향한 믿음이 좋은 소문으로 퍼져가고 있다는 소식, 사도 바울은 아마도 그 소식을 들었을 때 감사의 눈물을 흘렸을 것입니다. 이뿐만이 아니었습니다. 고린도에 합류한 실라로부

터 빌립보 교회에 대한 좋은 소식도 들을 수 있었습니다. 세워진 지 얼마 안 된 빌립보 교회이지만 사도 바울의 사역을 돕겠다고 하면서 선교헌금을 보내온 것입니다. 빌 4:15절에 보시면

'빌립보 사람들아 너희도 알거니와 복음의 시초에 내가 마게도냐를 떠날 때에 **주고 받는 내 일에 참여한 교회가 너희 외에 아무도 없었느니라**'

고린도에 도착했을 때 사도 바울은 일을 하지 않을 수 없었습니다. 자비량 선교 원칙을 지키는 사도 바울이었기에 고린도에서 일을 하지 않고서는 선교 사역을 계속해서 이어갈 수 없었습니다. 하지만 하나님께서 보내주신 동역자 아굴라와 브리스길라를 만나 텐트 만드는 일을 하면서 고린도에서의 선교 사역을 준비할 수 있게 되었고 실라를 통해서 빌립보 교인들이 보내준 선교헌금을 받게 되었을 때 그가 얼마나 많은 위로를 받았겠습니까. 힘을 얻은 사도 바울이 드디어 사역을 시작하는 모습을 우리는 5절에서 확인할 수 있습니다.

'실라와 디모데가 마게도냐로부터 내려오매 **바울이 하나님의 말씀에 붙잡혀 유대인들에게 예수는 그리스도라 밝히 증언하니**'

'바울이 하나님의 말씀에 붙잡혀'라고 나오는데 이제는 아무런 두려움 없이 오직 하나님의 말씀, 십자가의 복음 전하는 일에만 전념하게 되면서 고린도를 말씀으로 정복해 들어가는 사도 바울의 모습을 볼 수 있습니다. 사도 바울이 아덴의 트라우마를 극복하고 회복하기까지 하나님은 동역자 아굴라와 브리스길라를 보내주셨고 디모데와 실라

로부터 데살로니가 교회의 좋은 소식을 전해주었습니다. 사도 바울로 하여금 선교 사역에 매진할 수 있도록 빌립보 성도들의 선교헌금도 보내주셨습니다. 주의 종을 위로하시고 다시 일으켜 세우신 분이 하나님이심을 성경은 증거하고 있습니다.

3. 하나님의 말씀

하나님께서 사도 바울에게 말씀을 들려주시는 장면이 9-10절에 나옵니다.

'밤에 **주께서 환상 가운데 바울에게 말씀하시되 두려워하지 말며 침묵하지 말고 말하라** 내가 너와 함께 있으매 어떤 사람도 너를 대적하여 해롭게 할 자가 없을 것이니 이는 이 성중에 내 백성이 많음이라 하시더라'

하나님은 사도 바울에게 세 가지 말씀으로 용기를 더하여 주셨습니다. 내가 너와 함께할 것이니 두려워하지 말라 말씀해 주셨습니다. 어떤 사람도 너를 대적하여 해롭게 할 자가 없을 것이라 말씀해 주셨습니다. 이 성에는 구원받아야 할 내 백성이 많다고 하시면서 고린도에서의 사역이 많은 열매 맺을 것을 약속해 주셨습니다. 이 말씀이 사도 바울에게 얼마나 큰 힘과 용기를 주었을까. 내가 너와 함께할 것이니 두려워하지 말라. 누구도 너를 대적하지 못하게 할 것이라는 말씀을 들은 사도 바울은 훗날 3차 선교 여행을 마치면서 고린도에 머물렀을 때 롬 8:31절에 이 말씀을 기록해 놓았습니다.

'그런즉 이 일에 대하여 우리가 무슨 말 하리요 만일 **하나님이 우리를**

위하시면 누가 우리를 대적하리요'

사랑하는 성도 여러분!

하나님은 언제나 우리와 함께하심을 믿으시기 바랍니다. 하나님은 우리를 지켜주시는 분이심을 믿으시기 바랍니다. 불안과 두려움을 이겨내게 하시는 하나님으로 인하여 믿음의 선한 싸움에서 승리하는 우리 모두가 될 수 있기를 간절히 소망합니다. 사도 바울이 고린도에 도착했을 때 육신적으로 많이 지쳐 있었고 자신감이 없었으며 두려움과 떨리는 마음을 가지고 있었습니다. 하지만 하나님은 사도 바울에게 위로의 손길을 보내주셨습니다. 사도 바울을 위해 목숨까지도 내어 놓을 수 있는 신실한 동역자 아굴라와 브리스길라를 만나게 하셨습니다. 디모데로부터 데살로니가 교회의 좋은 소식을 들었을 때 사도 바울은 큰 위로를 받았습니다. 실라로부터 빌립보 교회가 보내준 선교 헌금을 받게 되었을 때 사도 바울은 하나님 나라 사역에 전념할 수 있었습니다. 내가 너와 함께할 것이니 두려워하지 말라. 내가 너를 대적으로부터 지켜줄 것이며 고린도에는 구원받아야 할 사람이 많이 있다고 말씀하셨을 때 사도 바울은 다시 일어날 수 있었습니다.

우리가 믿는 하나님, 우리를 위로하시고 다시 세워주시는 하나님이십니다. 사람들과의 관계 속에 힘들어하시는 분들, 세상살이에 지쳐 있는 분들, 트라우마의 고통에서 헤어 나오지 못하시는 분들, 실패에 대한 두려움을 안고 살아가는 분들. 이 시간 위로의 하나님께서 여러분들과 함께하심으로 우리를 말씀으로 다시 세워주시는 주님으로 인하여 승리의 역사 만들어 가는 우리 모두가 될 수 있기를 주님의 이름으로 축원합니다. 아멘

둘째, 우리 모두는 하나님의 동역자로 부름받았다는 사실입니다.

　사도 바울이 고린도에서 아굴라와 브리스길라를 만났을 때 그 만남은 유익한 만남이 되었습니다. 텐트 만드는 일을 같이 하면서 함께함의 시간을 가질 수 있었습니다. 로마 교회에 대한 이야기를 들으면서 사도 바울로 하여금 비전을 품게 하였고 언젠가 로마에 가서도 복음을 전해야겠다는 결심을 하게 만들었습니다. 사도 바울이 순교 당하기 전 로마서 16장에 함께 사역했던 동역자들의 이름을 성경에 남겨두었습니다. 여기에 아굴라와 브리스길라와에 대한 기록이 남아 있는데 롬 16:3-4절 보시면

　'너희는 그리스도 예수 안에서 **나의 동역자들인 브리스가와 아굴라**에게 문안하라 **그들은 내 목숨을 위하여 자기들의 목까지도 내놓았나니** 나뿐 아니라 이방인의 모든 교회도 그들에게 감사하느니라'

　사도 바울을 위해 목숨까지도 내어놓을 수 있는 아굴라와 브리스길라, 이들과의 만남은 사도 바울로 하여금 로마에 대한 비전을 품게 하였고 로마서를 기록하는 이유가 되었습니다. 또한 사도 바울은 고린도에서 소중한 동역자들을 계속해서 만나게 되는데, 7절 보시면

　'거기서 옮겨 **하나님을 경외하는 디도 유스도라 하는 사람의 집에 들어가니** 그 집은 회당 옆이라'

　디도 유스도라는 사람, 하나님이 준비해 놓으신 동역자였습니다. 사도 바울이 안식일마다 회당에 모인 사람들에게 복음을 전하였을 때

사도 바울이 전하는 말씀을 듣고 회심하게 된 사람 중에 유스도라는 사람이 있었습니다. 이 사람이 은혜를 많이 받았는지 자신의 집을 하나님 나라 선교를 위해 헌신하면서 고린도 지역을 복음화하는 선교 센터가 되었습니다. 유스도의 헌신이 어떤 결과를 가져왔을까, 11절 보시기 바랍니다.

'일 년 육 개월을 머물며 그들 가운데서 하나님의 말씀을 가르치니라'

사도 바울이 고린도에서 1년 6개월을 머물며 하나님의 말씀을 전할 수 있었던 것은 유스도의 헌신이 있었기 때문입니다. 유스도가 자신의 집을 내어놓으면서 사도 바울과 동역자들은 안정된 장막을 얻게 되었고 고린도 지역에 오래 머무르며 교회를 세우는 데 결정적 역할을 해주었습니다. 이뿐만이 아닙니다. 8절 보시면 또 한 사람의 동역자가 등장합니다.

'또 회당장 그리스보가 온 집안과 더불어 주를 믿으며 수많은 고린도 사람도 듣고 믿어 세례를 받더라'

회당장 그리스보가 사도 바울이 전하는 복음을 듣고 예수를 믿게 되면서 그의 온 집안이 세례를 받게 되었습니다. 이 소식은 고린도 지역에 퍼져갔고 회당장의 영향력 아래 살아온 많은 사람들이 예수를 영접하는 디딤돌이 되어주었습니다. 회당장 그리스보의 회심은 유대인들이 예수를 믿는 계기가 되어주었고 사도 바울의 선교 사역에 큰 힘이 되어주었습니다. 사도 바울이 고린도에서 선교의 열매를 맺을 수 있었던 것은 혼자만의 능력으로 이루어진 것이 아닙니다. 로마 선교에 비전을 품게 하고 로마서를 기록하는 데 결정적 역할을 해준 아굴라와 브리스길라, 사도 바울로 하여금 1년 6개월 머물게 하고 고린도에 교회를 세우는 데 도움이 되어준 유스도, 회당장 그리스보의 회심으로 유대인들이 예수를 메시야로 믿게 되었을 때 사도 바울은 아가야의 3대 도시 중 하나인 고린도를 복음으로 정복할 수 있었습니다. 사도 바울은 순교 당하기 전 롬 16장에 동역자들의 이름을 기록해 놓았습니다. 나의 보호자가 되어주었던 뵈뵈, 자신의 집을 교회로 내놓은 에베네도, 주 안에서 많이 수고한 마리, 나와 함께 옥에 갇혔던 안드로니고, 내가 사랑하는 암블리아, 지금은 병이 들어 더 이상 사역할 수 없는 버시 등 사도 바울이 동역자들의 이름을 기록할 때 아마도 감사의 눈물을 흘렸을 것입니다. 사랑하는 성도 여러분! 고전 3:9절에 보면 우리는 하나님의 동역자라는 말씀이 나옵니다.

 '**우리는 하나님의 동역자들이요** 너희는 하나님의 밭이요 하나님의 집이니라'

 동역자, 함께 멍에를 메고 같이 걸어가는 사람을 가리켜 동역자라고 말합니다. 우리는 하나님 나라를 교회를 위하여 복음을 위하여 함께 걸어가야 할 하나님의 동역자입니다.

바울은 더 여러 날 머물다가 형제들과 작별하고 배 타고 수리아로 떠나갈새 브리스길라와 아굴라도 함께 하더라 바울이 일찍이 서원이 있었으므로 겐그레아에서 머리를 깎았더라 에베소에 와서 그들을 거기 머물게 하고 자기는 회당에 들어가서 유대인들과 변론하니 여러 사람이 더 오래 있기를 청하되 허락하지 아니하고 작별하여 이르되 만일 하나님의 뜻이면 너희에게 돌아오리라 하고 배를 타고 에베소를 떠나 가이사랴에 상륙하여 올라가 교회의 안부를 물은 후에 안디옥으로 내려가서 얼마 있다가 떠나 갈라디아와 브루기아 땅을 차례로 다니며 모든 제자를 굳건하게 하니라 알렉산드리아에서 난 아볼로라 하는 유대인이 에베소에 이르니 이 사람은 언변이 좋고 성경에 능통한 자라 그가 일찍이 주의 도를 배워 열심으로 예수에 관한 것을 자세히 말하며 가르치나 요한의 세례만 알 따름이라 그가 회당에서 담대히 말하기 시작하거늘 브리스길라와 아굴라가 듣고 데려다가 하나님의 도를 더 정확하게 풀어 이르더라 아볼로가 아가야로 건너가고자 함으로 형제들이 그를 격려하며 제자들에게 편지를 써 영접하라 하였더니 그가 가매 은혜로 말미암아 믿은 자들에게 많은 유익을 주니 이는 성경으로써 예수는 그리스도라고 증언하여 공중 앞에서 힘있게 유대인의 말을 이김이러라

6

사람을
세워주는 사람

  사도행전에 보면 위대한 전도자 사도 바울의 선교 여정이 세 번에 걸쳐 기록이 되어 있음을 볼 수 있습니다. 행 13장부터 14장까지 나와 있는 제1차 선교 여행은 바나바와 사도 바울이 중심이 되어 소아시아에서 복음을 전하는 장면을 보여주고 있습니다. 1차 선교 여행에 걸린 기간은 대략 2년, 사도들이 복음을 전하기 위해 걸어 다닌 거리는 2,200km 정도 됩니다. 행 15장부터 시작되는 사도 바울의 2차 선교 여행은 성령의 인도하심에 따라 마게도냐 지역을 중심으로 복음을 전하게 되는데 이 과정에서 빌립보와 데살로니가, 고린도 지역에 교회가 생겨나게 되고 사도 바울이 기록한 목회서신서가 빌립보서, 데살로니가 전·후서, 고린도 전·후서입니다. 2차 선교 여행이 사도 바울에게 잊을 수 없는 것은 앞으로 사도 바울을 위해서 목숨까지도 내놓을 수 있는 소중한 동역자 아굴라와 브리스길라와를 만났기 때문입니다. 사도 바울을 통하여 유럽이 복음화되기 시작했고 세계 역사의 흐름이 바뀌었다는 면에서 2차 선교 여정은 대단히 중요한 의미를 가지고 있는데 본문 22절에서 드디어 2차 선교 여행이 마무리되는 것을 볼 수 있습니다.

'가이사랴에 상륙하여 올라가 교회의 안부를 물은 후에 **안디옥으로 내려가서**'

2차 선교 여행에 걸린 시간은 대략 3년 정도였고 사도 바울과 실라 그리고 디모데, 누가가 합류하게 되면서 이들이 복음을 전하기 위해 다닌 거리는 무려 5,000km가 넘습니다. 오늘 본문에는 사도 바울의 2차 선교 여행이 끝나는 장면이 나오는데 18절 보시면

'**바울은** 더 여러 날 머물다가 **형제들과 작별하고 배 타고 수리아로 떠나갈새** 브리스길라와 아굴라도 함께 하더라 바울이 일찍이 서원이 있었으므로 겐그레아에서 머리를 깎았더라'

사도 바울이 형제들과 작별하고 나서 수리아로 떠나는 모습을 보여주고 있습니다. 당시 선교 본부라고 할 수 있는 수리아 안디옥 교회로 복귀하는 사도 바울을 볼 수 있는데 18절 마지막 보면 이상한 사건 하나가 등장합니다.

'바울이 일찍이 서원이 있었으므로 **겐그레아에서 머리를 깎았더라**'

사도 바울이 왜 머리를 깎았을까 하나님께 드린 서원 때문이었습니

다. 하나님과의 약속을 지킨 사도 바울은 그 증표로 자신의 머리를 깎는 모습을 보여주고 있는데 이에 대한 의미는 조금 있다 살펴보도록 하겠습니다. 사도 바울이 19절에 보면 에베소에 들어가 유대인들을 상대로 말씀을 증거하는 모습을 볼 수 있습니다.

'에베소에 와서 그들을 거기 머물게 하고 자기는 회당에 들어가서 유대인들과 변론하니'

하지만 사도 바울은 에베소에 오래 머물지 않았고 21절 보시면 만일 하나님의 뜻이면 너희에게 돌아오겠다 약속한 후에 사도 바울은 예루살렘 교회를 방문한 후 자신을 파송한 안디옥 교회로 복귀하면서 드디어 제2차 선교 여행이 끝나게 됩니다.

'작별하여 이르되 만일 하나님의 뜻이면 너희에게 돌아오리라 하고 배를 타고 에베소를 떠나'

그런데 23절 보시면 얼마 있지 않아 사도 바울이 또다시 떠나는 모습을 보여주고 있습니다. 마지막 3차 선교 여행이 시작되었음을 성경이 보여주고 있습니다.

'얼마 있다가 떠나 갈라디아와 브루기아 땅을 차례로 다니며 모든 제자를 굳건하게 하니라'

사도 바울의 3차 선교 여행의 핵심은 3년 동안 머물렀던 에베소 지역이라 말할 수 있습니다. 행 19장부터 에베소에서 복음을 전하는 사도 바울의 모습을 기록하고 있는데 중간에 재미있는 사건 하나를 누가가 사도행전에 담아놓았습니다. 24-25절 보시면 알렉산드리아 출신 아볼로라는 사람이 유대인임에도 불구하고 에베소에서 예수에 관한 것을 가르치고 있었습니다.

'알렉산드리아에서 난 아볼로라 하는 유대인이 에베소에 이르니 이 사람은 언변이 좋고 성경에 능통한 자라 그가 일찍이 주의 도를 배워 열심으로 예수에 관한 것을 자세히 말하며 가르치나 요한의 세례만 알 따름이라'

아볼로가 전하는 말씀을 들어보면 뭔가 부족함이 있었습니다. 이것을 알게 된 아굴라와 브리스길라가 아볼로를 데려다가 하나님의 도, 다시 말하면 구원에 이르는 복음에 대하여 자세하게 가르쳐 주었습니다. 아굴라와 브리스길라로부터 복음의 핵심에 대하여 가르침을 받은 아볼로가 말씀의 사역자로 쓰임받는 모습이 28절에 나와 있습니다.

'이는 성경으로써 예수는 그리스도라고 증언하여 공중 앞에서 힘있게 유대인의 말을 이김이러라'

오늘은 '사람을 세워주는 사람'이라는 제목 가지고 말씀 나눌 때 사람을 세워가는 것이 무엇보다 중요한 사역임을 깨닫고 사람을 세워주는 축복의 통로 되어 하나님 나라 역사에 귀하게 쓰임받는 우리 모두가 될 수 있기를 주님의 이름으로 축원합니다. 아멘

첫째, 성도로 부름받은 사람은 나실인의 삶을 살아야 한다는 사실입니다.

18절 보시면 사도 바울이 겐그레아에서 머리를 깎는 장면을 보여주고 있는데 그 이유가 서원 때문이라고 성경은 전해주고 있습니다.

'바울은 더 여러 날 머물다가 형제들과 작별하고 배 타고 수리아로 떠나갈새 브리스길라와 아굴라도 함께 하더라 **바울이 일찍이 서원이 있었으므로 겐그레아에서 머리를 깎았더라**'

사도 바울의 서원이 무엇이기에 머리를 깎는 것일까. 이를 알기 위해서는 먼저 나실인에 대하여 살펴볼 필요가 있습니다. 나실인이라고 하는 것은 히브리어 '나지르'에서 나온 단어인데 '헌신하다, 바쳐지다'라는 의미를 가지고 있습니다. 하나님께 자신을 바치기로 서약한 사람을 나실인이라 부르는데 일평생 자신의 삶을 하나님께 드리는 종신 나실인이 있고 일정 시간을 정하여 그 기간 동안 나실인으로 살기로 결심하며 하나님 앞에 자신을 봉헌하는 나실인이 있습니다. 이러한 나실인을 가리켜 성경은 뭐라고 부르는가. 민 6:8절 보시면

'자기의 몸을 구별하는 모든 날 동안 **그는 여호와께 거룩한 자니라**'

왜 자신을 구별하여 하나님께 바치려는 것일까? 하나님의 사람으로 살고 싶은 거룩한 열망 때문입니다. 하나님의 은혜가 너무 감사하여 헌신하기로 결심하고 하나님 앞에 구별된 자로 살고자 결심한 사람 바로 나실인입니다. 나실인이 되기로 서약을 하면 세 가지를 할 수 없습니다. 첫째는 포도주와 독주를 멀리해야 합니다. 심지어 포도에

서 나오는 씨나 껍질이라도 먹어서는 안 됩니다. 민 6:3-4절 보시면

'**포도주와 독주를 멀리하며** 포도주로 된 초나 독주로 된 초를 마시지 말며 포도즙도 마시지 말며 생포도나 건포도도 먹지 말지니 자기 몸을 구별하는 모든 날 동안에는 포도나무 소산은 씨나 껍질이라도 먹지 말지며'

우리가 알다시피 당대 의인으로 인정받았던 노아도 하나님 앞에 넘어진 것이 포도주 때문이었습니다. 나실인이 된다는 것은 육신의 정욕을 끊어버리고 하나님의 사람답게 살려고 결심한 것이기 때문에 나실인으로 살 것을 서약하는 순간부터 포도주를 멀리하고 심지어 포도나무에서 나오는 씨나 껍질도 먹어서는 안 되도록 성경은 규정하고 있습니다. 죄지을 가능성, 넘어질 가능성을 조금이라도 용납하지 않으려는 나실인의 결단을 우리가 배워야 하지 않을까 생각됩니다. 나실인의 믿음을 보여주는 유명한 사건이 렘 35장에 나옵니다. 렘 35:1-2절에 보시면

'유다의 요시야 왕의 아들 여호야김 때에 여호와께로부터 말씀이 예레미야에게 임하여 이르시되 너는 **레갑 사람들의 집에 가서** 그들에게 말하고 **그들을 여호와의 집 한 방으로 데려다가 포도주를 마시게 하라 하시니라**'

하나님께서 예레미야에게 명령하셨습니다. 레갑 족속에 속한 사람들을 여호와의 집으로 모을 것을 말씀하셨습니다. 왜 이런 명령을 내리신 것일까, 그 이유가 렘 35:5절에 나옵니다.

'내가 레갑 사람들의 후손들 앞에 **포도주가 가득한 종지와 술잔을 놓고 마시라 권하매**'

하나님은 레갑 족속 사람들의 믿음을 시험하기 위해 여호와의 집에 모으고 그들에게 포도주를 마시도록 말씀하셨습니다. 이렇게 하심은 레갑 족속 사람들의 믿음을 시험하기 위해서였는데 레갑 족속의 선조인 요나답이라는 나실인은 후손들에게 평생 포도주를 입에 대지 말 것을 유언으로 남겨놓았습니다. 하나님은 요나답의 후손들이 진정 나실인의 영성을 가지고 살고 있는지 그 믿음을 보시기 위해 레갑 족속 사람들을 한곳에 모아놓고 포도주 잔을 내밀며 마시라 말씀하고 있는 것입니다. 당시 위대한 선지자로 인정받고 있던 예레미야가 그들에게 포도주를 마시라 말했을 때 레갑 족속 사람들 거절하기가 쉽지 않았을 것입니다. 그런데 렘 35:6절 보면 놀라운 장면이 나옵니다.

'**그들이 이르되 우리는 포도주를 마시지 아니하겠노라** 레갑의 아들 우리 선조 요나답이 우리에게 명령하여 이르기를 **너희와 너희 자손은 영원히 포도주를 마시지 말며**'

포도주를 마시지 않겠다는 레갑 족속의 고집이 얼마나 지켜졌을까, 그 세월이 무려 250년이었습니다. 요나답이 자신의 삶을 하나님에게 바치는 나실인이 된 후에 이 믿음을 후손들에게 전해주기 위해 포도주를 마시지 말라고 유언을 남겨놓았는데 그 세월이 무려 250년이 지난 시간이었습니다. 예레미야가 내미는 도주 잔을 레갑 족속 사람들은 단호히 거절하는 의로운 고집쟁이 모습을 보여주고 있습니다. 죄

많은 세상 속에서 믿음을 지키기 위해 유혹의 잔을 거절하며 산다, 말처럼 쉬운 일이 아님을 우리는 잘 알고 있습니다. 이번 한 번쯤이야 하면서 우리는 지금까지 얼마나 많은 유혹의 잔을 손에 쥐며 살아왔습니까. 신앙의 양심을 지키지 못하고 세상과 얼마나 타협하며 살아왔습니까. 그런데 레갑 족속 사람들은 선친으로부터 물려받은 믿음을 지키기 위해 선지자 예레미야가 내미는 잔을 단호히 거절하는 모습을 우리에게 보여주고 있습니다. 레갑 족속 사람들의 신앙을 보면서 이 말씀이 생각이 났습니다. 약 1:12절 보시면

'**시험을 참는 자는 복이 있나니** 이는 시련을 견디어 낸 자가 주께서 자기를 사랑하는 자들에게 약속하신 **생명의 면류관을 얻을 것이기 때문이라**'

하나님과의 약속을 지키기 위해 레갑 족속의 사람들 예레미야가 내미는 잔을 받지 않았습니다. 이것이 나실인의 영성이요 믿음입니다. 이 믿음을 하나님께서 어떻게 갚아주셨을까요. 렘 35:19절 보시기 바랍니다.

'그러므로 만군의 여호와 이스라엘의 하나님께서 이와 같이 말씀하시니라 레갑의 아들 요나답에게서 **내 앞에 설 사람이 영원히 끊어지지 아니하리라** 하시니라'

나실인의 용기와 결단이 우리에게도 필요합니다. 세상이 내미는 잔을 함부로 마시면 믿음의 정도로 걸어갈 수 없습니다. 세상 사람들이 좋은 게 좋은 것 아니냐 하면서 내미는 타협의 손길 함부로 잡아서는

그리스도인으로 살아갈 수 없습니다. 때로 거절하기 힘든 잔이라 할지라도 우리는 예수의 이름으로 거절할 줄 아는 거절의 용기가 필요합니다. 육신이 원하는 대로 살면서 하나님 앞에 바른 신앙을 가진 사람으로 설 수 없는 것입니다. 거절의 용기가 필요한 것이고 거절의 용기를 가지고 살아가는 자를 하나님께서 그 믿음 지켜주실 줄 믿습니다. 신앙을 지키기 위해 불편을 감수하는 자, 그 불편을 하나님께서 축복으로 갚아주실 줄 믿으시면서 시험을 참는 자가 복이 있다는 말씀에 의지하여 거절의 용기를 가지고 바른 신앙의 길을 걸어가는 우리 모두가 될 수 있기를 주님의 이름으로 축원합니다.

두 번째 금지해야 하는 것은 나실인으로 살아가는 동안에는 삭도를 머리에 대서는 안 됩니다. 머리라고 하는 것은 권위의 상징이고 머리털은 힘의 근원을 뜻한다고 유대인들은 믿어 왔습니다. 나실인으로 살아간다는 것은 생명의 근원이 하나님에게 있으며 하나님의 권위에 순종하겠다고 날마다 고백하며 사는 것이 나실인의 삶이라 말할 수 있습니다. 나실인으로 구별된 삼손이 머리에 손을 대지 않은 이유도 여기에 있습니다.

세 번째 금지해야 하는 것은 시체를 가까이해서는 안 됩니다. 시체라고 하는 것은 부정한 것을 상징하는데 자신을 구별하여 하나님께 바쳐진 사람은 절대로 부정한 것들을 가까이해서는 안 되도록 규정하고 있습니다. 나는 하나님께 바쳐진 구별된 사람이기 때문에 거룩의 영성을 가지고 살아야 하는 사람이기 때문에 부정한 것을 가까이하지 않는 사람 바로 나실인입니다. 마지막으로 살펴보고 싶은 것은 일정 기간 나실인으로 살겠다고 헌신한 사람이 그 기간이 끝나면 무엇을 하게 되는가, 하나님 앞에 약속한 마지막 날이 되면 그 사람은 제사장에게 가서 삭도를 대지 않은 머리털을 밀고 그 머리털을 화목 제물 밑에 두어 불로 사르게 됩니다. 이렇게 함은 하나님께 약속한 것을 내가 지켰음을 선언하는 것이고 나실인으로 살 수 있도록 인도하신 하나님께 감사의 제사를 드리며 나실인의 서약은 종료를 하게 됩니다. 그러면 이제 본문으로 돌아와 18절 다시 보시겠습니다.

'바울은 더 여러 날 머물다가 형제들과 작별하고 배 타고 수리아로 떠나갈새 브리스길라와 아굴라도 함께 하더라 **바울이 일찍이 서원이 있었으므로 겐그레아에서 머리를 깎았더라**'

사도 바울이 서원이 있으므로 겐그레아에서 머리를 깎는 장면이 나오는데 이것은 사도 바울이 하나님께 드린 서약을 이행하였고 그 증표로 머리를 깎는 모습을 우리에게 보여주고 있습니다. 궁금한 것은 사도 바울이 어떤 서약을 한 것일까. 정확히 알 수 없지만 2차 선교 여행 동안 자신을 하나님께 바쳐 복음을 위한 제물이 될 것을 서약하지 않았을까 성서학자들은 추정하고 있습니다. 신빙성 있는 주장인데 2차 선교 여정이 끝나는 겐그레아에 와서 사도 바울이 머리털을 깎았다는 것은 하나님께 약속한 것을 지켰다는 것을 의미하기 때문입니다. 만약 이것이 맞는 해석이라면 사도 바울은 2차 선교 여행을 시작하면서 하나님께 서약 기도를 드렸을 것입니다. '하나님 내 생명을 복음을 위한 제물로 바칩니다. 하나님께서 나를 어떤 길로 인도하시든 구원의 역사가 일어나게 하시고 위협과 핍박이 온다 할지라도 생명의 주권이 하나님 손에 있사오니 십자가의 복음을 위하여 나를 사용하여 주옵소서. 비록 순교한다 할지라도 내가 흘린 피가 한 알의 밀알이 되어 그 땅에 하나님의 나라가 임하게 하여 주옵소서' 아마도 이러한 서약을 하나님께 드림으로 사도 바울이 2차 선교 여행을 떠나지 않았을까 생각됩니다.

하나님과 약속한 사도 바울의 서약, 선교 여정 동안 오직 복음을 위한 제물로 살겠다는 하나님과의 약속이었고 사도 바울 개인적으로는 나실인의 삶을 살 수 있는 은혜의 시간이었던 것입니다. 나실인으로 산다는 것은 하나님께 자신을 바치는 헌신의 삶을 의미합니다. 이를 위해 많은 것들을 내려놓아야 하고 많은 것들을 끊어내야 하며 많은 것들을 멀리해야 합니다. 그것이 나실인의 삶입니다. 성경에 보면 나실인이 나오는데 우리가 잘 아는 삼손, 사무엘, 세례 요한이 하나님께 바쳐진 삶을 살았던 나실인의 사람들입니다. 우리가 결코 잊을 수 없는 나실인이 한 사람 더 있습니다. 예수 그리스도입니다. 하나님을 위하여 자신을 바치기로 서약한 사람을 성경은 나실인이라 말합니다. 예수님을 나실인 중의 나실인이라 말씀드릴 수 있는 이유는 십자가의 죽음 때문입니다. 인간의 육신을 입고 이 땅에 오신 예수님은 우리와 똑같은 인성을 가지고 오셨습니다. 예수님이 겟세마네 동산에서 하실 수 있거든 이 잔을 내게서 지나가게 해달라고 기도하신 이유는 연약한 인성을 가지고 있었기 때문입니다. 하지만 주님은 죄인들을 대신하여 십자가에 달리는 것이 하나님의 뜻임을 알기에 그 뜻을 위하여 자신의 생명을 십자가의 제물로 내어드렸습니다. 십자가에서 흘리신 대속의 피로 우리의 죄가 사함을 받았고, 십자가의 보혈을 의지하는 자에게 하나님 앞에 나아가는 생명의 길이 열리게 되었으며 하나님은 예수 그리스도를 믿는 우리를 구원받을 자로 택하여 주신 것입니다. 이것이 성경이 증거하는 복음입니다. 우리의 구원을 위하여 십자가에서 모든 것을 쏟아주신 주님의 은혜를 생각하면 우리는 이제라도 나실인의 삶을 살아야 하지 않을까 생각됩니다. 나실인으로 산다는 것은 은혜받은 자만이 할 수 있는 거룩한 헌신이요 결단입니다. 은혜받은 자로서 우리의 삶을 하나님께 드리기로 서약하면서 나실인의 영성과 믿음을 가지고 살아가는 우리를 통해 예수 그리스도의 이름이 존귀 여김 받으시기를 주님의 이름으로 축원합니다.

둘째, 사람을 세워주는 축복의 통로가 되어야 한다는 사실입니다.

목회자들이 설교 시간에 많이 언급하는 표현 중의 하나가 축복의 통로가 아닐까 생각됩니다. 본문에 보면 축복의 통로로 쓰임받은 사람들이 등장하고 있습니다. 24절 보시면 알렉산드리아 출신 아볼로라는 사람이 나오는데 알렉산드리아는 학문의 도시라고 말할 수 있습니다.

'알렉산드리아에서 난 아볼로라 하는 유대인이 에베소에 이르니 이 사람은 언변이 좋고 성경에 능통한 자라'

기독교 역사를 살펴보면 안디옥 학파와 함께 초기 기독교의 양대 산맥을 이룬 것이 알렉산드리아 학파인데 알렉산드리아에 사는 유대인들을 위해 히브리 성경을 헬라어로 번역한 책이 70인 역 성경입니다. 알렉산드리아에서 자라난 아볼로 역시 언변이 좋고 성경에 능통한 자라고 성경은 소개하고 있는데 언변이 좋다는 것은 헬라어로 학식이 있다는 의미로 아볼로는 수사학이나 웅변술에 능통한 학자였을 것으로 추정하고 있습니다. 에베소에서 사역하는 아볼로의 모습이 25절에 나와 있습니다.

'그가 일찍이 주의 도를 배워 **열심으로 예수에 관한 것을 자세히 말하며 가르치나 요한의 세례만 알 따름이라**'

아볼로에게는 열심이 있었습니다. 예수에 관한 것을 열심히 전하는 아볼로였지만 결정적으로 무엇인가가 빠져 있었습니다. 복음의 핵심이 빠져 있었습니다. 아볼로의 부족함이 무엇인지 알게 된 아굴라와 브리스길라는 그를 데려다가 부족함을 채워주는 모습이 26절에 나와 있습니다.

'그가 회당에서 담대히 말하기 시작하거늘 **브리스길라와 아굴라가 듣고 데려다가 하나님의 도를 더 정확하게 풀어 이르더라**'

아굴라와 브리스길라는 아볼로에게 복음의 핵심에 대하여 정확한 가르침을 주려고 최선을 다했습니다. 예수 그리스도의 십자가와 부활이 무엇을 의미하는지, 믿음으로 구원에 이른다는 복임이 무엇인지, 성령 세례가 무엇인지, 아볼로에게 말씀을 가르쳐 주는 브리스길라와 아굴라의 모습을 성경은 기록하고 있습니다. 그 후 아볼로는 어떤 사역자가 되었을까 27절 보시면

'아볼로가 아가야로 건너가고자 함으로 형제들이 그를 격려하며 제자들에게 편지를 써 영접하라 하였더니 **그가 가매 은혜로 말미암아 믿은 자들에게 많은 유익을 주니**'

아볼로가 아가야 지역에서 사역할 때 많은 형제들에게 유익을 주는

사람이 되었다고 성경은 증거하고 있습니다. 유익이라고 하는 것은 아굴라와 브리스길라에게서 들었던 십자가의 도, 구원에 이르는 복음을 말씀으로 증거하여 아가야 형제들의 믿음을 말씀 위에 세워주는 유익을 끼쳤다고 말할 수 있습니다. 또한 28절 보시면 아볼로가 능력 있는 말씀의 사역자로 쓰임받는 모습을 보여주고 있습니다.

'이는 **성경으로써** 예수는 그리스도라고 증언하여 **공중 앞에서 힘있게 유대인의 말을 이김이러라**'

지금까지 쌓아 온 학문적 역량과 아굴라 부부로부터 배운 복음의 핵심을 성경의 말씀을 가지고 입증해 내면서 우리가 기다리던 메시야가 바로 예수 그리스도임을 유대인들에게 힘 있게 증거하는 아볼로의 모습을 성경은 보여주고 있습니다. 아볼로가 말씀의 사역자로 쓰임받기까지 두 가지 이유를 생각해 볼 수 있습니다.

1. 배우려는 겸손한 자세

아볼로는 이미 학문적으로 뛰어난 알렉산드리아 출신의 학자였습니다. 성경에 능통했고 수사학이나 웅변술이 뛰어난 사람이었습니다. 하지만 그에게는 배우려는 겸손함이 있었습니다. 아굴라와 브리스길라는 텐트 만드는 일을 하면서 생계를 이어가는 평신도이지만 아볼로는 이들에게서 구원에 이르는 복음이 무엇인지 정확한 가르침을 받을 수 있었습니다. 배우려는 겸손이 있었기에 아볼로가 능력 있는 말씀의 사역자로 쓰임받지 않았을까 생각됩니다.

2, 사람을 세워주는 축복의 통로

아굴라와 브리스길라를 보면서 축복의 통로가 된다는 것이 무엇을 의미하는지 알게 되었습니다. 축복의 통로, 사람을 세워주는 데 있습니다. 모세, 여호수아를 하나님 나라 용사로 세워준 축복의 통로였습니다. 요나단, 다윗을 이스라엘의 왕으로 세워준 축복의 통로였습니다. 아나니아, 사도 바울을 위대한 복음 전도자로 세워준 축복의 통로였습니다. 사람을 세워주는 것, 어떤 것보다 소중한 하나님 나라 사역입니다. 이 말씀 듣는 우리 모두 사람을 세워주는 축복의 통로 되어 준비된 사람을 통해 역사하시는 하나님께 영광 올려드리는 우리 모두가 될 수 있기를 주님의 이름으로 축원합니다. 아멘

　　아볼로가 고린도에 있을 때에 바울이 윗지방으로 다녀 에베소에 와서 어떤 제자들을 만나 이르되 너희가 믿을 때에 성령을 받았느냐 이르되 아니라 우리는 성령이 계심도 듣지 못하였노라 바울이 이르되 그러면 너희가 무슨 세례를 받았느냐 대답하되 요한의 세례니라 바울이 이르되 요한이 회개의 세례를 베풀며 백성에게 말하되 내 뒤에 오시는 이를 믿으라 하였으니 이는 곧 예수라 하거늘 그들이 듣고 주 예수의 이름으로 세례를 받으니 바울이 그들에게 안수하매 성령이 그들에게 임하시므로 방언도 하고 예언도 하니 모두 열두 사람쯤 되니라 바울이 회당에 들어가 석 달 동안 담대히 하나님 나라에 관하여 강론하며 권면하되 어떤 사람들은 마음이 굳어 순종하지 않고 무리 앞에서 이 도를 비방하거늘 바울이 그들을 떠나 제자들을 따로 세우고 두란노 서원에서 날마다 강론하니라 두 해 동안 이같이 하니 아시아에 사는 자는 유대인이나 헬라인이나 다 주의 말씀을 듣더라 하나님이 바울의 손으로 놀라운 능력을 행하게 하시니 심지어 사람들이 바울의 몸에서 손수건이나 앞치마를 가져다가 병든 사람에게 얹으면 그 병이 떠나고 악귀도 나가더라 이에 돌아다니며 마술하는 어떤 유대인들이 시험삼아 악귀 들린 자들에게 주 예수의 이름을 불러 말하되 내가 바울이 전파하는 예수를 의지하여 너희에게 명하노라 하더라 유대의 한 제사장 스게와의 일곱 아들도 이 일을 행하더니 악귀가 대답하여 이르되 내가 예수도 알고 바울도 알거니와 너희는 누구냐 하며 악귀 들린 사람이 그들에게 뛰어올라 눌러 이기니 그들이 상하여 벗은 몸으로 그 집에서 도망하는지라 에베소에 사는 유대인과 헬라인들이 다 이 일을 알고 두려워하며 주 예수의 이름을 높이고 믿은 사람들이 많이 와서 자복하여 행한 일을 알리며 또 마술을 행하던 많은 사람이 그 책을 모아 가지고 와서 모든 사람 앞에서 불사르니 그 책 값을 계산한즉 은 오만이나 되더라 이와 같이 주의 말씀이 힘이 있어 흥왕하여 세력을 얻으니라

⑦

성령이 그들에게
임하시므로

　기독교 역사에 위대한 선교의 문을 열었던 사도 바울의 전도 여정
은 1, 2, 3차에 걸쳐 진행되었습니다. 사도 바울의 마지막 3차 선교
여행이 언제 시작이 되었는가 행 18:23절부터입니다.

　'얼마 있다가 떠나 갈라디아와 브루기아 땅을 차례로 다니며 모든 제자
를 굳건하게 하니라'

　사도 바울의 3차 선교 여행의 핵심은 아볼로에서의 사역이라 말할
수 있는데 2년 6개월 동안 에베소에 머무르며 두란노 서원을 중심으
로 말씀을 가르치고 복음을 전하는 데 전념하였습니다. 1절 보시면
사도 바울이 에베소에서 제자들을 만나는 장면으로 시작하고 있는데
아마도 아볼로의 영향을 받은 사람들로 추정이 됩니다.

'아볼로가 고린도에 있을 때에 바울이 윗지방으로 다녀 **에베소에 와서 어떤 제자들을 만나**'

그런데 문제가 있다는 사실을 사도 바울이 알게 되고 2절에서 질문을 던집니다.

'너희가 믿을 때에 성령을 받았느냐'

사도 바울은 핵심을 찌르는 질문을 던졌습니다. 예상했던 대로 에베소의 제자들은 우리는 성령이 계심을 듣지 못하였다고 대답하였습니다. 사도 바울이 두 번째 질문을 던지는 장면을 3절에서 볼 수 있습니다.

'바울이 이르되 **그러면 너희가 무슨 세례를 받았느냐** 대답하되 요한의 세례니라'

그러면 너희가 무슨 세례를 받았느냐 물으니 에베소의 제자들은 요한의 세례라고 대답했습니다. 사도 바울은 영적으로 무엇이 문제인지 무엇이 부족한지 파악하게 되었습니다. 사도 바울은 그 부족함을 채우기 위해 4절에서 중요한 말씀을 전해주게 됩니다.

'바울이 이르되 요한이 회개의 세례를 베풀며 백성에게 말하되 **내 뒤에 오시는 이를 믿으라** 하였으니 **이는 곧 예수라** 하거늘'

세례 요한이 베푼 세례는 근본적으로 죄의 문제를 해결하지 못한다는 사실을 알려주었습니다. 사도 바울은 세례 요한의 세례를 가리켜 회개의 세례를 베풀 뿐이라고 말해주었습니다. 사도 바울이 전하고자 했던 가르침이 무엇일까. 예수 그리스도를 구주로 믿고 성령으로 세례를 받을 때 비로소 죄 사함의 문제가 해결되고 구원에 이를 수 있다는 복음의 핵심을 전해주었습니다. 세례 요한의 가르침을 통하여 에베소의 제자들은 부족함이 채워지는 기쁨을 맛보게 되었습니다. 요한이 베푼 세례는 회개를 위한 세례에 불과할 뿐 죄의 문제를 해결해 줄 수 없으며 예수 그리스도를 믿고 성령으로 세례를 받을 때 비로소 구원의 문이 열린다는 진리를 사도 바울이 전해주었습니다. 이후 어떤 일이 일어났을까. 아볼로의 제자들이 예수의 이름으로 세례를 받고 성령이 임하심으로 방언도 하고 예언도 하는 놀라운 능력이 나타나기 시작했습니다. 사도 바울이 전해준 복음을 듣고서 에베소의 제자들은 비로소 깨닫게 되었습니다. 요한이 베푼 세례는 그리스도에게 인도하기 위한 디딤돌에 불과할 뿐 예수 그리스도가 구주 되심을 믿음으로 고백할 때 구원의 증표로 성령을 선물로 받게 된다는 사실 알게 되었습니다. 에베소의 제자들은 자신의 입으로 예수를 구주로 시인했으며 메시야 되심을 고백하였고 사도 바울이 세례를 베풀어 주었을 때 성령이 임하사 방언과 예언의 은사가 나타나기 시작했습니다. 주목할 것은 성령 세례를 받은 사람이 모두 열두 사람이었다고 성경은 기록하고 있습니다. 7절 보시면

'모두 열두 사람쯤 되니라'

마가의 다락방에서 성령의 강림하심을 경험한 백이십 명의 제자들 중 십일조에 해당하는 숫자인데 열두 명이 성령 세례 받았다는 사실을 성경은 왜 기록하고 있는가, 성령 세례를 시작으로 우상의 도시로 유명했던 에베소가 성령의 역사가 나타나는 거룩한 도시로 변화되기 시작했기 때문입니다. 당시 에베소는 아데미 여신을 섬기는 우상의 도시로 유명했는데 에베소에는 거대한 아데미 신전이 있었습니다. 에베소에 사도 바울이 들어가 복음을 전하고 주의 이름으로 세례를 베풀었을 때 성령이 임하심으로 놀라운 구원의 역사가 나타나기 시작했습니다. 에베소의 제자들이 예수 그리스도를 믿고 성령으로 세례를 받게 된 것은 에베소 지역에 강력한 성령의 역사가 나타날 것을 미리 보여주는 예시적 사건이라 말할 수 있습니다. 오늘은 **'성령이 그들에게 임하시므로'** 이 제목 가지고 말씀 나눌 때 우리 안에 내주하시는 성령의 역사로 말미암아 복음이 흘러가는 통로가 되어 많은 영혼들을 주님께로 인도하는 우리 모두가 될 수 있기를 주님의 이름으로 축원합니다. 아멘

첫째, 먼저 믿은 자들에게 중요한 책임이 있다는 사실입니다.

사도 바울이 에베소에 도착했을 때 신기하게도 제자로 불리는 사람들이 있었습니다. 그런데 대화를 나누다 보니 심각한 문제가 있다는 사실 사도 바울이 알게 되었습니다. 왜냐하면 이 사람들은 아볼로의 제자들이었기 때문입니다. 행 18:24-25절 보면 성경이 아볼로에 대하여 이렇게 전해주고 있습니다.

'알렉산드리아에서 난 아볼로라 하는 유대인이 에베소에 이르니 이 사람

은 언변이 좋고 성경에 능통한 자라 그가 일찍이 주의 도를 배워 열심으로 **예수에 관한 것을 자세히 말하며 가르치나 요한의 세례만 알 따름이라'**

아볼로는 성경에 능통한 사람이었지만 요한의 세례만 알 뿐 성령 세례에 대한 경험이 없었습니다. 아볼로는 학문의 고장 알렉산드리아 출신답게 지식과 학문을 통하여 예수를 알게 된 사람이었습니다. 성령의 뜨거운 체험도 없었고 성령을 통한 회개의 역사도 몰랐으며 그저 머리로 예수를 믿고 있을 뿐이었습니다. 그 영향을 에베소의 제자들이 받은 것입니다. 에베소의 제자들은 예수의 제자가 아니라 아볼로의 제자라 말하는 것이 정확한 이야기일 것입니다. 문제를 발견한 사도 바울은 부족함을 채워주기 위해 노력하는 모습을 4절에서 확인할 수 있습니다.

'바울이 이르되 요한이 회개의 세례를 베풀며 백성에게 말하되 **내 뒤에 오시는 이를 믿으라** 하였으니 **이는 곧 예수라** 하거늘'

세례 요한은 주님 오시는 길을 준비하는 사람에 불과할 뿐 세례 요한이 베푼 세례는 구원에 이를 수 없다는 사실을 알려주었습니다. 요한이 베푼 세례는 회개의 자리로 인도하기 위한 디딤돌에 불과할 뿐 성령으로 세례를 주시는 분은 오직 예수님이라고 가르쳐 주었습니다. 사도 바울은 예수 그리스도가 우리의 구주 되심을 믿음으로 고백할 때 구원의 증표로 성령을 선물로 받을 수 있다는 복음을 전해주었습니다. 사도 바울의 가르침이 어떤 결과를 가져왔을까, 5-6절 보시기 바랍니다.

'그들이 듣고 주 예수의 이름으로 세례를 받으니 바울이 그들에게 안수하매 성령이 그들에게 임하시므로 방언도 하고 예언도 하니'

아볼로의 제자였던 이들이 이제는 예수의 제자로 거듭나는 놀라운 은혜가 임하는 장면입니다. 결과를 보면서 먼저 된 자의 영향력을 생각하게 되었습니다. 아볼로는 예수를 전하는데 열심 있던 사람이었습니다. 하지만 아볼로는 예수를 지식으로 배웠고 학문으로 배웠고 머리로 배웠을 뿐이었습니다. 아볼로의 최대 약점은 성령에 대한 체험이 없었습니다. 성령을 통한 회개의 역사도 몰랐고 성령 세례가 무엇인지도 몰랐습니다. 복음에 대한 이해도 정확하지 않았습니다. 아볼로의 영향을 받은 에베소의 제자들 역시 똑같았습니다. 2절 보시면 사도 바울이 너희가 믿을 때에 성령을 받았느냐 물으니 성령이 계심을 듣지 못하였다고 대답하는 것을 볼 수 있습니다.

'이르되 너희가 믿을 때에 성령을 받았느냐 이르되 아니라 우리는 성령이 계심도 듣지 못하였노라'

아볼로의 영향을 받은 제자들 한마디로 말하면 부족한 사람들이었습니다. 복음서에 보면 맹인이 맹인을 인도하면 둘 다 구덩이에 빠진다는 말씀처럼 복음에 대하여 구원에 대하여 성령 세례에 대하여 아는 바가 없던 아볼로로 인하여 에베소의 제자들은 반쪽짜리 신앙을 가진 사람들이 될 수밖에 없었습니다. 아볼로를 보면서 앞선 자의 책임이 중요하다는 사실 깨닫게 되었습니다. 먼저 된 자가 잘못된 길로 인도하면 그 뒤를 따르는 자들 역시 잘못된 길로 들어설 수밖에 없습니다. 앞선 자가 바로 알지 못하면 그 영향력 아래 있는 사람들 역시 바른 믿음을 가질 수 없는 것입니다.

언젠가 주일 설교 때 바로 알아야 바른 믿음을 가질 수 있다고 말씀드린 적이 있습니다. 왜 우리가 성경 말씀을 배워야 하는가 말씀에 근거한 바른 믿음을 가져야 하나님을 바르게 섬길 수 있기 때문입니다. 우리가 믿는 하나님이 어떤 하나님이신지 알지도 못한 채 하나님께 신령과 진정의 예배를 드린다, 거짓입니다. 예수 그리스도가 어떤 분인지, 나의 구원을 위해 어떤 일을 하셨는지 알지도 못한 채 예수를 믿는다는 것은 거짓입니다. 성령이 어떤 역할을 하시는지, 성령이 내 믿음과 어떤 관계가 있는지 알지도 못한 채 신앙생활을 한다, 거짓입니다. 우리가 성경 말씀을 통해서 하나님을 바르게 알지 못하면 신비주의 신앙에 빠질 수밖에 없는 것이고 말씀에 대한 바른 지식 없이 신앙의 정도 걸어갈 수 없습니다. 교회를 다닌다고 해서 다 하나님을 믿는 것이 아닐 수 있다는 것입니다. 성경 말씀에 근거해서 바르게 알아야 하나님을 온전히 믿을 수 있는 것이고 배움에 대한 대가를 치르지 않고서 우리는 바른 신앙 가질 수 없는 것입니다. 성경의 말씀을 가리켜 신학적으로 계시의 말씀이라 부릅니다. 계시의 말씀이 무엇인가 인간의 이성적 한계로는 하나님을 알 수 없지만 하나님에 대하여 이것만큼은 알고 믿으라고 말씀으로 계시해 놓은 책이 바로 성경입니다. 말씀을 배우는 열심이 없다면 우리는 에베소의 사람들처럼 반쪽짜리 신앙인이 될 위험이 있다는 사실 기억하시기 바랍니다. 왜 우리는 말씀을 배우는 데 열심을 가져야 하는가 앞선 자이기 때문입니다. 먼저 믿은 자가 말씀을 통하여 바르게 믿어야 주변 사람들을 바른 신앙의 길로 인도할 수 있는 것이고 특별히 자녀들에게 바른 신앙을 심어줄 수 있다는 면에서 대단히 중요한 문제라고 말할 수 있습니다. 내가 하나님 앞에 신실한 예배자가 되지 못하는데 자녀들을 하나님 앞에 예배자로 세울 수 있을까, 내가 하나님에 대하여 잘 알지 못하는데 우리 자녀들에게 하나님에 대한 믿음 심어줄 수 있을까, 내가 기도 생활 잘하지 못하는데 자녀들에게 하늘의 문이 열리는 기도의 신앙 가르쳐 줄 수 있을까.

앞선 사람의 영향력이 얼마나 중요한가, 성령 세례에 대하여 아는 바가 없던 아볼로의 영향을 받은 에베소의 제자들, 에베소에 아무런 성령의 역사가 나타나지 못하고 있었습니다. 하지만 사도 바울의 가르침 이후 완전히 달라졌습니다. 사도 바울이 부족함을 알고서 말씀을 가르치고 복음을 전해주었을 때 에베소에 구원의 문이 열리기 시작하였습니다. 사도 바울로부터 가르침을 받은 에베소의 제자들은 예수 그리스도를 구주로 믿기 시작했고 성령으로 세례를 받았을 때 한번도 경험해 보지 못한 방언도 하고 예언도 하는 능력의 사람으로 변하기 시작했습니다. 사도 바울을 만나기 전까지 성령의 역사를 체험하지 못했고 방언이 무엇인지 예언의 은사가 무엇인지 모르고 지내 왔습니다. 하지만 사도 바울을 통하여 구원에 이르는 복음을 듣게 되었고 말씀을 통하여 예수 그리스도가 누구인지 정확히 알게 되었을 때 성령의 역사를 경험하는 능력 있는 그리스도인으로 세움을 받게 되었습니다. 축복의 통로가 무엇인가, 사람들의 부족함을 채워주는 것이 아닐까 생각됩니다. 이를 위해 먼저 믿은 우리가 말씀을 배우는데 더욱 열심을 내야 하는 것이고 내가 채워져야 다른 사람들의 부족함을 채워줄 수 있는 은혜의 통로가 될 수 있다는 사실 잊지 마시기 바랍니다. 이 시간 5절 주목해 보시기 바랍니다.

'그들이 듣고 주 예수의 이름으로 세례를 받으니'

5절에서 중요한 단어는 '듣고'라는 단어입니다. 에베소의 제자들이 사도 바울이 전하는 말씀을 들었을 때 그 들음이 부족함이 채워지는 은혜가 되었고 구원의 문이 열리는 기적이 일어났으며 성령의 역사를 경험하는 이유가 되었습니다. 이런 결과가 일어나기까지 먼저 믿은 사도 바울이 진리의 말씀 위에 바로 선 믿음을 가지고 있었기에 에베소의 제자들을 구원의 길로 인도할 수 있었고 부족함을 채워주는 축복의 통로가 될 수 있었습니다. 성서학자들에 의하면 6절 말씀이 대단히 중요한 의미를 가지고 있다고 말합니다.

'바울이 그들에게 안수하매 **성령이 그들에게 임하시므로** 방언도 하고 예언도 하니'

'성령이 그들에게 임하시므로' 사도행전에서 마지막으로 기록하고 있는 집단적으로 성령을 받은 사건이라 말할 수 있습니다. 이것이 무슨 의미를 가지고 있을까. 행 2장에서는 유대인 출신 제자들이 성령의 강림하심을 경험하였고 행 8장에서는 사마리아 사람들이 성령을 받았으며 행 19장에서는 이방인이라 할 수 있는 에베소의 사람들이 성령 세례를 받았습니다. 유대인이든 사마리아인이든 이방인이든 누구든지 예수 그리스도를 믿고 성령으로 세례를 받은 사람은 구원에 이를 수 있다는 복음을 사도행전이 전해주고 있는 것입니다. 이 말씀은 우리 먼저 믿은 자로서 주변 사람들의 부족함을 채워주고 우리 자녀들을 바른 신앙의 길로 인도할 수 있는 축복의 통로가 될 수 있기

를 주님의 이름으로 축원합니다. 아멘

둘째, 고백하지 않는 믿음은 믿음이 아니라는 사실입니다.

혹시 여러분들 중에 아직까지 세례 받기를 부담스러워하시는 분들 계시다면 말씀 잘 들으시고 반드시 예수의 이름으로 세례 받으시고 그 이름이 생명책에 기록되는 기쁨 누리실 수 있기를 간절히 소망합니다. 왜 세례를 받아야 하는가, 세례는 예수 그리스도에 대한 믿음의 고백이요 교회가 공적으로 인증해 주는 거룩한 예식입니다. 목회자로서 보람을 느끼고 감사할 때가 언제인가 삼위일체 하나님의 이름으로 세례를 베풀 때입니다. 세례는 예수 그리스도를 구주로 고백하는 사람이 참여할 수 있는 거룩한 예식이요 그 사람의 믿음을 교회가 인정하고 삼위일체 하나님의 이름으로 인증해 주는 예식이기 때문에 세례는 가장 축복된 예식이라 말할 수 있습니다. 세례를 받는다는 것은 구체적으로 무엇을 의미하는가.

1. 고백의 사건

롬 6:4절 보시기 바랍니다.

'그러므로 **우리가 그의 죽으심과 합하여 세례를 받음으로 그와 함께 장사되었나니** 이는 아버지의 영광으로 말미암아 그리스도를 죽은 자 가운데서 살리심과 같이 **우리로 또한 새 생명 가운데서 행하게 하려 함이라**'

세례는 믿음의 고백이라 말할 수 있습니다. 무엇에 대한 고백인가, 나의 옛사람이 그리스도의 십자가와 함께 죽고 부활하신 예수님과 함께 새 생명을 가진 사람으로 태어남을 믿음으로 고백하는 시간이 세례라 말할 수 있습니다. 예수의 이름으로 세례받은 사람을 가리켜 거듭난 자라고 부르는 이유가 여기에 있습니다. 성도 여러분, 표현하지 않는 감사는 감사가 아니듯 고백하지 않는 믿음은 믿음이 아닙니다. 예수 그리스도를 믿는 사람은 자신의 입으로 예수가 나의 주가 되심을 고백할 수 있어야 한다는 사실 잊지 않으셨으면 좋겠습니다. 세례를 받는다는 것은 예수 그리스도의 십자가와 부활이 나의 구원을 위하여 일어난 사건임을 고백하는 것이요 나의 옛사람이 죽고 예수 안에서 다시 태어났음을 고백하는 시간이 세례라 말할 수 있습니다. 기억하실 것은 우리의 옛사람은 예수의 십자가와 함께 이미 죽었다는 사실입니다. 우리의 옛사람은 죄 가운데 죽었으며 예수님께서 십자가에 못 박혀 죽으실 때 옛사람의 근성 또한 같이 죽었다는 사실 믿으시기 바랍니다. 그리스도인이란 나는 죽고 예수로 사는 사람이라 말하는 이유가 여기에 있는 것입니다. 한번 따라 하시면 좋겠습니다. '나는 예수와 함께 죽고 예수와 함께 다시 태어났습니다' 이 믿음의 고백을 가슴에 새기시고 나는 죽고 예수로 살아가는 진정한 그리스도인 되실 수 있기를 간절히 소망합니다.

2. 연합의 사건

예수의 이름으로 세례를 받는다는 것은 그리스도와 연합한 자가 되었다는 것을 의미하는데 이에 대해 사도 바울이 롬 6:5절에서 알려주고 있습니다.

'만일 우리가 그의 죽으심과 같은 모양으로 **연합한 자**가 되었으면 또한

그의 부활과 같은 모양으로 **연합한 자도 되리라**'

연합한 자라는 것은 모든 것을 함께하는 자를 의미합니다. 예수 그리스도의 이름으로 세례를 받는다는 것은 주님과 모든 것을 함께하는 자로 살아가는 것을 의미합니다. 하나님의 뜻에 온전히 순종하였던 예수님처럼 우리도 온전히 하나님의 뜻을 따르려고 노력해야 합니다. 교회를 생명처럼 사랑하셨던 주님처럼 우리도 주의 몸 된 교회를 사랑하며 섬길 수 있어야 합니다. 잃어버린 양을 찾기 위해 산속을 헤매고 다니는 선한 목자 되신 주님처럼 우리도 한 영혼 구하기 위해 희생의 대가 치를 수 있는 사람이 되어야 합니다. 그리스도와 모든 것을 함께 하는 연합한 자, 사도 바울이 그렇게 살려고 노력했습니다. 예수님이 우리의 죄를 담당하기 위해 예루살렘 골고다 언덕을 오르셨듯이 사도 바울도 결박이 기다리고 있는 예루살렘에 기꺼이 올라가 십자가의 길을 걸어갔습니다. 예수님이 종의 수건을 두르고 제자들의 발을 씻겨주셨던 것처럼 사도 바울도 섬기는 자의 삶을 살려고 노력했습니다. 사도 바울이 주님과 모든 것을 함께하는 연합한 자의 삶을 살며 고난의 길을 걸어간 이유, 롬 8:17절 때문입니다.

'자녀이면 또한 상속자 곧 하나님의 상속자요 **그리스도와 함께 한 상속자니 우리가 그와 함께 영광을 받기 위하여 고난도 함께 받아야 할 것이니라**'

사랑하는 성도 여러분!

우리는 그리스도와 모든 것을 함께 하는 연합한 자가 되었음을 믿으시기 바랍니다. 그리스도와 연합한 자를 가리켜 성경은 하나님의 상속자라고 부르고 있습니다. 주님 가신 고난의 길, 십자가의 길을 걸어가는 자가 주님과 함께 하늘 보좌의 영광 누릴 수 있음을 성경은 약속하고 있습니다. 여기에 우리가 감당해야 할 몫이 있습니다. 우리도 주님처럼 각자의 십자가 지고 주님 가신 길을 따라가야 합니다. 왜냐하면 십자가 없는 부활의 영광은 없기 때문입니다. 'NO CROSS NO CROWN' 십자가를 지고 주님 가신 길을 따르는 자만이 주님 계시는 하늘의 영광스런 보좌에 앉을 수 있다는 사실, 계 20:6절은 약속하고 있습니다.

'이 첫째 부활에 참여하는 자들은 복이 있고 거룩하도다 둘째 사망이 그들을 다스리는 권세가 없고 도리어 **그들이 하나님과 그리스도의 제사장이 되어 천 년 동안 그리스도와 더불어 왕 노릇 하리라**'

3. 복종의 사건

6절 보시기 바랍니다.

'바울이 그들에게 안수하매 **성령이 그들에게 임하시므로** 방언도 하고 예언도 하니'

사도 바울이 예수의 이름으로 세례를 베풀고 안수하여 기도하였을 때 성령이 임하였습니다. 성령이 임하였다는 것은 성령의 다스리심이 시작되었음을 의미합니다. 예수를 주로 고백하는 자에게 하나님 주시는 선물이 바로 성령입니다. 성령을 받는다는 것은 성령의 다스리심을 순종하는 마음으로 받아들이는 것을 의미합니다. 중요한 것은 성령의 다스리심을 받을 때 성령의 역사가 시작된다는 사실입니다. 성령의 역사는 구원의 역사로 이어짐을 기억하시면서 성령의 다스리심을 받으며 살아가는 우리를 통해 주변이 살아나는 변화의 역사가 시작되기를 주님의 이름으로 축원합니다. 아멘 바울이 회당에 들어가 석 달 동안 담대히 하나님 나라에 관하여 강론하며 권면하되 어떤 사람들은 마음이 굳어 순종하지 않고 무리 앞에서 이 도를 비방하거늘 바울이 그들을 떠나 제자들을 따로 세우고 두란노 서원에서 날마다 강론하니라 두 해 동안 이같이 하니 아시아에 사는 자는 유대인이나 헬라인이나 다 주의 말씀을 듣더라 하나님이 바울의 손으로 놀라운 능력을 행하게 하시니 심지어 사람들이 바울의 몸에서 손수건이나 앞치마를 가져다가 병든 사람에게 얹으면 그 병이 떠나고 악귀도 나가더라 이에 돌아다니며 마술하는 어떤 유대인들이 시험삼아 악귀 들린 자들에게 주 예수의 이름을 불러 말하되 내가 바울이 전파하는 예수를 의지하여 너희에게 명하노라 하더라 유대의 한 제사장 스게와의 일곱 아들도 이 일을 행하더니 악귀가 대답하여 이르되 내가 예수도 알고 바울도 알거니와 너희는 누구냐 하며 악귀 들린 사람이 그들에게 뛰어올라 눌러 이기니 그들이 상하여 벗은 몸으로 그 집에서 도망하는지라 에베소에 사는 유대인과 헬라인들이 다 이 일을 알고 두려워하며 주 예수의 이름을 높이고 믿은 사람들이 많이 와서 자복하여 행한 일을 알리며 또 마술을 행하던 많은 사람이 그 책을 모아 가지고 와서 모든 사람 앞에서 불사르니 그 책 값을 계산한즉 은 오만이나 되더라 이와 같이 주의 말씀이 힘이 있어 흥왕하여 세력을 얻으니라

⑧

주의 말씀에는
힘이 있습니다

　기독교 역사에 있어 최초의 선교사로, 위대한 복음 전파자로, 교
회 개척자로, 신약 성경의 저자로 활동한 사람은 사도 바울이라 말할
수 있습니다. 사도 바울은 비록 직계 제자의 그룹에 들어가지는 못하
였지만 부활의 예수님을 다메섹 도상에서 만난 이후 이방인의 사도로
부름받았습니다. 사도 바울이 복음을 전하기 위하여 세 번에 걸쳐 전
도 여행을 떠나게 되는데 1차 여행은 A.D. 47-49년 2년에 걸쳐 진
행되었고 복음을 전하기 위해 다닌 거리는 약 2,200km 정도 됩니다.
2차 여행은 A.D. 49-52년 3년 동안 진행되었고 빌립보, 베뢰아, 데
살로니가, 고린도 지역에 들어가 복음을 전하였습니다. 이때 다닌 거
리가 약 4500-5000km 정도 됩니다. 이 기간에 사도 바울이 기록한
책이 데살로니가 전·후서입니다. 3차 전도 여행은 A.D. 53-58년 6
년에 걸쳐 진행되었고 주로 에베소에서 3년을 머무르며 사역을 하게
되는데 두란노 서원을 중심으로 제자들을 양성하는데 주력하였습니

다. 이 기간에 사도 바울이 기록한 서신서가 고린도 전·후서, 로마서로 알려져 있습니다. 마지막으로 사도 바울은 대제사장 아나니아에게 고발을 당해 로마에 가서 재판을 받게 되는데 2년간 연금된 상태에서도 복음을 전하는 데 최선을 다하였고 이 기간에 옥중서신이라고 알려진 에베소서, 빌립보서, 골로새서, 빌레몬서를 기록하게 됩니다. 성서학자들은 사도 바울의 선교 여정에 있어 정점이 에베소 사역이었다고 평가하고 있습니다. 사도 바울이 에베소에 들어가 복음을 전할 때 어떤 일이 일어난 것일까. 오늘 우리가 살펴볼 본문은 사도 바울이 에베소의 회당에 들어가 하나님 나라에 대하여 말씀을 강론하는 장면으로 시작하고 있습니다. 8절 보시면

'**바울이 회당에 들어가** 석 달 동안 담대히 **하나님 나라에 관하여 강론하며** 권면하되'

사도 바울에게는 원칙이 있었습니다. 선교비를 스스로 충당하여 사역을 진행하는 자비량 선교가 선교 원칙이었다면 먼저는 유대인들에게 그리고 이방인들에게 복음을 전하는 것이 전도 원칙이었습니다. 사도 바울의 전도 원칙을 보여주는 말씀이 롬 1:16절 입니다.

'내가 복음을 부끄러워하지 아니하노니 이 **복음은 모든 믿는 자에게 구원을 주시는 하나님의 능력이 됨이라 먼저는 유대인에게요 그리고 헬라인에게로다**'

사도행전을 읽어보면 사도 바울이 선교지에 들어가 복음을 전할 때

회당을 먼저 찾아가는 모습을 여러 곳에서 발견할 수 있습니다. 그 이유는 유대인들은 메시야에 대한 기본 지식을 가지고 있었기 때문입니다. 메시야에 대한 구약의 지식을 가지고 있는 유대인들에게 십자가에 달린 예수, 부활하신 예수가 바로 우리가 기다리던 메시야라는 복음을 전하기에 가장 적합한 사역지가 회당이었습니다. 사도 바울이 에베소의 회당에 들어가 3달 동안 하나님 나라에 대하여 말씀을 전하게 되는데 역시 이곳에서도 저항의 역사가 일어났습니다. 복음이 전파되는 곳에는 두 가진 반응이 동시에 일어납니다. 복음을 수용하는 자에게는 구원의 역사가 일어나지만 복음을 받아들이지 않는 자들에게는 저항의 역사가 일어났습니다. 9절 보시면 유대인들이 저항하는 모습을 보여주고 있습니다.

'**어떤 사람들은 마음이 굳어 순종하지 않고 무리 앞에서 이 도를 비방하거늘** 바울이 그들을 떠나 제자들을 따로 세우고 두란노 서원에서 날마다 강론하니라'

유대인들의 비방 때문에 사도 바울은 두란노 서원에서 제자들을 따로 세우고 말씀을 가르치는 사역에 집중하였습니다. 2년 동안 훈련목회에 전념하였을 때 복음의 지경이 넓혀져 가는 결과가 생겨났음을 10절은 보여주고 있습니다.

'**두 해 동안 이같이 하니** 아시아에 사는 자는 **유대인이나 헬라인이나 다 주의 말씀을 듣더라**'

주목할 것은 사도 바울을 통하여 하나님의 능력이 나타나기 시작했다는 사실입니다. 11-12절 보시면

'하나님이 바울의 손으로 놀라운 능력을 행하게 하시니 심지어 사람들이 바울의 몸에서 손수건이나 앞치마를 가져다가 병든 사람에게 얹으면 그 병이 떠나고 악귀도 나가더라'

사도 바울을 통하여 치유의 기적이 일어나고 악귀가 떠나가자 마술사들이 흉내 내기 시작하였습니다. 13절 보시면

'이에 돌아다니며 마술하는 어떤 유대인들이 시험삼아 악귀 들린 자들에게 주 예수의 이름을 불러 말하되 내가 바울이 전파하는 예수를 의지하여 너희에게 명하노라 하더라'

신기한 것은 악귀가 흉내 내는 사람들을 조롱하며 힘으로 눌러버렸다는 사실입니다. 15-16절에 재미있는 장면이 나옵니다.

'악귀가 대답하여 이르되 내가 예수도 알고 바울도 알거니와 너희는 누구냐 하며 악귀 들린 사람이 그들에게 뛰어올라 눌러 이기니 그들이 상하여 벗은 몸으로 그 집에서 도망하는지라'

사도 바울을 통하여 놀라운 일이 일어나자 에베소 사람들은 두려움을 느끼기 시작하였습니다. 에베소의 사람들은 예수의 이름을 높이기 시작하였고 자기가 행한 일을 공개적으로 자복하는 회개의 역사가 일

어나기 시작하였습니다. 에베소에 일어난 변화의 물결, 17-19절에 기록이 되어 있습니다.

'에베소에 사는 유대인과 헬라인들이 다 이 일을 알고 두려워하며 **주 예수의 이름을 높이고** 믿은 사람들이 많이 와서 **자복하여 행한 일을 알리며** 또 마술을 행하던 많은 사람이 그 책을 모아 가지고 와서 **모든 사람 앞에서 불사르니** 그 책 값을 계산한즉 은 오만이나 되더라'

첫째, 말씀이 심어지면 하나님의 능력이 나타난다는 사실입니다.

사도 바울이 에베소의 회당에 들어가 3달 동안 하나님 나라에 대하여 말씀을 전하였습니다. 사도 바울이 하나님 나라에 대하여 말씀을 전한 이유, 예수 그리스도의 십자가와 부활 사건을 통하여 하나님의 나라가 임하였다는 복음을 선포하기 위해서였습니다. 복음이 전해지는 곳에는 언제나 구원의 역사와 저항의 역사가 동시에 일어나게 되는데 완악한 유대인들은 사도 바울이 전하는 복음을 받아들이지 않았습니다. 9절 보시면

'**어떤 사람들은 마음이 굳어 순종하지 않고** 무리 앞에서 이 도를 비방하거늘'

마음이 굳어, 이 단어는 헬라어로 뼈와 같이 단단하다는 의미입니다. 말씀이 들어가기 어려울 정도로 완악해져 버린 유대인들의 마음 상태를 보여주고 있습니다. 이것이 소극적인 저항이라면 유대인들은 적극적으로 저항하기 시작하였습니다. 9절에 비방하였다는 기록이

있는데 비방하다는 욕하다는 뜻입니다. 사도 바울이 전하는 복음이 구원에 이르는 생명의 말씀인데도 유대인들은 사도 바울을 비방하고 욕하며 저항하였습니다. 결국 사도 바울은 회당을 떠나게 되었고 두란노 서원에서 제자들을 따로 세우고 말씀을 가르치는 사역에 집중하는 모습을 9절 마지막에서 보여주고 있습니다.

'바울이 그들을 떠나 **제자들을 따로 세우고 두란노 서원에서 날마다 강론하니라**'

두란노 서원은 두란노라 하는 사람의 건물일 가능성이 있다고 성서학자들은 주장하는데 무엇인가를 가르치는 강연장으로 이해하고 있습니다. 서원을 헬라어로 '스콜레'라고 하는데 여기서 school 학교라는 단어가 나왔습니다. 사도 바울은 두란노 서원에서 제자들을 말씀으로 가르치는 사역에 집중하게 되는데 오늘날로 말하면 훈련 목회에 집중하였다고 해석할 수 있습니다. 사도 바울은 말씀을 가르치는 사역을 2년 동안 전념하였고 이것이 복음의 지경이 넓혀지는 이유가 되었음을 10절에서 증거하고 있습니다.

'**두 해 동안 이같이 하니 아시아에 사는 자는** 유대인이나 헬라인이나 **다 주의 말씀을 듣더라**'

사도 바울의 훈련 목회는 소아시아 지역에 엄청난 영향을 주었습니다. 두란노 서원을 중심으로 사도 바울이 말씀을 전하였을 때 훗날 요한계시록에 등장하는 에베소, 서머나, 버가모, 두아디라, 사데, 빌라

델비아, 라오디게아 7 교회가 생겨나는 결과로 이어졌습니다. 이때 태동된 소아시아 7 교회는 수 세기 동안 기독교를 이끌어 가는 중심 교회가 되었습니다. 놀라운 것은 사도 바울이 심어준 말씀이 성령의 능력으로 나타나기 시작하였다는 사실입니다. 11절 보시면

'하나님이 바울의 손으로 놀라운 **능력을 행하게 하시니**'

사도 바울을 통해 나타난 하나님의 능력이 12절에 기록이 되어 있습니다.

'심지어 사람들이 바울의 몸에서 손수건이나 앞치마를 가져다가 **병든 사람에게 얹으면 그 병이 떠나고 악귀도 나가더라**'

사도 바울을 통해 나타난 성령의 역사로 치유의 기적이 일어나고 악귀가 떠나가기 시작했습니다. 재미있는 것은 사도 바울을 흉내 내는 사람들이 생겨나기 시작하였다는 사실입니다. 13절 보시면

'이에 **돌아다니며 마술하는 어떤 유대인들이 시험삼아** 악귀 들린 자들에게 **주 예수의 이름을 불러 말하되** 내가 바울이 전파하는 **예수를 의지하여 너희에게 명하노라** 하더라'

유대 역사가 요세푸스의 기록에 의하면 특정한 사람의 이름을 빌어 악령을 물리치는 무당들은 솔로몬 시대에 시작되었다고 합니다. 유대 주술가들은 아브라함이나 솔로몬과 같이 구약 성경에 잘 알려진 이름

을 악한 영을 쫓아내는 데 사용하였다고 합니다. 에베소는 당시 소아시아 지역에서 가장 큰 도시였고 유대인들이 많이 거주하는 장소였습니다. 마술을 가지고 생계를 유지하던 유대인들이 시험 삼아 사도 바울을 흉내 내기 시작하였습니다. 그런데 유대의 제사장 스게와의 일곱 아들도 사도 바울을 흉내 내었다고 14절은 기록하고 있습니다.

'유대의 한 제사장 **스게와의 일곱 아들도 이 일을 행하더니**'

성서학자들은 스게와 스스로가 자신을 제사장 가문에 속한 사람으로 주장하였다고 이해하고 있습니다. 어찌 되었든 제사장 가문에 속한 사람들이 마술사들과 같이 사도 바울을 흉내 내었다는 것은 에베소 지역이 영적으로 타락한 도시임을 보여주고 있습니다. 사도 바울을 흉내 내는 유대 마술사들, 제사장 스게와의 일곱 아들. 이 사람들 가리켜 전문용어로 짝퉁이라고 말합니다. 예수 그리스도를 믿지 아니하면서 예수의 이름을 주술처럼 사용하는 사람들 어떤 결과로 돌아왔을까. 15절 보시면

'악귀가 대답하여 이르되 **내가 예수도 알고 바울도 알거니와 너희는 누구냐 하며**'

복음서에 보면 귀신들이 예수님을 정확히 알아보는 장면이 있습니다. 사도행전 16장에 보면 귀신 들린 여종이 사도 바울이 누구인지 알아보는 장면이 행 16:17절에 나옵니다.

'그가 바울과 우리를 따라와 소리 질러 이르되 **이 사람들은 지극히 높은 하나님의 종으로서 구원의 길을 너희에게 전하는 자라** 하며'

귀신은 영적인 존재이기에 예수님이 누구신지 사도 바울이 어떤 사람인지 알아보았습니다. 그런데 에베소의 악귀는 사도 바울을 흉내 내는 짝퉁 사람들을 향하여 너희는 누구냐 하면서 조롱하는 모습을 보여주고 있습니다. 악귀는 조롱으로 끝나지 않았습니다. 16절 보시면

'**악귀 들린 사람이 그들에게 뛰어올라 눌러 이기니** 그들이 상하여 벗은 몸으로 그 집에서 도망하는지라'

뛰어오르다는 헬라어로 표범이 먹이를 낚아채기 위하여 덮치는 모습을 가리키는 단어입니다. 이기다는 원어적으로 주인이 되다, 지배하다는 뜻입니다. 악귀가 스게와의 일곱 아들을 힘으로 눌러 이겼다는 것은 악귀의 힘이 지배하였다는 의미입니다. 중요한 것은 악귀가 지배하는 에베소에 사도 바울을 통하여 성령의 능력이 나타나기 시작하였다는 사실입니다. 11절 보시기 바랍니다.

'하나님이 바울의 손으로 놀라운 능력을 행하게 하시니'

에베소는 마술사들이 활동하던 도시였습니다. 당시 사용된 마술사들의 주술서가 런던 박물관과 파리 뮤지엄에 보관이 되어 있습니다. 파피루스나 양피지에 기록이 되어 있는데 마술사들이 사용하는 주술서를 에베소의 스크립트라 부릅니다. 그만큼 에베소는 마술사들이 활

동하던 무대였고 여기에는 아데미 신전이라는 거대한 우상이 주인 행세를 하고 있던 도시였습니다. 그런 에베소에 사도 바울을 통하여 하나님의 능력이 나타나기 시작하였습니다. 사도 바울을 통하여 병든 자가 치유를 받고 악귀가 떠나가는 성령의 역사가 나타나기 시작한 것입니다. 궁금했습니다. 하나님의 능력이 사도 바울을 통해 나타난 이유가 무엇인가, 그 답을 10절에서 찾을 수 있습니다.

'두 해 동안 이같이 하니 아시아에 사는 자는 유대인이나 헬라인이나 다 주의 말씀을 듣더라'

'두 해 동안 이같이 하니' 사도 바울이 에베소에서 2년 동안 전념했던 사역은 복음을 심어주는 사역이었습니다. 두란노 서원을 중심으로 제자들을 따로 세우고 말씀을 가르치는 훈련 목회에 모든 에너지를 쏟았습니다. 사도 바울을 통하여 소아시아에 사는 많은 사람들이 주의 말씀을 듣게 되었습니다. 이것이 사도 바울을 통하여 하나님의 능력이 나타난 이유라고 성경은 증거하고 있습니다. 에베소에 성령의 역사가 나타난 이유, 에베소에 치유의 기적이 일어나고 악귀가 떠나가는 이유, 말씀이 심어졌기 때문입니다. 사도 바울이 에베소에 들어가 전념한 것은 말씀을 심어주는 사역이었습니다. 두란노 서원에 모인 제자들에게 말씀을 심어주는 일에 전념하였습니다. 아시아에 사는 유대인과 헬라 사람들에게 말씀을 가르치는 사역에 에너지를 쏟았습니다. 2년이라는 시간은 에베소에 말씀이 심어지는 시간이었고 주의 말씀은 성령의 역사로 나타나기 시작하였습니다.

　사랑하는 성도 여러분! 말씀이 심어지면 하나님의 능력이 나타난다는 사실 믿으시기 바랍니다. 에베소에 말씀이 심어졌을 때 성령의 역사는 치유의 기적으로 귀신을 쫓아내는 능력으로 나타났음을 성경은 증거하고 있습니다. 우리가 말씀 배우는 일에 열심을 내야 하는 이유가 여기에 있습니다. 말씀을 배우는 것은 우리의 심령에 말씀을 심는 행위입니다. 심어진 말씀은 자라나 능력으로 기적으로 나타날 것을 성경은 약속하고 있습니다. 설교 준비하면서 우리의 신앙이 진짜를 흉내 내기만 하는 짝퉁 신앙이 돼서는 안 된다는 사실을 깨달았습니다. 유대 마술사들이 사도 바울을 흉내 내려 했을 때 악귀는 조롱하였습니다. 나는 예수도 알고 바울도 알거니와 너희는 누구냐 하면서 악귀는 흉내 내는 짝퉁 사람들을 힘으로 지배하였습니다. 우리가 예수 믿는 사람으로서 악한 영에게 지배를 받아서는 안 됩니다. 우리가 예수 믿는 사람으로서 악한 영을 지배하고 예수의 이름으로 귀신을 쫓아내기 위해서는 말씀의 능력을 의지해야 합니다. 우리는 할 수 없지만 말씀의 능력을 의지하면 성령께서 우리를 통하여 치유의 기적을 일으키고 악한 영을 쫓아내시는 놀라운 역사 일어날 줄 믿으시기 바랍니다. 사도 바울이 훗날 로마서를 기록할 때 에베소에 일어난 성령의 역사를 성경에 기록으로 남겨놓았습니다. 롬 15:18-19절 보시면

'그리스도께서 이방인들을 순종하게 하기 위하여 **나를 통하여 역사하신 것** 외에는 내가 감히 말하지 아니하노라 그 일은 말과 행위로 표적과 기사의 능력으로 **성령의 능력으로 이루어졌으며** 그리하여 내가 예루살렘으로부터 두루 행하여 일루리곤까지 그리스도의 복음을 편만하게 전하였노라'

사랑하는 성도 여러분! 우리에게도 하나님의 능력이 나타나기를 기

대하십니까. 우리가 치러야 할 대가가 있습니다. 말씀 배우는 일에 열심을 내시기 바랍니다. 말씀을 배우는 것은 우리 안에 말씀을 심는 행위요 심어진 말씀은 능력으로 기적으로 나타날 것을 믿으시면서 훈련 목회에 동참하는 여러분들에게 성령의 역사가 나타나기를 주님의 이름으로 축원합니다.

둘째, 주의 말씀은 사탄의 견고한 진을 무너뜨리는 힘이 있다는 사실입니다.

이제 우리가 살펴볼 것은 에베소에 일어난 변화의 물결인데 사도 바울의 사역을 통하여 어떤 일이 일어났을까.

1. 경건한 두려움

17절 보시면

'에베소에 사는 유대인과 헬라인들이 <u>다 이 일을 알고 두려워하며</u> 주 예수의 이름을 높이고'

에베소의 사람들은 사도 바울을 통하여 나타난 하나님의 능력을 보았습니다. 흉내 내는 사람들이 있었지만 악한 영에게 지배를 받는 모습도 보았습니다. 에베소의 사람들은 두려움을 느끼기 시작하였습니다. 에베소의 사람들이 느끼는 두려움은 경건한 두려움이었습니다. 하나님이 살아계시다는 사실 성령이 역사하신다는 사실을 인정하며 경건한 두려움이 에베소를 덮기 시작하였습니다. 에베소는 아데미 여신이 지배하는 우상 숭배의 땅이었습니다. 에베소 사람들은 아데미의 신상을 모형으로 만들어 생계를 유지하고 있었습니다. 그런데 사도 바울이 말씀을 심어주었을 때 주의 말씀은 하나님의 능력으로 나타나기 시작하면서 경건한 두려움이 에베소를 덮어 버렸다고 성경은 기록하고 있습니다.

2. 예수의 이름을 높임

17절 마지막 보시면 **'주 예수의 이름을 높이고'** 사도 바울이 에베소에 들어가 말씀을 전하기까지 에베소 사람들의 영적 상태는 어떠하였을까, 이것을 보여주는 구절이 28절입니다.

'그들이 이 말을 듣고 분노가 가득하여 외쳐 이르되 <u>크다 에베소 사람의 아데미여</u> 하니'

에베소 사람들이 인정하는 신은 아데미 밖에 없었습니다. 에베소에는 거대한 아데미 신전이 있었고 수많은 사람들이 에베소에 몰려들면서 아데미 여신을 숭배하고 있었습니다. 그런데 사도 바울 한 사람 때문에 에베소의 사람들이 예수의 이름을 높이기 시작하였다고 성경은 증거하고 있습니다. 왜냐하면 사도 바울이 능력을 행할 때 예수의 이름으로 병든 자를 치료하고 귀신을 쫓아내었기 때문입니다. 사랑하는 성도 여러분! 우리에게도 예수의 이름으로 기도하면 치유의 기적이 일어나고 악한 영이 떠나가는 성령의 역사가 일어나기를 주님의 이름으로 축원합니다. 예수 이름의 권세를 믿는 우리에게 하나님의 능력이 나타나 예수 그리스도의 이름이 존귀 여김 받으시기를 간절히 소망합니다.

18절 보시면

'믿은 사람들이 많이 와서 **자복하여 행한 일을 알리며**'

　자복하다는 것은 공개적으로 드러낸다는 뜻입니다. 믿는 사람들이 자복한다는 것은 공개적으로 자신의 죄를 고백하는 회개를 가리킵니다. 믿는 사람이 회개한다는 것은 자연스러운 현상 아닌가 생각할 수 있겠지만 무엇을 자복하였는가가 중요합니다. 18절 마지막 보시면 자복하여 행한 일을 알렸다고 기록하고 있습니다. 행한 일이라는 것은 마술 행위를 가리키는 전문용어입니다. 에베소의 사람들 가운데 사도 바울이 전하는 말씀을 듣고서 믿음을 갖게 되었지만 아직도 주술과 미신 행위를 버리지 못한 사람들이 있었다는 것을 의미합니다. 그런데 그 사람들이 은밀히 행하던 주술과 미신을 공개적으로 알리며 회개하였다는 것은 그 안에 내주하시는 성령의 역사로 해석할 수밖에 없습니다.

4. 변화의 역사

19절 보시면

'또 **마술을 행하던 많은 사람이 그 책을 모아 가지고 와서** 모든 사람 앞에서 **불사르니** 그 책 값을 계산한즉 은 오만이나 되더라'

　에베소에서 활동하던 마술사들이 스스로 주술책을 가지고 와서 불사르는 장면인데 책값이 은 오만이나 되었다고 기록하고 있습니다. 은 오만은 오늘날로 환산하면 25억 정도 해당되는 엄청난 액수입니다. 책 한 권을 만원으로 잡으면 25만 권이나 되는 주술책을 불살랐다는 것을 짐작할 수 있습니다. 마술사들이 스스로 주술책을 가지고 와서 불살랐다는 것은 에베소에 변화의 물결이 일어나기 시작하였다는 것을 보여주고 있습니다. 에베소의 사람들 경건한 두려움을 느끼며 예수의 이름을 높이고 있습니다. 믿는 사람들이 공개적으로 자신의 죄를 알리며 회개의 역사에 동참하고 있습니다. 마술사들이 스스로 주술책을 불사르며 변화의 물결이 에베소를 덮고 있습니다. 질문을 던져보았습니다. 어떻게 이런 결과가 일어날 수 있을까, 성경은 20절에서 답을 제시하고 있습니다.

'이와 같이 **주의 말씀이 힘이 있어** 흥왕하여 세력을 얻으니라'

힘이라는 단어는 헬라어로 권능, 통치를 뜻하는 단어로 강력하게 지배하는 힘을 의미합니다. 주의 말씀이 에베소를 지배하는 힘으로 나타났을 때 에베소를 지배하고 있던 사탄의 진이 무너졌습니다. 사탄의 견고한 진을 무너뜨릴 수 있는 것은 말씀의 능력밖에 없음을 믿으시면서 고후 10:4절 함께 읽으며 오늘 설교 마치겠습니다.

'우리의 싸우는 무기는 육신에 속한 것이 아니요 **오직 어떤 견고한 진도 무너뜨리는 하나님의 능력이라**'

이 일이 있은 후에 바울이 마게도냐와 아가야를 거쳐 예루살렘에 가기로 작정하여 이르되 내가 거기 갔다가 후에 로마도 보아야 하리라 하고 자기를 돕는 사람 중에서 디모데와 에라스도 두 사람을 마게도냐로 보내고 자기는 아시아에 얼마 동안 더 있으니라 그 때쯤 되어 이 도로 말미암아 적지 않은 소동이 있었으니 즉 데메드리오라 하는 어떤 은장색이 은으로 아데미의 신상 모형을 만들어 직공들에게 적지 않은 벌이를 하게 하더니 그가 그 직공들과 그러한 영업하는 자들을 모아 이르되 여러분도 알거니와 우리의 풍족한 생활이 이 생업에 있는데 이 바울이 에베소뿐 아니라 거의 전 아시아를 통하여 수많은 사람을 권유하여 말하되 사람의 손으로 만든 것들은 신이 아니라 하니 이는 그대들도 보고 들은 것이라 우리의 이 영업이 천하여질 위험이 있을 뿐 아니라 큰 여신 아데미의 신전도 무시 당하게 되고 온 아시아와 천하가 위하는 그의 위엄도 떨어질까 하노라 하더라 그들이 이 말을 듣고 분노가 가득하여 외쳐 이르되 크다 에베소 사람의 아데미여 하니 온 시내가 요란하여 바울과 같이 다니는 마게도냐 사람 가이오와 아리스다고를 붙들어 일제히 연극장으로 달려 들어가는지라

바울이 백성 가운데로 들어가고자 하나 제자들이 말리고 또 아시아 관리 중에

바울의 친구된 어떤 이들이 그에게 통지하여 연극장에 들어가지 말라 권하더라 사람들이 외쳐 어떤 이는 이런 말을, 어떤 이는 저런 말을 하니 모인 무리가 분란하여 태반이나 어찌하여 모였는지 알지 못하더라 유대인들이 무리 가운데서 알렉산더를 권하여 앞으로 밀어내니 알렉산더가 손짓하며 백성에게 변명하려 하나 그들은 그가 유대인인 줄 알고 다 한 소리로 외쳐 이르되 크다 에베소 사람의 아데미여 하기를 두 시간이나 하더니 서기장이 무리를 진정시키고 이르되 에베소 사람들아 에베소 시가 큰 아데미와 제우스에게서 내려온 우상의 신전지기가 된 줄을 누가 알지 못하겠느냐 이 일이 그렇지 않다 할 수 없으니 너희가 가만히 있어서 무엇이든지 경솔히 아니하여야 하리라 신전의 물건을 도둑질하지도 아니하였고 우리 여신을 비방하지도 아니한 이 사람들을 너희가 붙잡아 왔으니 만일 데메드리오와 그와 함께 있는 직공들이 누구에게 고발할 것이 있으면 재판 날도 있고 총독들도 있으니 피차 고소할 것이요 만일 그 외에 무엇을 원하면 정식으로 민회에서 결정할지라 오늘 아무 까닭도 없는 이 일에 우리가 소요 사건으로 책망 받을 위험이 있고 우리는 이 불법 집회에 관하여 보고할 자료가 없다 하고 이에 그 모임을 흩어지게 하니라

거룩의 파도

지난 시간에 우리는 사도 바울의 3차 선교 여행의 중심지였던 에베소에서 일어난 놀라운 변화에 대하여 살펴보았습니다. 사도 바울이 두란노 서원에서 2년 동안 날마다 말씀을 가르쳤을 때 심어진 말씀은 능력으로 나타나기 시작했습니다. 바울의 몸에서 손수건이나 앞치마를 가져다가 병든 사람에게 얹으면 치유의 기적이 일어나고 악한 귀신도 떠나가는 성령의 역사가 나타나기 시작했습니다. 하나님의 능력이 나타나자 에베소 사람들은 경건한 두려움을 느끼기 시작했고 숨겨진 죄를 공개적으로 자복하는 회개의 역사가 일어났습니다. 마술사들이 주술책을 가져다가 자발적으로 불사르는 변화의 물결도 일어나게 되었습니다. 에베소에 왜 이러한 현상이 일어나는 것일까. 말씀이 가지고 있는 힘 때문이라 말할 수 있습니다. 에베소에 일어난 영적인 변화, 성경은 20절에서 그 이유를 증거하고 있습니다.

'이와 같이 **주의 말씀이 힘이 있어** 흥왕하여 세력을 얻으니라'

에베소를 지배하고 있던 사탄의 견고한 진이 말씀의 힘과 권세로 무너지게 되었습니다. 본문 21절 보시면 '이 일이 있은 후에'라고 나오는데 '하나님이 뜻하신 바가 성취된 후에'라는 의미입니다. 에베소는 사도 바울이 선교 역사상 가장 오래 머무른 도시였습니다. 3년 정도 머무르면서 사도 바울은 훈련 목회에 전념하였고 에베소에는 말씀의 힘이 지배하는 놀라운 변화가 일어나게 되었습니다. 하나님께서 사도 바울을 통하여 뜻하신 바가 성취된 후에 사도 바울은 또 다른 비전을 품기 시작합니다. 21절 보시면

'**이 일이 있은 후에** 바울이 마게도냐와 아가야를 거쳐 예루살렘에 가기로 작정하여 이르되 내가 거기 갔다가 후에 **로마도 보아야 하리라** 하고'

세계의 심장부라 할 수 있는 로마에 복음을 전하고 싶은 비전을 사도 바울이 품게 되었습니다. 그런데 이것이 사도 바울 개인의 꿈이 아니었습니다. 21절에 '작정하여'라는 단어가 나오는데 헬라어 원문으로 보면 '영으로 결정하다'란 뜻을 가지고 있습니다. 로마에 가서 복음을 전하고 싶은 것은 사도 바울 개인의 생각이 아니라 성령께서 주신 비전이었습니다. 복음은 멈춰 있는 것이 아니라 계속해서 흘러가는 생명수이기에 세계의 심장부라 할 수 있는 로마를 복음으로 정복하는 것은 성령께서 품게 하신 비전이었습니다. 사도 바울이 에베소를 떠날 시점이 되었을 때 예상치 못한 소동이 일어났습니다. 23절 보면 에베소에 일어난 소동을 보여주고 있습니다.

'그 때쯤 되어 **이 도로 말미암아 적지 않은 소동이 있었으니**'

에베소에 왜 소동이 일어나게 되었는가 에베소는 거대한 아데미 신전이 있는 도시로 유명한데 아데미의 신상을 모형으로 만들어 판매하는 사람들이 있었습니다. 상인들은 조합을 형성하여 누구도 아데미와 관련된 물건을 만들지 못하도록 독점판매권을 행사하고 있었는데 데메드리오가 조합장에 해당하는 사람이었던 것 같습니다. 그런데 이 사람들에게 난감한 상황이 찾아온 것입니다. 사도 바울이 전하는 복음으로 인하여 아데미 여신을 섬기는 것이 우상 숭배임을 알게 된 사람들이 성전 방문하기를 싫어하게 되었고 신전 앞에서 장사하던 사람들은 경제적 손해를 볼 수밖에 없었습니다. 이런 상황을 그냥 둘 수 없던 데메드리오는 직공들을 모아 소동을 일으키기 시작하는데 그 장면이 26-27절에 나옵니다.

'이 바울이 에베소뿐 아니라 거의 전 아시아를 통하여 수많은 사람을 권유하여 말하되 **사람의 손으로 만든 것들은 신이 아니라** 하니 이는 그대들도 보고 들은 것이라 **우리의 이 영업이 천하여질 위험이 있을 뿐 아니라 큰 여신 아데미의 신전도 무시 당하게 되고** 온 아시아와 천하가 위하는 그의 위엄도 떨어질까 하노라 하더라'

직공들은 데메드리오의 말에 공감하기 시작했고 에베소 도시가 요란할 정도로 소동을 일으키면서 사도 바울을 붙잡으려 했습니다. 다행히 사도 바울은 현장에 없었고 대신 가이오와 아리스다고가 사람들에게 붙잡혀 연극장으로 끌려가게 되었습니다. 연극장에 모인 사람들은 '위대한 아데미 여신이여' 구호를 외치면서 두 시간 동안 소동을 벌이게 되는데 결과적으로 서기장의 회유와 경고의 말을 논리적으로 전개하면서 무리들을 해산시키게 됩니다. 오늘은 **'거룩의 파도'**라는 제목 가지고 말씀의 은혜를 나누기 원합니다.

첫째, 우상 숭배와 관련된 것은 절대로 허용해서는 안 된다는 사실입니다.

에베소에 일어난 소동은 십자가의 복음과 우상 숭배와의 충돌이라 말할 수 있습니다. 사도 바울이 전해준 복음의 핵심은 무엇인가, 우상을 숭배하는 것은 헛된 일이며 예수 그리스도를 믿고 하나님께로 돌아오라는 말씀을 전해주었습니다. 에베소 사람들에게 숭배의 대상은 아데미 여신이었습니다. 달의 여신이라 불리는 아데미는 어떤 신인가. 아데미라는 이름을 다른 말로 하면 다이애나가 되는데 여신이라는 뜻입니다. 여신에게 붙여진 명칭이 다양합니다. 여주인(큐리아), 구원자(쏘테이라), 하늘의 여신, 우주의 여왕 등 붙여진 이름이 많습니다. 아데미 여신은 제우스의 딸이자 아폴로 신과 쌍둥이 자매로 에베소에서 태어난 것으로 알려져 있습니다. 에베소 사람들은 3-4월을 아데미 달로 정하여 여신의 탄생을 축하하는 행사를 거대하게 벌였다는 기록이 있습니다. 고대 7대 불가사의라고 하는 아데미 신전, 터키 여행 가시면 항상 들르는 곳이 에베소인데 길이 128m 폭 66m 대지 위에 18m 높이의 기둥 127개가 서 있던 아데미 신전의 흔적이 남아 있습니다. 그리스 아테네에 있는 파르테논 신전보다 네 배나 큰 신전이 바로 에베소에 세워진 아데미 신전입니다. 에베소에는 아데미 신전을 방문하려는 순례객들이 끊이질 않았습니다. 신전을 방문하여 제물을 드린 후 아데미 여신의 모형을 사다가 집에 모셔놓고 복을 비는 것이 당시 에베소 사람들의 종교였습니다. 질문을 던져보았습니다. 왜 사람들은 미신을 믿는 것일까, 왜 사람들은 복을 비는 것을 좋아하는 것일까, 마음속에 있는 탐심 때문입니다. 골 3:5절에 보면 탐심은 우상 숭배라는 말씀이 있습니다. 사람들이 미신을 좋아하고 사람의 손으로 만든 우상을 숭배하는 이유는 탐심 때문입니다. 잘 살고 싶어 하는 욕심, 더 가지고 싶어 하는 욕망, 우상 숭배의 근원지는 바로 탐욕스런 인간의 마음이라 말할 수 있습니다. 우상 숭배가 얼마나 헛된 것인지 시 115:4-8절은 말씀하고 있습니다.

'그들의 우상들은 은과 금이요 **사람이 손으로 만든 것이라** 입이 있어도 **말하지 못하며** 눈이 있어도 **보지 못하며** 귀가 있어도 **듣지 못하며** 코가 있어도 **냄새 맡지 못하며** 손이 있어도 **만지지 못하며** 발이 있어도 **걷지 못하며** 목구멍이 있어도 **작은 소리조차 내지 못하느니라 우상들을 만드는 자들과 그것을 의지하는 자들이 다 그와 같으리로다**'

성경은 우상을 가리켜 사람이 손으로 만든 것이라 말씀하고 있습니다. 살아 있는 신이 아니라는 것입니다. 사람의 손으로 만든 것이 어찌 인간의 생사화복을 주관하는 신이 될 수 있냐고 성경은 말씀하고 있습니다. 시편 기록을 보면 눈이 있어도 보지 못하며 코가 있어도 냄새 맡지 못하며 손이 있어도 만지지 못하며 목구멍이 있어도 작은 소리조차 내지 못한다고 하면서 못한다는 단어를 무려 7번이나 사용하고 있습니다. 사람이 만든 우상은 아무것도 해줄 수 없는 무능한 것임을 지적하고 있습니다. 아무것도 해줄 수 없는 우상을 향하여 복을 빌고 평안을 비는 사람들 어리석은 존재라고 말할 수밖에 없습니다. 우상 숭배를 하나님이 얼마나 싫어하시는지 십계명 돌판 두 번째 계명에 분명히 새겨져 있습니다. 너를 위하여 우상을 만들지 말고 또 위로 하늘에 있는 것이나 아래로 땅에 있는 것이나 땅 아래 물속에 있는 것의 어떤 형상도 만들지 말며 그것들에게 절하지 말며 섬기지 말라 말씀하셨습니다. 우상 숭배가 얼마나 우리의 삶을 망가뜨리는지 성경에 나오는 실제적 사건을 소개해 드리겠습니다. 북이스라엘 역사 가운데 우상 숭배의 죄악을 퍼뜨린 사람은 아합과 이세벨이라 말할 수 있습니다. 특히 이세벨로 인하여 바알을 섬기는 신당이 북이스라엘 전역에 세워지게 되는데 우상 숭배를 국가정책으로 추진한 이세벨은 어떤 결과를 맞이하였을까, 왕하 9:36-37절 보시기 바랍니다.

'돌아와서 전하니 예후가 이르되 이는 여호와께서 그 종 디셉 사람 엘리야를 통하여 말씀하신 바라 이르시기를 이스르엘 토지에서 **개들이 이세벨의 살을 먹을지라** 그 시체가 이스르엘 토지에서 **거름같이** 밭에 있으리니 이것이 이세벨이라고 가리켜 말하지 못하게 되리라 하셨느니라 하였더라'

북이스라엘 사람들에게 바알을 숭배하도록 만든 이세벨, 그의 시신을 개들이 먹어버렸고 그의 시체는 거름 같이 밭에 버려지게 되었다고 성경은 전해주고 있습니다. 거름이라는 단어가 히브리어로 '도멘'인데 '똥'이라는 뜻입니다. 이세벨의 시체가 거름 밭에 던져지는 똥이 되었음을 성경은 알려주고 있습니다. 아합과 이세벨이 북이스라엘 전역에 세운 바알의 신당은 어떻게 되었을까, 왕하 10:26-27절 보시면

'바알의 신당 있는 성으로 가서 바알의 신당에서 목상들을 가져다가 불

사르고 **바알의 목상을 헐며 바알의 신당을 헐어서 변소를 만들었더니** 오늘
까지 이르니라'

바알의 신당은 헐어서 변소가 되었음을 성경은 기록하고 있습니다.
우상 숭배가 얼마나 헛된 것인지 그 결과를 우리는 분명히 인식하고
있어야 하며 우상 숭배와 관련된 것은 어떤 것도 주변에 두지 않도록
해야 하는 이유가 여기에 있습니다. 지난 시간에 하나님의 능력을 경
험한 마술사들이 어떤 결단을 보여주었습니까 행 19:19절 보시기 바
랍니다.

'또 마술을 행하던 많은 사람이 그 책을 모아 가지고 와서 **모든 사람 앞
에서 불사르니** 그 책 값을 계산한즉 은 오만이나 되더라'

성령의 역사를 체험하였던 마술사들은 자발적으로 주술책을 모아
다가 사람들 앞에서 불사르는 모습을 보여주고 있습니다. 우리에게
도 불사름의 결단이 있어야 합니다. 하나님보다 더 의지했던 것들, 특
별히 미신적이고 우상 숭배와 관련된 모든 것을 성령의 불로 태워버
리는 결단이 있어야 할 줄로 믿습니다. 사랑하는 성도 여러분! 우리
가 믿는 하나님은 살아계신 하나님이십니다. 사람이 만든 조각이 어
찌 우리의 생사화복을 주관할 수 있겠습니까, 우리에게 진정 복을 주
시는 분은 하나님이심을 시 115:12-15절은 말씀하고 있습니다.

'**여호와께서 우리를 생각하사 복을 주시되** 이스라엘 집에도 복을 주시고
아론의 집에도 복을 주시며 높은 사람이나 낮은 사람을 막론하고 **여호와를**

경외하는 자들에게 복을 주시리로다 여호와께서 너희를 곧 너희와 너희의 자손을 더욱 번창하게 하시기를 원하노라 **너희는 천지를 지으신 여호와께 복을 받는 자로다'**

우리를 구원하기 위하여 하나뿐인 독생자를 희생제물로 내어주신 하나님, 하나님이 우리의 생명이요 복의 근원 되심을 믿으시면서 하나님만 섬기며 살아가는 우리 모두가 될 수 있기를 주님의 이름으로 축원합니다. 아멘

둘째, 성도로 부름받은 우리는 거룩의 파도를 일으키는 영향력 있는 사람이 되어야 한다는 사실입니다.

사도 바울이 에베소에 머문 기간은 대략 3년 정도 됩니다. 사도 바울 한 사람 때문에 우상의 도시 에베소는 놀라운 변화의 물결이 찾아왔습니다. 23절 보시면

'그 때쯤 되어 이 도로 말미암아 **적지 않은 소동이 있었으니'**

에베소에 소동이 일어나기 시작했음을 성경은 전해주고 있습니다. 무슨 소동일까, 거룩의 파도가 물결치기 시작했음을 성경은 증거하고 있습니다. 사도 바울이 복음을 전해주었을 때 말씀은 하나님의 능력으로 나타나기 시작하였고 성령의 역사가 일어나기 시작했습니다. 말씀의 힘과 권세가 사탄의 견고한 진을 무너뜨리기 시작하였습니다. 거대한 아데미 신전이 세워진 에베소는 악한 영들이 사람들을 지배하고 있었습니다. 에베소 사람들의 우상 숭배가 어느 정도였는가, 에베

소 사람들은 거대한 아데미 신전이 자기들 곁에 있는 것을 자랑스럽게 생각하였습니다. 그런데 사도 바울이 에베소에 들어와 복음을 전해주었습니다. 십자가의 능력을 선포했습니다. 헛된 우상을 버리고 살아계신 하나님께 돌아오라고 진리의 말씀을 전해주었습니다. 영적인 전쟁을 선포한 것입니다. 복음의 능력과 악한 세력과의 충돌이 일어나기 시작했습니다. 말씀의 종과 우상 숭배자들과의 싸움이 일어나기 시작했습니다. 하나님의 나라와 사탄의 견고한 진이 부딪쳤습니다. 악귀들은 데메드리오라는 사람을 앞장세웠습니다. 데메드리오를 중심으로 우상의 형상을 팔아 돈을 챙긴 사람들을 통하여 소동이 일어나게 만들었습니다. 그 장면이 27절에 나옵니다.

'우리의 이 영업이 천하여질 위험이 있을 뿐 아니라 큰 여신 아데미의 신전도 무시 당하게 되고 온 아시아와 천하가 위하는 그의 위엄도 떨어질까 하노라 하더라'

명목상으로는 아데미 여신을 위한다 하지만 속으로는 돈에 대한 탐심 때문이었습니다. 사람들은 데메드리오의 선동에 흥분하기 시작하면서 연극장에 몰려들기 시작하는데 재미있는 현상이 나타나기 시작했습니다. 32절 보시기 바랍니다.

'사람들이 외쳐 어떤 이는 이런 말을, 어떤 이는 저런 말을 하니 **모인 무리가 분란하여 태반이나 어찌하여 모였는지 알지 못하더라**'

왜 모였는지 왜 소란을 피우고 있는지 자기들이 무슨 말을 하고 있는지 영문도 모른 채 두 시간 동안 소리만 지르고 있을 뿐이었습니다. 결국 에베소에 일어난 소동은 서기장의 회유와 경고로 잠잠하게 되었고 사탄의 세력은 패배하였습니다. 복음의 능력이 악한 영과의 싸움에서 승리하게 된 것입니다. 진리의 말씀이 우상 숭배의 힘을 물리치게 된 것입니다. 이 사건이 있은 후 에베소에 어떤 일이 일어났을까, 에베소 사람들이 그토록 자랑스럽게 여기던 아데미 신전은 한 정신병자의 방화로 불타버리고 말았습니다. 아데미 신전이 사라진 에베소에 교회가 세워지기 시작했습니다. 사도 바울의 1, 2, 3차 선교 여정을 통해 유럽과 소아시아에 믿음의 공동체가 생겨나게 되는데 그중에 가장 큰 믿음의 공동체가 에베소 교회입니다. 사도 바울은 에베소에서 일어난 영적 전쟁을 고전 16:8-9절에 기록해 놓았습니다.

'내가 오순절까지 에베소에 머물려 함은 **내게 광대하고 유효한 문이 열렸으나 대적하는 자가 많음이라**'

사도 바울은 십자가의 복음으로 승리했고 말씀의 능력으로 사탄의 진을 무너뜨렸습니다. 거대한 아데미 신전은 정신병자의 방화로 불타 없어져 버렸고 교회가 세워지게 되었습니다. 성령의 능력이 나타나면서 많은 사람들이 주께 돌아오는 구원의 역사가 에베소에 일어나 소아시아에서 가장 큰 믿음의 공동체가 세워지게 되었습니다. 에베소에 일어난 변화를 묵상하면서 고난이 큰 곳에 하나님의 역사도 크게 일어난다는 진리를 깨닫게 되었습니다. 사랑하는 성도 여러분! 영적인 고통을 겪고 계십니까, 십자가를 단단히 붙잡고 끝까지 견디시기 바랍니다. 고난이 큰 곳에 하나님의 역사도 크게 일어난다는 진리 믿으시면서 예수의 이름으로 승리하는 우리 모두가 될 수 있기를 주의 이름으로 축원합니다.

에베소에 일어난 놀라운 변화, 사도 바울 한 사람을 통해 일어났습니다. 설교 준비하면서 **HOLY WAVE**라는 단어를 떠올리게 되었습니다. 사도 바울 한 사람 때문에 우상 숭배의 도시 에베소가 거룩의 파도 속에 잠기게 되었습니다. 아데미 신전이 무너지고 믿음의 공동체 교회가 세워지게 되었습니다. 말씀의 능력으로 사탄의 견고한 진이 무너지게 되었습니다. 사도 바울은 하나님이 사용하신 거룩의 통로였습니다. 이 말씀 듣는 우리도 하나님이 사용하시는 거룩의 통로가 되었으면 좋겠습니다. 예수 믿는 나 한 사람 때문에 성령의 능력이 임하시는 믿음의 가정이 세워져야 합니다. 예수 믿는 나 한 사람 때문에 거룩의 파도가 일어나야 하는 것입니다. 예수 믿는 나 한 사람 때문에 주변 사람들이 하나님의 살아계심을 인정하는 구원의 역사가 일어나야 하는 것입니다.

사도 바울 한 사람 때문에 에베소 도시에 변화의 물결이 일어난 것처럼 한 사람의 영향력으로 도시 전체에 놀라운 변화가 일어난 사건이 있습니다. 15세기 이탈리아의 종교 개혁가 사보나롤라라는 사람이 있었습니다. 사보나롤라가 피렌체라는 도시에 들어가 하나님의 말씀을 전하며 육신의 정욕이 될만한 것들은 예수의 이름으로 불태워 버리라고 외쳤습니다. 말씀을 들은 피렌체 시민들이 성령의 감동하심을 받아 집 안에 감추어 둔 춘화 즉 음란한 그림들을 모두 가지고 나와 불태우기 시작했습니다. 미켈란젤로와 레오나르도 다빈치를 배출한 피렌체는 미술가들이 많이 활동한 도시였는데 당시에는 생계를 위하여 음란한 그림을 파는 미술가들이 있었습니다. 춘화를 은밀히 즐

기던 피렌체 시민들이 사보나롤라가 전하는 말씀을 듣고서 자발적으로 음란한 그림들을 태워버렸습니다. 사보나롤라 한 사람의 영향력으로 거룩의 파도가 피렌체 도시를 덮어 버린 것입니다. 이 시간 HOLY WAVE, 이 단어를 가슴에 새기시기 바랍니다. 예수 믿는 나 한 사람 때문에 우리 가정이 우리 교회가 내가 속한 공동체가 거룩의 파도로 덮이고 있는지 생각하며 선한 영향력을 발휘하는 하나님의 사람 되실 수 있기를 주님의 이름으로 축원합니다. 아멘

　소요가 그치매 바울은 제자들을 불러 권한 후에 작별하고 떠나 마게도냐로 가니라 그 지방으로 다녀가며 여러 말로 제자들에게 권하고 헬라에 이르러 거기 석 달 동안 있다가 배 타고 수리아로 가고자 할 그 때에 유대인들이 자기를 해하려고 공모하므로 마게도냐를 거쳐 돌아가기로 작정하니 아시아까지 함께 가는 자는 베뢰아 사람 부로의 아들 소바더와 데살로니가 사람 아리스다고와 세군도와 더베 사람 가이오와 및 디모데와 아시아 사람 두기고와 드로비모라 그들은 먼저 가서 드로아에서 우리를 기다리더라 우리는 무교절 후에 빌립보에서 배로 떠나 닷새 만에 드로아에 있는 그들에게 가서 이레를 머무니라 그 주간의 첫날에 우리가 떡을 떼려 하여 모였더니 바울이 이튿날 떠나고자 하여 그들에게 강론할새 말을 밤중까지 계속하매 우리가 모인 윗다락에 등불을 많이 켰는데 유두고라 하는 청년이 창에 걸터 앉아 있다가 깊이 졸더니 바울이 강론하기를 더 오래 하매 졸음을 이기지 못하여 삼 층에서 떨어지거늘 일으켜보니 죽었는지라 바울이 내려가서 그 위에 엎드려 그 몸을 안고 말하되 떠들지 말라 생명이 그에게 있다 하고 올라가 떡을 떼어 먹고 오랫동안 곧 날이 새기까지 이야기하고 떠나니라 사람들이 살아난 청년을 데리고 가서 적지 않게 위로를 받았더라 우리는 앞서 배를 타고 앗소에서 바울을 태우려고 그리로 가니 이는 바울이 걸어서 가고자 하여 그렇게 정하여 준 것이라 바울이 앗소에서 우리를 만나니 우리가 배에 태우고 미둘레네로 가서 거기서 떠나 이튿날 기오 앞에 오고 그 이튿날 사모에 들르고 또 그 다음 날 밀레도에 이르니라 바울이 아시아에서 지체하지 않기 위하여 에베소를 지나 배 타고 가기로 작정하였으니 이는 될 수 있는 대로 오순절 안에 예루살렘에 이르려고 급히 감이러라

❿

순례길

지난 시간에 우리는 에베소에서 일어난 소동에 대하여 살펴보았습니다. 사도 바울이 에베소에 들어가 하나님 말씀을 전해주었을 때 그 땅에 영적 충돌이 일어나기 시작했습니다. 사탄은 사도 바울의 말씀 사역을 방해하기 위해 아데미 여신을 숭배하는 사람들을 앞장세워 소동을 일으켰지만 아무런 결과도 만들어 내지 못한 채 서기장에 의하여 해산할 수밖에 없었습니다. 에베소에 일어난 소동은 잠잠하게 되었고 사람의 손으로 만든 우상이 아무런 힘도 발휘하지 못하는 무능함이 증명되었습니다. 소요가 그치자 사도 바울은 이제 에베소를 떠날 때가 되었음을 알게 되었고 3차 선교 여행을 마무리하기 위해 움직이는 장면을 1절에서 보여주고 있습니다.

'소요가 그치매 바울은 제자들을 불러 권한 후에 작별하고 떠나 마게도냐로 가니라'

사도 바울은 에베소를 떠나 마게도냐를 거쳐 수리아로 가고자 하였습니다. 2절에 보면 헬라에 이르게 되는데 헬라는 고린도를 가리키는 것으로 사도 바울은 고린도에서 3개월 정도 머무는 시간을 가지게 됩니다.

'그 지방으로 다녀가며 여러 말로 제자들에게 권하고 **헬라에 이르러**'

사도 바울은 고린도에서 배를 타고 수리아로 가고자 하는 마음이 있었지만 유대인들이 사도 바울을 해치기 위하여 공모를 꾸민다는 사실을 알게 되었고 하는 수 없이 마게도냐로 돌아가는 길을 선택할 수밖에 없었습니다. 3절 보시면

'거기 석 달 동안 있다가 배 타고 수리아로 가고자 할 <u>그 때에 유대인들</u> <u>이 자기를 해하려고 공모하므로</u> 마게도냐를 거쳐 돌아가기로 작정하니'

그때 사도 바울과 함께했던 동역자들의 명단이 4절에 기록이 되어 있습니다.

'<u>**아시아까지 함께 가는 자는**</u> 베뢰아 사람 부로의 아들 소바더와 데살로니가 사람 아리스다고와 세군도와 더베 사람 가이오와 및 디모데와 아시아 사람 두기고와 드로비모라'

베뢰아 사람 소바더와 데살로니가 사람 아리스다고가 나오는데 이들은 누구이며 왜 사도 바울과 함께 가려는 것인가. 베뢰아와 데살로

니가는 사도 바울이 2차 선교 여행 때 복음을 전했던 곳으로 사도 바울을 통하여 예수를 믿게 된 소바더와 아리스다고가 함께 동행하게 되었음을 전해주고 있습니다. 더베 사람 가이오도 등장하는데 더베라는 지역은 사도 바울이 1차 선교 여행 때 복음을 전했던 곳입니다. 또한 아시아 사람 두기고와 드로비모가 동행했다고 나오는데 이들은 3차 선교 여행 때 사도 바울을 통하여 예수를 믿게 된 사람들입니다. 이 사람들이 왜 사도 바울과 함께 예루살렘으로 올라가려 하는가 이들은 각 지역 교회를 대표하는 사역자들로 예루살렘 교회가 어려움을 겪고 있다는 소식을 듣고서 교회에서 모은 구제 헌금을 전달하기 위해 사도 바울과 함께 동참하게 된 것입니다. 그런데, 예상치 못한 사고가 발생하게 됩니다. 사도 바울이 드로아에서 일주일을 머물게 되는데 주일을 맞이하여 사도 바울은 드로아에 있는 성도들과 함께 예배를 드리고 애찬을 나누며 떠나기 전날까지 말씀 전하는 모습을 7절에서 보여주고 있습니다.

'그 주간의 첫날에 우리가 떡을 떼려 하여 모였더니 바울이 이튿날 떠나고자 하여 **그들에게 강론할새 말을 밤중까지 계속하매**'

오늘날로 말하면 말씀 사경회가 열리게 된 것인데 사람들이 많이 모였는지 위층에까지 등불을 켰다고 전해주고 있습니다. 그런데 유두고라는 청년이 창에 걸터앉아 말씀을 듣다가 육신이 피곤하였는지 졸다가 창문에서 떨어져 죽는 예상치 못한 사고가 발생하였습니다. 그 장면이 9절에 나옵니다.

'유두고라 하는 청년이 창에 걸터 앉아 있다가 깊이 졸더니 바울이 강론하기를 더 오래 하며 졸음을 이기지 못하여 삼 층에서 떨어지거늘 일으켜 보니 죽었는지라'

이 사건을 목격하고 사도행전을 기록한 사람이 의사 출신 누가이기 때문에 유두고라는 청년은 실제로 떨어져 죽었다는 사실을 알 수 있습니다. 이 사건으로 말미암아 사도 바울을 포함한 모든 성도들이 시험에 빠질 상황에 놓이게 된 것입니다. 그런데 그 현장에 하나님의 역사가 나타나기 시작했습니다. 10절 보시면 사도 바울은 그 순간에도 믿음으로 선포하며 죽은 청년을 살려내는 놀라운 기적이 일어났습니다.

'바울이 내려가서 그 위에 엎드려 그 몸을 안고 말하되 떠들지 말라 생명이 그에게 있다 하고'

이 사건으로 인하여 드로아의 성도들은 죽은 자도 살리시는 하나님의 능력을 현장에서 목격하는 은혜를 입게 되었습니다. 오늘은 '순례길'이라는 제목 가지고 말씀 나눌 때 다시 세워주시는 하나님의 능력을 삶의 현장에서 체험하는 우리 모두가 될 수 있기를 주님의 이름으로 축원합니다.

첫째, 우리는 말씀으로 사람을 세워주는 사역자가 되어야 한다는 사실입니다.

소동이 잠잠해지자 사도 바울은 에베소를 떠날 때가 되었음을 알게 되었고 예루살렘으로 가는 계획을 세웠습니다. 이렇게 함은 재정적 어려움을 겪고 있는 예루살렘 교회를 돕기 위해 지역 교회를 대표하는 사역자들과 함께 구제 현금을 전달하고 싶은 마음이 있었기 때문입니다. 예루살렘으로 가기 전 사도 바울이 하고 싶은 일이 있었습니다. 제자들의 믿음을 말씀으로 세워주는 일이었습니다. 1-2절 보시면

'소요가 그치매 바울은 **제자들을 불러 권한 후에** 작별하고 떠나 마게도냐로 가니라'

'그 지방으로 다녀가며 **여러 말로 제자들에게 권하고** 헬라에 이르러'

계속해서 '권하다'라는 단어가 나오는 것을 볼 수 있습니다. 사도 바울이 에베소를 떠나기 전 마지막으로 하고 싶었던 사역은 제자들의 믿음을 말씀으로 세워주는 일이었습니다. 말씀을 권한다는 것은 무엇을 의미할까 이것을 알기 위해서는 '권하다'는 단어가 무엇을 의미하는지 살펴볼 필요가 있습니다. '권하다'는 단어는 헬라어로 '파라칼레오'라는 단어인데 '옆에서 도와주다'라는 의미를 가지고 있습니다. 파라칼레오. 여기서 '파라클레토스'라는 단어가 나왔는데 보혜사 성령을 가리킬 때 성경이 사용하는 단어입니다. 보혜사 성령이 하시는 역할이 무엇인가, 요 14:26절에 나와 있습니다.

'**보혜사 곧 아버지께서 내 이름으로 보내실 성령** 그가 너희에게 모든 것을 **가르치고** 내가 너희에게 말한 모든 것을 **생각나게 하리라**'

보혜사 성령이 하시는 일은 말씀을 깨닫게 하는 사역입니다. 말씀의 의미가 무엇인지 알게 하시고 진리를 깨우쳐 주는 사역이 성령이

하시는 일입니다. 성령의 도우심 없이 성경 말씀이 무엇을 의미하는지 알 수 있을까, 불가능합니다. 성령의 도움 없이 말씀으로 은혜받을 수 있을까, 불가능합니다. 왜냐하면 성경의 저자가 바로 성령이시기 때문입니다. 벧후 1:20-21절 보면 성경이 어떻게 기록되었는지 알려주고 있습니다.

'먼저 알 것은 **성경의 모든 예언은 사사로이 풀 것이 아니니 예언은** 언제든지 사람의 뜻으로 낸 것이 아니요 **오직 성령의 감동하심을 받은 사람들이 하나님께 받아 말한 것임이라**'

성경 말씀은 사람의 이성과 지식과 경험을 바탕으로 기록된 책이 아니라는 것입니다. 성경은 오직 성령의 감동하심을 받은 사람들이 하나님께 받아서 기록한 살아 있는 말씀이기 때문에 성령의 조명 없이 우리는 성경의 한 구절도 의미를 깨달을 수 없는 것입니다. 성령을 가리켜 보혜사 성령이라 부르는 이유가 여기에 있습니다. 말씀의 의미가 무엇인지 가르쳐 주시고 깨닫게 하는 것이 성경의 저자인 성령의 사역이라 말할 수 있는데 여기에 중요한 한 가지가 더 있습니다. 요 14:26절 다시 보시면

'**보혜사 곧 아버지께서 내 이름으로 보내실 성령** 그가 너희에게 모든 것을 **가르치고** 내가 너희에게 말한 모든 것을 **생각나게 하리라**'

마지막에 '생각나게 하리라'라는 구절이 나오는데 성령께서 하시는 사역은 말씀의 의미를 가르쳐 주는 것으로 그치는 것이 아니라 말씀

이 생각나게 하심으로 말씀대로 행할 수 있도록 도와주는 것이 보혜사 성령의 역할입니다. 본문을 보면 사도 바울이 에베소를 떠날 때 제자들을 불러 말씀으로 권하였다고 나오고 빌립보, 데살로니가, 베뢰아에 들려서 제자들을 말씀으로 권하는 모습을 보여주고 있습니다. 말씀으로 권하였다는 것이 무엇을 가리키는가, 제자들의 믿음을 말씀 위에 세워주면서 말씀대로 살 수 있도록 도와주었다는 것을 의미합니다. 사도 바울은 에베소에서 빌립보에서 데살로니가에서 베뢰아에서 복음을 전하는 일에 최선을 다했습니다. 특히 두란노 서원에서 말씀을 가르치는 훈련 목회에 집중하였습니다. 그런데 사도 바울은 말씀을 가르치는 사역으로 끝난 것이 아니라 제자들이 말씀대로 행할 수 있도록 도와주는 일에도 최선을 다했음을 성경은 증거하고 있습니다. 사도 바울을 보면서 축복의 통로가 된다는 것이 무엇을 의미하는지 깨닫게 되었습니다. 축복의 통로가 된다는 것은 사람들의 믿음을 말씀 위에 세워주는 것, 말씀대로 살 수 있도록 도와주는 것입니다. 3절 보시면 사도 바울이 형제들의 믿음을 말씀 위에 세워주기 위해 최선을 다하는 모습을 볼 수 있습니다.

'**거기 석 달 동안 있다가** 배 타고 수리아로 가고자 할 그 때에 유대인들이 자기를 해하려고 공모하므로 마게도냐를 거쳐 돌아가기로 작정하니'

'거기 석 달 동안 있다가' 사도 바울이 3달 동안 머물렀던 곳은 고린도입니다. 사도 바울은 고린도에 머무는 3개월의 시간을 의미 없이 보내지 않았습니다. 아굴라와 브리스길라로부터 로마에 있는 성도들의 형편을 전해 들은 사도 바울은 그들을 말씀으로 세워주기 위해 서신서를 쓰게 되는데 그 서신서가 바로 로마서입니다. 성경이 사도 바울이 고린도에 머무른 3달의 시간에 관심을 가지는 이유, 사도 바울의 복음에 대한 이해가 담겨 있는 로마서를 기록하는 시간이었기 때문입니다. 로마에도 예수 믿는 성도들의 모임이 있는데 그들의 신앙이 점점 약해지고 있다는 안타까운 이야기를 듣게 되었습니다. 왜냐하면 로마 교회는 말씀을 가르치는 목회자가 없었기 때문입니다. 로마에도 교회가 세워지게 되었지만 로마 교회는 평신도가 중심이 되어 세워진 공동체였습니다. 말씀을 가르치는 사도가 없다 보니 자연스럽게 성도들의 믿음이 약해질 수밖에 없었고 교회가 영적으로 성장하는 데 한계가 올 수밖에 없었습니다. 이 소식을 들은 사도 바울은 고린도에 머문 3개월의 시간 동안 로마 성도들의 믿음을 어떻게 하면 말씀으로 세워줄 수 있을까 고민하는 가운데 로마서를 쓰게 된 것입니다. 믿음으로 의롭다 함을 받기 위해서는 율법을 지켜야 하며 율법을 온전히 지키는 자가 예수에 대한 믿음과 함께 의롭다 함을 받을 수 있다고 오해하는 유대인 출신 성도들을 위해 사도 바울은 롬 1:17절 말씀을 기록하였습니다.

'복음에는 하나님의 의가 나타나서 믿음으로 믿음에 이르게 하나니 기록된 바 **오직 의인은 믿음으로 말미암아 살리라** 함과 같으니라'

어려운 상황 속에서 믿음을 지키고 있는 로마의 성도들을 생각하며 사도 바울은 롬 8:35-39절 말씀을 로마서에 담아 전해주었습니다.

'**누가 우리를 그리스도의 사랑에서 끊으리요** 환난이나 곤고나 박해나 기근이나 적신이나 위험이나 칼이랴 기록된 바 우리가 종일 주를 위하여 죽임을 당하게 되며 도살 당할 양 같이 여김을 받았나이다 함과 같으니라 **그러나 이 모든 일에 우리를 사랑하시는 이로 말미암아 우리가 넉넉히 이기느니라** 내가 확신하노니 사망이나 생명이나 천사들이나 권세자들이나 현재 일이나 장래 일이나 능력이나 높음이나 깊음이나 다른 어떤 피조물이라도 **우리를 우리 주 그리스도 예수 안에 있는 하나님의 사랑에서 끊을 수 없으리라'**

사도 바울이 로마서를 기록한 이유는 로마에 있는 성도들의 믿음을 말씀으로 세워주기 위함이었습니다. 말씀으로 사람을 세워주는 사도 바울, 하나님이 그 시대에 사용한 축복의 통로였습니다. 사랑하는 성도 여러분! 주변에 영적으로 낙심하거나 시험 들어 힘들어하는 분들 계십니까. 롬 8:26절 말씀으로 세워주시기 바랍니다.

'이와 같이 성령도 **우리의 연약함을 도우시나니** 우리는 마땅히 기도할 바를 알지 못하나 **오직 성령이 말할 수 없는 탄식으로 우리를 위하여 친히 간구하시느니라'**

군에 가 있는 아들이나, 부모와 멀리 떨어져 고생하는 자녀 있습니까, 창 28:15절 말씀으로 세워주시기 바랍니다.

'**내가 너와 함께 있어 네가 어디로 가든지 너를 지키며 너를 이끌어 이 땅으로 돌아오게 할지라** 내가 네게 허락한 것을 다 이루기까지 너를 떠나지 아니하리라 하신지라'

제 경험을 말씀드리면 30대 중반에 처음으로 담임목사 청빙 제안을 받고 들떠 있다가 결과적으로 안 되었을 때 얼마나 낙심하고 실망이 되는지 기도가 제대로 나오지 않았습니다. 그런데 새벽 기도 마치고 책상에 앉아 성경을 펼쳤는데 그때 하나님 주신 말씀이 벧전 5:6절이었습니다.

'그러므로 **하나님의 능하신 손 아래에서 겸손하라 때가 되면 너희를 높이시라라**'

하나님이 말씀으로 저를 세워주지 않았다면 상당히 힘든 시간을 보내야 했을 것입니다. 사랑하는 성도 여러분, 우리의 믿음을 견고히 세워주는 것은 오직 하나님의 말씀밖에 없습니다. 인생이 힘들다 느껴질 때, 믿음이 흔들릴 때 우리가 붙잡아야 할 것은 말씀입니다. 말씀 붙잡고 살아가는 여러분들을 하나님께서 능력의 말씀으로 붙들어 주실 줄 믿습니다. 사도 바울이 제자들을 말씀으로 권면하였던 것처럼 주변 사람들을 말씀으로 위로하고 세워주는 여러분들을 통하여 회복의 역사 일어나기를 주님의 이름으로 축원합니다. 아멘

둘째, 하나님 앞에 자신을 준비시키는 시간이 필요하다는 사실입니다.

사도 바울이 지역 교회를 대표하는 사역자들과 함께 예루살렘 교회에 전달할 구제 헌금을 가지고 가는 여정에서 갑자기 사도 바울이 이상한 제안을 하게 됩니다. 13절 보시면

'우리는 앞서 배를 타고 앗소에서 바울을 태우려고 그리로 가니 **이는 바**

울이 걸어서 가고자 하여 그렇게 정하여 준 것이라'

사도 바울은 동역자들을 배에 태워 앗소로 먼저 보내고 자신은 걸어서 가겠다고 제안하였습니다. 홀로 걸어서 앗소에 가겠다는 것입니다. 사도 바울의 제안은 당시 이해가 되지 않는 말이었음을 16절에서 확인할 수 있습니다.

'바울이 아시아에서 지체하지 않기 위하여 에베소를 지나 배 타고 가기로 작정하였으니 이는 **될 수 있는 대로 오순절 안에 예루살렘에 이르려고 급히 감이러라**'

사도 바울은 가능한 오순절 안에 예루살렘에 도착하기 위해 발걸음을 재촉하며 이동하는 중이었습니다. 그런데 갑자기 사도 바울은 일행을 배에 태워 보내고 자신은 걸어서 앗소로 갈 것을 제안하였습니다. 왜 사도 바울은 걸어서 가겠다는 것인지 성경은 그 이유를 기록해 놓지 않았기에 정확한 사유는 알 수 없지만 짐작할 수 있는 바가 있습니다. 예루살렘으로 가는 길은 단순히 구제 현금을 전달하려는 것이 전부가 아니었습니다. 사도 바울은 지역 교회가 모은 구제 현금을 예루살렘 교회에 전달하고 난 후 세계의 심장부라 할 수 있는 로마에 가서 복음을 전하고 싶은 비전을 품고 있었습니다. 하지만 예루살렘으로 올라가는 길에 고난과 핍박이 기다리고 있음을 알고 있었습니다. 사도 바울이 에베소 장로들과의 마지막 고별에서 무엇을 고백하였는가, 행 20:22-24절 보시면

'보라 이제 나는 성령에 매여 **예루살렘으로 가는데 거기서 무슨 일을 당할는지 알지 못하노라** 오직 성령이 각 성에서 내게 증언하여 **결박과 환난이 나를 기다린다** 하시나 내가 달려갈 길과 **주 예수께 받은 사명** 곧 하나님의 은혜의 복음을 증언하는 일을 마치려 함에는 나의 생명조차 조금도 귀한 것으로 여기지 아니하노라'

사도 바울은 성령에 매여 기도하는 사람이기에 알고 있었습니다. 예루살렘으로 가는 길에는 고난과 핍박이 기다리고 있으며 결박과 환난을 당할 것을 알고 있었습니다. 하지만 사도 바울은 복음을 전하는 일에 생명을 바친 사역자였기에 하나님 주신 사명 감당하기 위해 자신을 준비시키는 시간이 필요했습니다. 사도 바울에게는 기도의 시간이 필요했던 것이고 그래서 사도 바울은 홀로 걸어서 앗소까지 가고 싶었던 것입니다. 13절 보시면

'우리는 앞서 배를 타고 앗소에서 바울을 태우려고 그리로 가니 이는 **바울이 걸어서 가고자 하여** 그렇게 정하여 준 것이라'

사도 바울이 걸어서 가고자 하는 거리는 약 40km 정도 됩니다. 40km 정도면 아마도 이틀 정도 시간이 필요한 거리인데 사도 바울은 오순절까지 예루살렘에 도착해야 할 일정을 알면서도 홀로 걷는 시간을 가졌습니다. 기도의 시간이 필요했던 것 같습니다. 예루살렘으로 가는 길이 비록 결박과 환난이 기다린다 할지라도 주신 사명 끝까지 감당하기 위해서는 자신을 준비시키는 시간이 필요했던 것입니다. 사도 바울이 홀로 걸었던 길, 자신을 준비시키는 시간이었고 성령과 함

께 동행하며 영적으로 채움 받는 시간이었습니다. 때로 우리에게도 홀로의 시간이 필요하지 않나 생각됩니다. 요즘 한국 사람들이 많이 가는 여행 중의 하나가 프랑스 생쟝부터 시작해서 스페인 산티아고까지 800km를 걷는 순례길이 아닌가 생각됩니다. 열두 제자 중 한 사람인 야고보 사도가 예루살렘에서부터 스페인까지 복음을 전하기 위해 걸어갔던 길인데 산티아고 순례길은 야고보의 무덤이 있는 콤포스텔라에서 끝이 나게 됩니다. 하나님 기회 주시면 언젠가 저도 순례길을 한번 걸어보고 싶은 마음이 있습니다. 종교개혁 주일에 오셔서 말씀을 전해주셨던 박동현 목사님께서도 그 길을 한 달 동안 걸으셨다고 하시면서 순례길을 걷는 동안 나를 비우고 하나님으로 채워지는 은혜를 경험하셨다는 간증을 들은 적이 있습니다. 속도의 전쟁 속에 살아가는 우리에게 때로 주님과 함께 순례길을 걷는 시간이 필요하지 않을까 생각됩니다. 모든 것을 내려놓고 말씀의 깊은 묵상과 기도하는 마음으로 걷는 순례길, 내려놓음 속에 세워주시는 성령의 손길이 임하게 될 것이며 비움 속에 채워주시는 주의 은혜를 경험하시면서 하나님과 행복한 인생길을 걸어가는 우리 모두가 될 수 있기를 주님의 이름으로 축원합니다. 아멘 바울이 밀레도에서 사람을 에베소로 보내어 교회 장로들을 청하니 오매 그들에게 말하되 아시아에 들어온 첫날부터 지금까지 내가 항상 여러분 가운데서 어떻게 행하였는지를 여러분도 아는 바니 곧 모든 겸손과 눈물이며 유대인의 간계로 말미암아 당한 시험을 참고 주를 섬긴 것과 유익한 것은 무엇이든지 공중 앞에서나 각 집에서나 거리낌이 없이 여러분에게 전하여 가르치고 유대인과 헬라인들에게 하나님께 대한 회개와 우리 주 예수 그리스도께 대한 믿음을 증언한 것이라 보라 이제 나는 성령에 매여 예루살렘으로 가는데 거기서 무슨 일을 당할는지 알지 못하노라 오직 성령이 각 성에서 내게 증언하여 결박과 환난이 나를 기다린다 하시나 내가 달려갈 길과 주 예수께 받은 사명 곧 하나님의 은혜의 복음을 증언하는 일을 마치려 함에는 나의 생명조차 조금도 귀한 것으로 여기지 아니하노라 보라 내가 여러분 중에 왕래하며 하나님의 나라를 전파하였으나 이제는 여러분이 다 내 얼굴을 다시 보지 못할 줄 아노라 그러므로 오늘 여러분에게 증언하거니와 모든 사람의 피에 대하여 내가 깨끗하니 이는 내가 꺼리지 않고 하나님의 뜻을 다 여러분에게 전하였음이라 여러분은 자기를 위하여 또는 온 양 떼를 위하여 삼가라 성령이 그들 가운데 여러분을 감독자로 삼고 하나님이 자기 피로 사신 교회를 보살피게 하셨느니라 내가 떠난 후에 사나운 이리가 여러분에게 들어와서 그 양 떼를 아끼지 아니하며 또한 여러분 중에서도 제자들을 끌어 자기를 따르게 하려고 어그러진 말을 하는 사람들이 일어날 줄을 내가 아노라 그러므로 여러분이 일깨어 내가 삼 년이나 밤낮 쉬지 않고 눈물로 각 사람을 훈계하던 것을 기억하라 지금 내가 여러분을 주와 및 그 은혜의 말씀에 부탁하노니 그 말씀이 여러분을 능히 든든히 세우사 거룩하게 하심을 입은 모든 자 가운데 기업이 있게 하시리라 내가 아무의 은이나 금이나 의복을 탐하지 아니하였고 여러분이 아는 바와 같이 이 손으로 나와 내 동행들이 쓰는 것을 충당하여 범사에 여러분에게 모본을 보여준 바와 같이 수고하여 약한 사람들을 돕고 또 주 예수께서 친히 말씀하신 바 주는 것이 받는 것보다 복이 있다 하심을 기억하여야 할지니라 이 말을 한 후 무릎을 꿇고 그 모든 사람들과 함께 기도하니 다 크게 울며 바울의 목을 안고 입을 맞추고 다시 그 얼굴을 보지 못하리라 한 말로 말미암아 더욱 근심하고 배에까지 그를 전송하니라

사명자

성경에 보면 하나님의 위대한 사역을 감당한 주의 종이 일생을 마감하면서 사람들 앞에서 고별사를 전하는 모습을 볼 수 있습니다. 대표적인 사람을 소개한다면 여호수아가 생을 마감하기 전 이스라엘 백성에게 남긴 고별사가 성경에 기록이 되어 있습니다. 가나안 정복이라는 위대한 역사를 이룬 여호수아, 그는 어떤 고별사를 남겼을까. 수 24:14-15절에 나옵니다.

'**그러므로 이제는 여호와를 경외하며 온전함과 진실함으로 그를 섬기라** 너희의 조상들이 강 저쪽과 애굽에서 섬기던 신들을 치워 버리고 **여호와만 섬기라** 만일 여호와를 섬기는 것이 너희에게 좋지 않게 보이거든 너희 조상들이 강 저쪽에서 섬기던 신들이든지 또는 너희가 거주하는 땅에 있는 아모리 족속의 신들이든지 너희가 섬길 자를 오늘 택하라 **오직 나와 내 집은 여호와를 섬기겠노라** 하니'

온전히 하나님만 섬길 것을 부탁하며 눈을 감았던 여호수아, 우리가 기억해야 할 고별사가 아닐까 생각됩니다. 이스라엘 역사 가운데 제사장, 선지자, 사사로 유일하게 삼중직을 감당했던 사무엘은 어떤 고별사를 남겼을까. 삼상 12:3절 보시면

'내가 여기 있나니 여호와 앞과 그의 기름 부음을 받은 자 앞에서 내게 대하여 증언하라 **내가 누구의 소를 빼앗았느냐 누구의 나귀를 빼앗았느냐 누구를 속였느냐 누구를 압제하였느냐 내 눈을 흐리게 하는 뇌물을 누구의 손에서 받았느냐** 그리하였으면 내가 그것을 너희에게 갚으리라 하니'

왕이 없던 시절 이스라엘 민족을 영적으로 이끌었던 사무엘은 직분을 이용하여 누구의 소와 나귀를 빼앗은 일이 없다고 고백하며 하나님의 종으로 정직하게 살았던 자신의 지난날을 고별사로 남겼습니다. 오늘 우리가 살펴보게 될 본문은 사도 바울이 에베소의 장로들을 만나 마지막으로 전해주었던 고별 설교의 내용입니다. 사도 바울은 오순절까지 예루살렘에 도착해야 하는 일정으로 인해서 에베소에 들르지 못했습니다. 하지만 3년 동안 최선을 다하여 훈련 목회를 감당하여 믿음의 공동체가 세워진 에베소이기에 그냥 지나칠 수는 없었습니다. 17절 보시면 사도 바울이 밀레도에서 사람을 보내어 에베소 교회의 장로들을 청하여 만나는 장면을 보여주고 있습니다.

'**바울이** 밀레도에서 사람을 **에베소로 보내어 교회 장로들을 청하니**'

사도 바울의 고별 설교가 18절부터 시작됩니다.

'오매 그들에게 말하되 **아시아에 들어온 첫날부터 지금까지 내가 항상 여러분 가운데서 어떻게 행하였는지를 여러분도 아는 바니**'

첫날부터 지금까지 어떻게 행하였는지를 당신들은 알고 있다고 사도 바울은 말하고 있는데 '행하다'는 단어는 헬라어로 '기노마이'라고 합니다. 말하고 행한 모든 것을 가리키는 단어인데 사도 바울은 단지 하나님의 말씀을 전하고 가르치는 사역자가 아니라 삶으로 복음을 증거하는 신실한 주의 종이었음을 알 수 있습니다. 사도 바울이 에베소에서 사역할 때 어떤 마음으로 섬겼는가, 이것을 알려주는 것이 19절에 나옵니다.

'곧 **모든 겸손과 눈물이며** 유대인의 간계로 말미암아 당한 시험을 참고 주를 섬긴 것과'

사도 바울은 말씀을 가르치는 위치에 있었지만 겸손의 마음을 놓지 않았으며 성도들을 위해 진심 어린 눈물의 기도로 섬겨준 좋은 목회자였습니다. 사도 바울은 앞으로 있게 될 일에 대하여 에베소의 장로들에게 전해주는데 그 장면이 22-24절에 나옵니다.

'보라 이제 나는 성령에 매여 예루살렘으로 가는데 거기서 무슨 일을 당할는지 알지 못하노라 **오직 성령이 각 성에서 내게 증언하여 결박과 환난이 나를 기다린다 하시나** 내가 달려갈 길과 주 예수께 받은 사명 곧 하나님의 은혜의 복음을 증언하는 일을 마치려 함에는 나의 생명조차 조금도 귀한 것으로 여기지 아니하노라'

사도 바울은 성령에 매여 사는 사람이기에 알고 있었습니다. 예루살렘으로 올라가는 길에 환난과 핍박이 기다리고 있음을 알고 있었습니다. 하지만 그런 위험이 사도 바울의 발걸음을 뒤로 물러서게 할 수는 없었습니다. 왜냐하면 하나님께 받은 사명, 복음을 전하는 일에 생명을 바친 사역자였기에 환난과 결박이 기다리고 있는 예루살렘 길이 두렵지 않았습니다. 사도 바울은 에베소의 장로들에게 고별사를 전하며 마음 아픈 한마디를 전해주게 되는데 25절 마지막 보시면

'이제는 여러분이 다 내 얼굴을 다시 보지 못할 줄 아노라'

예루살렘으로 가는 길이 순교의 길이 될 수 있음을 전해주면서 마지막으로 에베소의 장로들에게 중요한 부탁 몇 가지를 전해주게 됩니다. 28절 보시면

'여러분은 자기를 위하여 또는 온 양 떼를 위하여 삼가라 성령이 그들 가운데 여러분을 감독자로 삼고 하나님이 자기 피로 사신 교회를 보살피게 하셨느니라'

하나님 맡기신 양 떼들을 잘 돌보아야 할 것이고 피로 값 주고 사신 교회를 지켜내는 것이 장로의 거룩한 사명임을 사도 바울은 알려주었습니다. 사도 바울이 이런 부탁을 하게 된 것은 이유가 있습니다. 앞으로 에베소 교회가 영적으로 힘들어지는 일이 생기게 될 것을 알고 있었기 때문입니다. 29-30절 보시면

'내가 떠난 후에 사나운 이리가 여러분에게 들어와서 그 양 떼를 아끼지 아니하며 또한 여러분 중에서도 제자들을 끌어 자기를 따르게 하려고 어그러진 말을 하는 사람들이 일어날 줄을 내가 아노라'

이단의 침투와 공동체의 내적 분열로 인해 영적으로 흔들릴 수 있지만 그럴 때일수록 교회와 성도들을 보살피고 지켜내야 할 책임이 장로들에게 있음을 알려주면서 사도 바울은 작별 인사를 하고 떠나게 됩니다. 36절 보시면

'이 말을 한 후 무릎을 꿇고 그 모든 사람들과 함께 기도하니'

실제로 사도 바울은 더 이상 에베소의 성도들을 만나지 못했고 예루살렘에서 로마로 끌려가 순교의 피를 흘리며 생을 마감하게 됩니다. 오늘은 **'사명자'**라는 제목 가지고 주님의 몸 된 교회를 섬기는 직분자로 부름받은 우리를 향한 하나님의 말씀을 가슴에 새기는 소중한 시간 가져보기 원합니다.

첫째, 남의 유익을 위하여 자신의 권리를 포기할 수 있어야 한다는 사실입니다.

사도 바울의 고별사에서 제일 먼저 등장하는 것은 겸손이라는 단어입니다. 19절 보시면

'곧 모든 **겸손과 눈물이며** 유대인의 간계로 말미암아 당한 시험을 참고 주를 섬긴 것과'

사도 바울은 두란노 서원에서 말씀을 가르치는 사도였고 에베소 교회를 세운 목회자였으며 우상 숭배의 도시에 놀라운 성령의 역사를 일으킨 능력의 사역자였습니다. 하지만 사도 바울의 가슴 속에 늘 품고 있는 마음이 있었으니 겸손의 마음이었습니다. 목회가 잘 될 때 사역의 현장에서 좋은 결과가 나타나기 시작할 때 사람들의 칭찬 소리가 들리기 시작할 때 주의 종들은 자칫 자신을 드러내고 싶을 때가 있습니다. 조심해야 할 때입니다. 사도 바울이 에베소에서 감당했던 사역은 어느 선교 현장보다 놀라운 열매를 맺었습니다. 두란노 서원에서 말씀으로 제자들을 양육하며 훈련 목회가 뿌리를 내리기 시작했습니다. 사도 바울이 가지고 있던 손수건을 병든 사람에게 얹으면 치유의 기적이 일어났고 악귀도 떠나가는 성령의 역사가 나타났습니다. 아데미 여신을 숭배하던 에베소에 거룩의 파도가 일어나기 시작했고 많은 사람이 우상 숭배를 버리고 하나님께로 돌아오는 구원의 역사가 일어나기 시작했습니다. 이 모든 변화의 중심에 사도 바울이라는 능력의 종이 있었습니다. 하지만 사도 바울은 결코 사람이 드러나지 못하도록 십자가 뒤에 자신을 감추는 겸손의 마음을 잃지 않았습니다. 사도 바울이 품고 있던 겸손이 무엇일까. 두 가지로 생각해 볼 수 있습니다. 첫째는 하나님이 하셨음을 고백하는 믿음입니다. 수고는 사람이 하였어도 하나님이 하셨음을 자랑하는 것이 주의 종의 바른 자세입니다. 사람의 수고와 열심과 땀과 눈물이 사역 현장에 있다 할지라도 사람이 드러나지 않도록 하나님이 하셨음을 고백하는 것이 사역자의 마땅한 자세입니다. 둘째는 다른 사람의 유익을 위해 자신의 권리를 내려놓는 것이 겸손입니다. 우리는 때로 겸손을 잘못 이해하는 경향이 있습니다. 무엇인가를 부탁받으면 제가 할 수 있을까요. 많이 부족한데 하면서 거절하는 것을 우리는 겸손으로 이해하고 있습니다. 그런데 성경이 말씀하는 겸손은 그런 것이 아닙니다. 자신이 누릴 수 있는 권리가 있음에도 불구하고 사람들의 유익을 위하여 나의 권리를 포기하는 것. 이것이 성경이 말씀하는 겸손입니다. 20절 보시기 바랍니다.

'<u>유익한 것은 무엇이든지</u> 공중 앞에서나 각 집에서나 거리낌이 없이 여러분에게 전하여 가르치고'

사도 바울은 유익한 것이라면 무엇이든 전해주고 가르치기 위해 노력하였습니다. 두란노 서원에서 2년 동안 말씀을 가르쳤다면 제자들도 많이 생겨났을 것입니다. 에베소에서 3년 동안 목회하며 교회를 세웠다면 성도들도 많이 생겨났을 것입니다. 목회자로서 이제는 인정받고 사람들의 대접 받을만하지만 사도 바울은 자신이 누릴 수 있는 권리를 내려놓고 성도들의 유익을 위한 것이라면 무엇이든지 전하여 주고 싶어 하는 마음, 이것이 성경에서 말씀하는 겸손입니다. 우상 숭배의 도시 에베소에 복음을 전하는 것이 쉬운 일이었을까요. 죄로 오염된 땅에 믿음의 공동체를 세우는 것이 쉬운 일이었을까요. 어떻게 이런 일이 가능할 수 있었을까. 사도 바울은 고전 9:12절에서 고백하고 있습니다.

'다른 이들도 너희에게 이런 권리를 가졌거든 하물며 우리일까보냐 <u>그러나 우리가 이 권리 를 쓰지 아니하고 범사에 참는 것은 그리스도의 복음에 아무 장애가 없게 하려 함이로다</u>'

사랑하는 성도 여러분! 우리 모두 겸손의 마음을 품고 다른 사람들에게 유익을 끼칠 수 있는 참된 그리스도인이 되었으면 좋겠습니다. 우리가 누리고 있는 구원의 기쁨, 어떻게 우리가 하나님 주신 기쁨을 누릴 수 있을까. 빌 2:5-8절 말씀 보시기 바랍니다.

　'너희 안에 이 마음을 품으라 곧 <u>그리스도 예수의 마음</u>이니 그는 근본 하나님의 본체시나 <u>하나님과 동등됨을 취할 것으로 여기지 아니하시고 오히려 자기를 비워</u> 종의 형체를 가지사 사람들과 같이 되셨고 사람의 모양으로 나타나사 <u>자기를 낮추시고 죽기까지 복종하셨으니 곧 십자가에 죽으심이라</u>'

　하늘 보좌에서 누리실 수 있는 영광과 신적 권리를 내려놓으시고 이 땅에 오셔서 십자가에서 모든 것을 쏟아주신 주님의 겸손이 우리의 구원이 되었다고 성경은 증거하고 있습니다. 우리는 예수를 구주로 믿는 그리스도인입니다. 세상 사람들이 자신의 권리를 포기하지 않고 오히려 다른 사람들의 유익까지 빼앗고자 할 때 예수 믿는 우리는 다른 사람의 유익을 위해 나의 권리를 포기할 수 있는 겸손한 사람이 되어야 합니다. 그래야 우리의 섬김을 통해 하나님의 나라가 임하는 것이며 우리의 겸손이 디딤돌이 되어 사람들이 구원에 이를 수 있는 기쁨을 누릴 수 있는 것입니다. 겸손의 마음을 품고 다른 사람의 유익을 위하여 나의 권리를 내려놓는 자가 세상과 타협하지 않는 멋진 인생 살 수 있는 것입니다. 22절 보시면 사도 바울이 이야기합니다. 나는 성령에 매여 예루살렘으로 가는데 거기서 무슨 일을 당할는지 알 수 없다고. 그런데 사도 바울이 알고 있는 한 가지가 있었습니다.

'보라 이제 나는 성령에 매여 예루살렘으로 가는데 **거기서 무슨 일을 당할는지 알지 못하노라**'

23절 보시면 **'오직 성령이 각 성에서 내게 증언하여 결박과 환난이 나를 기다린다 하시나'** 예루살렘으로 올라가는 길에 결박과 환난이 기다리고 있음을 성령이 알려 주셨다고 사도 바울은 고백하고 있습니다. 실제로 사도 바울이 예루살렘에 올라갔을 때 아가보라는 선지자가 앞으로 일어날 일을 구체적으로 보여주는 장면이 행 21:11절에 나옵니다.

'우리에게 와서 바울의 띠를 가져다가 자기 수족을 잡아매고 말하기를 **성령이 말씀하시되** 예루살렘에서 유대인들이 이같이 **이 띠 임자를 결박하여 이방인의 손에 넘겨주리라** 하거늘'

사람들이 어떻게 하였을까요, 사도 바울을 말렸습니다. 지금은 피하는 것이 좋다고 간절히 권고하였습니다. 하지만 사도 바울의 의로운 고집을 꺾을 수는 없었습니다. 24절에서 사도 바울은 고백합니다.

'내가 달려갈 길과 주 예수께 받은 사명 곧 **하나님의 은혜의 복음을 증언하는 일을 마치려 함에는 나의 생명조차 조금도 귀한 것으로 여기지 아니하노라**'

사도 바울은 왜 고집을 꺾지 않았을까, 사명 때문입니다. 사명을 감당하는 것이 주의 종이 걸어가야 할 길이라고 사도 바울은 고백하고 있습니다. 핍박과 고난이 기다리고 있지만 나의 섬김이 다른 사람들의 구원이 될 수 있다면 이것이 하나님의 뜻이라면 자신은 그 길을 가겠다는 사도 바울, 의로운 고집쟁이입니다. 주님께서 우리의 구원을 위하여 하늘 보좌의 영광을 포기하신 것처럼 우리도 다른 사람의 유익을 위해 나의 권리를 내려놓는 겸손의 사람 되어 하나님께는 영광을 사람들에게는 기쁨을 줄 수 있는 축복의 통로 될 수 있기를 주님의 이름으로 축원합니다. 아멘

둘째, 교회와 성도를 돌보고 지켜야 할 책임이 우리에게 있다는 사실입니다.

에베소의 장로들과 작별 시간을 보내고 있던 사도 바울은 마지막으로 무엇인가를 부탁하게 되는데 무엇을 부탁하였는가. 28절에 나옵니다.

'여러분은 자기를 위하여 모든 온 양 떼를 위하여 삼가라 성령이 그들 가운데 여러분을 감독자로 삼고 하나님이 자기 피로 사신 교회를 보살피게 하셨느니라'

감독자는 교회의 장로들을 가리키는 것으로 돌보는 자, 살피는 자란 뜻입니다. 사도 바울이 에베소의 장로들에게 부탁한 것은 두 가지였습니다.

1. 목양 사역

28절에 나오는 삼가라는 단어는 주의하라는 의미인데 하나님께서 맡기신 성도들을 주의 깊게 살피는 목양 사역에 힘써줄 것을 사도 바울이 부탁하였습니다. 교회 직분자들이 감당해야 할 사역이 바로 이

것입니다. 교회 행정을 돌보는 것도 중요하고 부서 사역을 돌보는 것도 중요하지만 무엇보다 성도를 돌보는 것이 직분자의 중요한 사역임을 우리는 잊어서는 안 됩니다. 직분자들은 무엇보다 사람을 돌보는 사역자가 되어야 합니다. 부서 사역이 헌신의 전부가 되어서는 안 되며 그보다 중요한 우선순위가 성도를 돌보는 일이어야 함을 성경은 말씀하고 있습니다.

2. 교회

사도 바울은 에베소 장로들에게 교회를 부탁하면서 하나님이 자기 피로 사신 교회라는 표현을 쓰고 있습니다. 교회는 하나님이 예수의 핏값을 주고 사신 믿음의 공동체이기 때문에 그 소중함을 알고 교회를 돌보는 것이 직분자의 사명임을 성경은 증거하고 있습니다. 사도 바울은 왜 이런 부탁을 하는 것일까. 그 이유가 29-30절에 나옵니다.

'내가 떠난 후에 사나운 이리가 여러분에게 들어와서 그 양 떼를 아끼지 아니하며 또한 여러분 중에서도 제자들을 끌어 자기를 따르게 하려고 어그러진 말을 하는 사람들이 일어날 줄을 내가 아노라'

앞으로 교회 안에 이단의 무리가 들어와 성도들을 미혹할 것이며 교회를 혼란스럽게 만들 것을 사도 바울이 알려 주었습니다. 실제로 에베소 교회에 이단이 들어와 잘못된 교리를 가르치면서 교회를 혼란스럽게 만들었는데 사도 바울의 권면을 잊지 않고 있던 에베소 교회 장로들은 거짓 사도들을 물리치고 교회를 지켜낸 사실에 대하여 주님이 칭찬하시는 장면이 계 2:2절에 나옵니다.

'내가 네 행위와 수고와 네 인내를 알고 또 **악한 자들을 용납하지 아니**
한 것과 자칭 사도라 하되 아닌 자들을 시험하여 그의 거짓된 것을 내가
드러낸 것과'

궁금했습니다. 에베소의 장로들은 이렇게 이단을 물리칠 수 있었을
까, 그 답을 32절에서 찾아볼 수 있습니다.

'지금 내가 여러분을 주와 및 **그 은혜의 말씀에 부탁하노니 그 말씀이**
여러분을 능히 든든히 세우사 거룩하게 하심을 입은 모든 자 가운데 기업
이 있게 하시리라'

사도 바울은 에베소 교회를 은혜의 말씀에 부탁한다고 이야기하고
있습니다. 무엇을 의미하는가. 성도들의 믿음을 말씀으로 세워주어
야 한다고, 성도들의 믿음이 말씀 위에 서야 교회가 바로 설 수 있다
고 사도 바울은 알려주었습니다. 결론적으로 사도 바울은 우리의 믿
음을 세우는 것은 말씀밖에 없다는 사실을 강조하고 있습니다. 이 장
면을 보면서 우리의 믿음이 진리의 말씀 위에 바로 설 때 교회가 견고
히 살 수 있으며 말씀 위에 세워진 교회가 성령의 능력이 나타나는 믿
음의 공동체가 될 수 있음을 알게 되었습니다. 지난 시간에 말씀으로
세워주는 사람이 축복의 통로가 될 수 있다는 메시지를 나누었는데
구역장 성경공부 시간에 문자 릴레이를 한번 해보라고 제안하였습니
다. 구역원 중에 힘든 시간을 보내는 분이 있다면 집사님을 위하여 롬
8:28절 말씀 붙들고 기도하고 있다고 힘을 내시라는 문자를 보내라
고 권면하였습니다.

'우리가 알거니와 **하나님을 사랑하는 자** 곧 그의 뜻대로 부르심을 입은 자들에게는 **모든 것이 합력하여 선을 이루느니라**'

그 문자를 받은 집사님이 구역 안에 있는 다른 분을 위해 문자로 말씀을 보내는데 예를 들어 요한 삼서 2절,

'사랑하는 자여 **네 영혼이 잘됨 같이 네가 범사에 잘되고 강건하기를 내가 간구하노라**'

이 말씀 가지고 내가 위하여 기도하고 있다고 문자를 보내는 것입니다. 서로가 서로를 말씀으로 세워줄 때 구역은 말씀 안에서 든든히 서가는 믿음의 공동체가 될 것이며 말씀 붙잡고 기도하는 성도들을 통하여 하나님의 능력이 나타나는 은혜 경험하게 될 것입니다. 32절 보시면 **'그 말씀이 여러분을 능히 든든히 세우사'** 우리의 믿음을 세워주는 것은 말씀밖에 없음을 성경은 증거하고 있습니다. 저는 개인적으로 갈 2:20절 말씀 때문에 주의 종으로 부름받은 사람이기 때문에 목회하면서 힘들 때마다 이 말씀을 묵상하곤 합니다.

'내가 그리스도와 함께 십자가에 못 박혔나니 그런즉 이제는 내가 사는 것이 아니요 오직 내 안에 그리스도께서 사시는 것이라 이제 내가 육체 가운데 사는 것은 나를 사랑하사 나를 위하여 자기 자신을 버리신 하나님의 아들을 믿는 믿음 안에서 사는 것이라'

이 말씀을 묵상할 때마다 내가 죽고 예수로 살아야 목회가 살고 교

회가 살아난다는 진리를 깨달아 가고 있습니다. 사랑하는 성도 여러분! 우리 자신에게 물어보시기 바랍니다. 내 믿음은 말씀 위에 세워져가고 있는지, 지금 나는 어떤 말씀을 붙잡고 살고 있는지…. 이제 말씀을 맺고자 합니다. 사도 바울은 에베소의 장로들과 고별시간을 보내면서 맡겨주신 성도들을 잘 돌보아 주고 주님의 몸 된 교회를 지켜줄 것을 부탁하였습니다. 성도와 교회를 지키는 것이 직분자의 사명임을 성경은 말씀하고 있는데 실제로 교회와 성도를 지키기 위하여자신의 생명을 바친 직분자 한 분을 소개하며 오늘 설교를 마치겠습니다. 6.25 전쟁이 일어났을 때 북한에서 피신해 온 사람들이 외로움을 달래기 위해 교회로 몰려들기 시작했습니다. 스물일곱 명으로 시작한 교회는 피난민들의 정성 어린 헌금으로 350평 정도의 예배당을건축하였습니다. 하지만 교회를 헌당한 지 20일 만에 북한군이 내려와 교회를 점령하였고 예배실은 무기고로 목양실은 중대 본부로 사용하였습니다. 1950년 9월 15일 인천 상륙 작전을 감행할 때 유엔군은서울에 미사일을 쏟아부었습니다. 교회 예배당이 무너질까 걱정하고있던 장로는 교회로 뛰어갔고 아직 남아 있던 북한군에게 잡히고야말았습니다. 당신 뭐 하는 사람이냐고 묻자 그는 자신이 이 교회 장로라고 소리쳤습니다. 북한군은 그 사람을 끌고 가 모진 고문을 했고 급기야 사형시키려 하였을 때 장로님은 마지막 5분의 시간을 달라고 하면서 교회 예배실로 올라가 주의 피로 값 주고 사신 이 교회를 지켜주실 것을 기도하며 순교 당하셨습니다. 교회를 지키기 위해 마지막까지 제단에 엎드려 기도한 김용락 장로님, 그분의 순교비가 영락교회뜰에 지금도 세워져 있습니다. 주님의 피로 값 주고 사신 교회와 성도를 지켜야 할 책임, 직분자에게 있습니다.

우리가 그들을 작별하고 배를 타고 바로 고스로 가서 이튿날 로도에 이르러 거기서부터 바다라로 가서 베니게로 건너가는 배를 만나서 타고 가다가 구브로를 바라보고 이를 왼편에 두고 수리아로 항해하여 두로에서 상륙하니 거기서 배의 짐을 풀려 함이러라 제자들을 찾아 거기서 이레를 머물더니 그 제자들이 성령의 감동으로 바울더러 예루살렘에 들어가지 말라 하더라 이 여러 날을 지낸 후 우리가 떠나갈새 그들이 다 그 처자와 함께 성문 밖까지 전송하거늘 우리가 바닷가에서 무릎을 꿇어 기도하고 서로 작별한 후 우리는 배에 오르고 그들은 집으로 돌아가니라 두로를 떠나 항해를 다 마치고 돌레마이에 이르러 형제들에게 안부를 묻고 그들과 함께 하루를 있다가 이튿날 떠나 가이사랴에 이르러 일곱 집사 중 하나인 전도자 빌립의 집에 들어가서 머무르니라 그에게 딸 넷이 있으니 처녀로 예언하는 자라 여러 날 머물러 있더니 아가보라 하는 한 선지자가 유대로부터 내려와 우리에게 와서 바울의 띠를 가져다가 자기 수족을 잡아매고 말하기를 성령이 말씀하시되 예루살렘에서 유대인들이 이같이 이 띠 임자를 결박하여 이방인의 손에 넘겨 주리라 하거늘 우리가 그 말을 듣고 그 곳 사람들과 더불어 바울에게 예루살렘으로 올라가지 말라 권하니 바울이 대답하되 여러분이 어찌하여 울어 내 마음을 상하게

하느냐 나는 주 예수의 이름을 위하여 결박 당할 뿐 아니라 예루살렘에서 죽을 것
도 각오하였노라 하니 그가 권함을 받지 아니하므로 우리가 주의 뜻대로 이루어지
이다 하고 그쳤노라 이 여러 날 후에 여장을 꾸려 예루살렘으로 올라갈새 가이사
랴의 몇 제자가 함께 가며 한 오랜 제자 구브로 사람 나손을 데리고 가니 이는 우
리가 그의 집에 머물려 함이라

고집쟁이

    지난 시간에 우리는 사도 바울이 에베소 교회의 장로들을 만나 마지막 고별 설교를 전하는 장면을 살펴보았습니다. 성도들을 돌보아 줄 것과 피로 값 주고 사신 교회를 말씀으로 지켜줄 것을 부탁하는 사도 바울의 모습 살펴보았습니다. 오늘 다루게 될 행 21장은 사도 바울이 예루살렘으로 올라가는 여정에 대한 기록을 보여주고 있는데 예루살렘으로 가는 길을 성경이 자세하게 다루는 이유는 사도 바울이 고난 당하는 장면이 담겨 있기 때문입니다. 성서학자들은 행 21-23장을 바울의 수난 장이라 부르기도 합니다. 사도 바울은 에베소 교회의 장로들에게 앞으로 일어날 일에 대하여 행 20:23절에서 전해주었습니다.

    '오직 성령이 각 성에서 내게 증언하여 **결박과 환난이 나를 기다린다** 하시나'

사도 바울은 알고 있었습니다. 예루살렘으로 가는 길이 고난과 핍박의 길이 될 것을 알고 있었지만 예루살렘을 거쳐 로마에까지 복음을 전하는 것이 하나님 주신 사명이기에 자신은 이 길을 가야 한다고 하면서 에베소 장로들과 마지막으로 눈물의 기도를 드린 후 사도 바울은 배에 오르게 됩니다. 3절 보면 사도 바울이 두로에서 상륙하는 장면을 보게 되는데 여기서 일주일을 머물게 됩니다.

'구브로를 바라보고 이를 왼편에 두고 수리아로 항해하여 **두로에서 상륙하니 거기서 배의 짐을 풀려 함이러라**'

일주일의 머무는 시간이 사도 바울에게는 불편한 시간이었습니다. 4절 보시면

'제자들을 찾아 거기서 이레를 머물더니 그 **제자들이 성령의 감동으로 바울더러 예루살렘에 들어가지 말라 하더라**'

두로에 있는 제자들이 성령의 감동하심을 통하여 알게 되었습니다. 사도 바울이 예루살렘에 올라가면 위험에 처할 수도 있다는 사실을 알게 되었을 때 제자들은 사도 바울의 발걸음을 붙잡으려 했습니다. 하지만 사도 바울은 그들의 만류를 허용할 수 없었고 가야 할 길을 가는 모습을 5-6절에서 보여주고 있습니다.

'이 여러 날을 지낸 후 우리가 떠나갈새 그들이 다 그 처자와 함께 성문 밖까지 전송하거늘 **우리가 바닷가에서 무릎을 꿇어 기도하고 서로 작별한**

후 우리는 배에 오르고 그들은 집으로 돌아가니라'

두로에서 배를 탄 사도 바울은 가이사랴에 이르게 되는데 그곳에는 일곱 집사 중 한 사람인 빌립 집사가 있었습니다. 성령의 인도하심에 순종하여 광야로 내려가 에디오피아 내시에게 복음을 전한 빌립 집사는 그 후 어디에서 사역을 하게 되는가, 행 8:40절에 나옵니다.

'빌립은 아소도에 나타나 여러 성을 지나 다니며 **복음을 전하고 가이사랴에 이르니라**'

가이사랴에서 전도자로 활동하고 있는 빌립의 집에 사도 바울이 머물게 되는데 여기에서도 사도 바울의 마음은 편할 수가 없었습니다. 그 이유가 10-11절에 나옵니다.

'여러 날 머물러 있더니 **아가보라 하는 한 선지자가** 유대로부터 내려와 우리에게 와서 **바울의 띠를 가져다가** 자기 수족을 잡아매고 말하기를 성령이 말씀하시되 **예루살렘에서 유대인들이 이같이 이 띠 임자를 결박하여 이방인의 손에 넘겨 주리라 하거늘**'

아가보 선지자를 기억하십니까, 행 11:27-28절에 보시면

'그 때에 선지자들이 예루살렘에서 안디옥에 이르니 그 중에 **아가보라 하는 한 사람이** 일어나 **성령으로 말하되 천하에 큰 흉년이 들리라** 하더니 글라우디오 때에 **그렇게 되니라**'

이 일로 인하여 아가보 선지자의 명성이 많은 성도들에게 알려지게 되었습니다. 그런데 아가보 선지자가 빌립의 집에 와서 예루살렘에서 일어날 일을 구체적으로 보여주었습니다. 사도 바울의 띠를 가져다가 자기 수족을 메고 이 띠 임자가 유대인들에게 결박당하게 될 것을 알려 주었습니다. 아가보 선지자는 성령의 감동하심을 받아 전해주었기에 반드시 이루어질 예언이었습니다. 사도 바울을 아끼고 사랑하는 사람들이 어떻게 했을까요. 12절 보시면

'우리가 그 말을 듣고 그 곳 사람들과 더불어 **바울에게 예루살렘으로 올라가지 말라 권하니**'

이번에는 위험하니 올라가지 말 것을 권면하였습니다. 다음에도 기회가 있으니 이번에는 올라가지 않는 것이 유익하지 않냐고 사도 바울을 설득했습니다. 사람들의 권고가 사도 바울의 마음을 괴롭게 하였지만 그의 의지를 꺾을 수 없었습니다. 13절 보시면

'바울이 대답하되 여러분이 어찌하여 울어 내 마음을 상하게 하느냐 **나는 주 예수의 이름을 위하여 결박당할 뿐 아니라 예루살렘에서 죽을 것도 각오하였노라** 하니'

사도 바울은 예수의 이름을 위하여 죽을 것도 각오하였다고 고백하자 사람들은 그의 고집을 꺾을 수 없다는 사실을 알게 되었고 사도 바울을 위해 마지막으로 위로의 말을 건네주는 장면이 14절에 기록이 되어 있습니다.

'그가 권함을 받지 아니하므로 **우리가 주의 뜻대로 이루어지이다** 하고 그쳤노라'

오늘은 **'고집쟁이'**라는 제목 가지고 말씀 나눌 때 사도 바울처럼 사명의 길을 끝까지 갈 수 있는 의로운 고집쟁이 될 수 있기를 주님의 이름으로 축원합니다. 아멘

첫째, 상황에 따라 판단하지 말고 사명에 반응해야 한다는 사실입니다.

사도 바울이 예루살렘에 가고자 하는 것은 세 가지 이유 때문이었습니다. 첫 번째 이유는 예루살렘 교회에 구제 헌금을 전달하기 위해서였습니다. 초대 교회가 재정적으로 어려움을 당하게 되자 구제 사역이 중단될 위기에 처했고 소식을 들은 지역 교회들이 예루살렘 교회를 위하여 구제 헌금을 모으게 되었습니다. 사도 바울은 지역 교회를 대표하는 사역자들과 함께 예루살렘에 올라가 헌금을 전달하여 초대 교회에 힘을 보태고 싶어 했습니다. 그래서 사도 바울은 순례자들이 많이 모이는 오순절 전에 예루살렘에 도착하고 싶은 마음이 있었습니다. 두 번째 이유는 로마에 가서 복음을 전하고 싶었기 때문입니다. 어려운 상황에서 믿음을 지키고 있는 로마 성도들의 신앙을 말씀 위에 세워주고자 사도 바울은 예루살렘을 거쳐 로마로 가고 싶어 했습니다. 세 번째 이유는 마지막 선교 여정 때문입니다. 사도 바울이 마지막으로 복음을 전하고 싶었던 곳이 어디인가. 롬 15:23-24절에 나와 있습니다.

'이제는 이 지방에 일할 곳이 없고 **또 여러 해 전부터 언제든지 서바나**

로 갈 때에 너희에게 가기를 바라고 있었으니 이는 지나가는 길에 너희를 보고 먼저 너희와 사귐으로 얼마간 기쁨을 가진 후에 **너희가 그리로 보내 주기를 바람이라'**

서바나 지금의 스페인인데 서바나 선교를 위해서는 로마에 있는 성도들의 지원이 절실히 필요했기에 사도 바울은 예루살렘을 거쳐 로마로 가고자 했던 것입니다. 하나님 나라 사역을 위해 초대 교회를 돕고자 하는 마음, 로마에 있는 성도들의 믿음을 말씀 위에 세워주고 싶은 마음, 서바나에 가서 복음을 전하고 싶은 마음, 이것이 사명이기에 사도 바울은 환난과 핍박이 기다리고 있는 길을 올라가고자 했던 것입니다. 그런데 과정이 쉽지 않았습니다. 사도 바울이 두로에 도착하여 제자들을 만났을 때 이미 알고 있었습니다. 성령의 감동하심을 통하여 사도 바울이 예루살렘에서 결박당할 것을 두로의 제자들도 알고 있었습니다. 그래서 말렸습니다. 이번에는 위험하니 다음 기회를 기다리자고 그것이 하나님 나라를 위하여 유익한 선택이 아니겠냐고 만류하였습니다. 4절 마지막 보시면 **'들어가지 말라 하더라'** 이 구절을 헬라어 성경으로 보면 미완료 시제를 사용하고 있습니다. 한두 번 말린 것이 아니라 일주일 내내 사도 바울을 끈질기게 설득하였다는 것을 알려주고 있습니다. 사도 바울도 괴로웠을 것입니다. 일주일 동안 머무는 시간이 제자들에게 시달리는 시간이었을 것이고 계속된 권고와 만류로 인해 사도 바울의 마음이 힘들었을 것입니다.

두 번째 사도 바울의 마음이 흔들렸던 시간은 가이사랴에 도착하여 빌립 집사의 집에 있을 때였습니다. 아가보라는 선지자가 일부러 가이사랴에 내려와 앞으로 일어날 일에 대하여 구체적으로 보여주었습니다. 사도 바울이 예루살렘에 올라가면 반드시 결박당할 것이라고 아가보 선지자가 예언하였습니다. 많은 성도들이 사도 바울을 말릴 수밖에 없었습니다. 12절 보시면

'우리가 그 말을 듣고 그 곳 사람들과 더불어 **바울에게 예루살렘으로 올라가지 말라 권하니**'

'우리가' 누구를 가리키는 말인지 아십니까. 사도행전을 기록한 누가도 말렸다는 것입니다. 지금까지 함께 동행하던 사역자들이 사도 바울을 설득하려 했다는 것입니다. 가이사랴에서 전도자로 활동하고 있던 빌립 집사도 사도 바울의 발걸음을 붙잡으려 했다는 것입니다. 상황을 종합해 보면 예루살렘 길을 포기하는 것이 현명한 선택인지도 모르겠습니다. 사도 바울과 같은 위대한 전도자, 위대한 선교사, 위대한 목회자를 잃어버리는 것은 큰 손실이기 때문에 하나님 나라를 위해서 복음 전파를 위해서 사도 바울이 한 번만 고집을 내려놓는 것이 더 좋은 선택이었을지 모르겠습니다.

그런데, 사도 바울은 상황을 따라 판단하지 않았습니다. 사람들의 권고와 만류에는 타당한 이유가 있었고 합당한 설득이었습니다. 하지만 사도 바울은 그럼에도 불구하고 상황을 따라 판단하지 않았습니다. 사도 바울이 선택한 길은 무엇인가 13절 보시기 바랍니다.

'바울이 대답하되 여러분이 어찌하여 **울어 내 마음을 상하게 하느냐 나는 주 예수의 이름을 위하여 결박당할 뿐 아니라 예루살렘에서 죽을 것도 각오하였노라** 하니'

사도 바울이 선택한 길은 사명의 길이었습니다. 상황을 따라 판단하였다면 사도 바울은 예루살렘으로 가는 길을 포기하는 것이 맞습니다. 하지만 사도 바울은 사명의 길을 선택하는 모습을 보여주고 있습니다. 사도 바울을 묵상하면서 중요한 메시지를 깨닫게 되었습니다. 사역자는 상황에 따라 판단하지 말고 사명에 반응해야 한다는 사실입니다. 왜 우리는 타협하기를 좋아하는가, 상황을 따르기 때문입니다. 왜 우리는 사명의 길을 가지 못하는가, 환경에 영향을 받기 때문입니다. 요나를 기억하십니까 하나님은 선지자 요나를 니느웨로 보내 회개의 메시지를 전하도록 사명자로 부르셨습니다. 그런데 요나가 무엇을 선택하였습니까. 요나서 1:3절 보시면

'그러나 요나가 여호와의 얼굴을 피하려고 일어나 다시스로 도망하려 하여 욥바로 내려갔더니 **마침 다시스로 가는 배를 만난지라** 여호와의 얼굴을 피하여 그들과 함께 다시스로 가려고 뱃삯을 주고 배에 올랐더라'

요나는 앗수르 사람들을 싫어했습니다. 이스라엘 백성에게 원수라 할 수 있는 앗수르의 수도 니느웨에 가서 회개의 메시지를 전한다는 것 사명으로 받아들이기 싫었습니다. 요나는 니느웨의 정반대인 다시스로 도망하기 위해 항구 도시인 욥바로 내려갔는데 거기에 마침 몇 달에 한 번 뜨는 배가 요나를 기다리고 있었습니다. 요나는 이런 상황을 자기 위주로 합리화하여 해석하기 시작했습니다. 마침 배가 있다는 것은 니느웨로 가지 말라는 뜻일 수도 있다고 인위적으로 상황을 해석하면서 요나는 사명자의 길을 포기하려 했습니다. 요나와 같은 판단을 우리도 얼마든지 할 수 있습니다. 많은 사람들이 상황을 자기

위주로 해석하면서 하나님의 뜻을 따르려 하지 않습니다. 지금은 이러하니 하나님도 이해하실 거야 하면서 사명의 길을 가고 싶지 않은 마음 우리에게 일어날 수 있습니다. 사랑하는 성도 여러분! 상황을 따라 판단하지 말고 사명의 길을 묵묵히 걸어가는 우리가 되었으면 좋겠습니다. 예수님께서 제자들에게 들려주신 말씀을 보시기 바랍니다. 마 16:21절입니다.

'이 때로부터 예수 그리스도께서 자기가 **예루살렘에 올라가** 장로들과 대제사장들과 서기관 들에게 **많은 고난을 받고 죽임을 당하고** 제삼일에 살아나야 할 것을 제자들에게 비로소 나타내시니'

예루살렘으로 가는 길이 고난의 길이 될 것이며 십자가에 달려 죽을 것을 제자들에게 알려주셨습니다. 그때 베드로가 말리는 장면이 마 16:22절에 나옵니다.

'베드로가 예수를 붙들고 항변하여 이르되 **주여 그리 마옵소서 이 일이 결코 주께 미치지 아니하리이다**'

예수님의 발목을 붙잡는 베드로에게 주님이 뭐라고 말씀하셨습니까 마 16:23절 보시면

'예수께서 돌이키시며 베드로에게 이르시되 사탄아 내 뒤로 물러 가라 너는 나를 넘어지게 하는 자로다 **네가 하나님의 일을 생각하지 아니하고 도리어 사람의 일을 생각하는도다** 하시고'

사람의 일을 생각하는 사람이 누구입니까 상황에 따라 판단하는 사람입니다. 상황에 따라 변하고 환경에 영향받는 사람, 사명자의 길을 걸어갈 수 없습니다. 사명자는 하나님의 일을 생각하고 가야 할 길을 가는 사람을 말합니다. 주님께서 제자들에게 주신 말씀 마 16:24절을 주목하시기 바랍니다.

'이에 예수께서 제자들에게 이르시되 **누구든지 나를 따라오려거든 자기를 부인하고 자기 십자가를 지고 나를 따를 것이니라**'

사랑하는 성도 여러분! 주님을 따르는 제자 되기 원하십니까, 상황을 따라 판단하지 마시고 각자의 십자가를 지고 사명의 길을 걸어가시기 바랍니다. 비록 그 길이 힘들고 고달프고 어려운 길이라 할지라도 사명자의 길을 걸어가는 사람을 하나님께서 붙드시고 감당할 수 있도록 상황을 바꾸어주시는 성령의 역사를 경험하게 될 줄로 믿습니다. 증거를 보여드리기 원합니다. 사도 바울이 예루살렘에 올라가려 했을 때 두로의 제자들이 말렸습니다. 아가보의 예언을 들은 많은 사람들이 사도 바울을 설득하려 했습니다. 하지만 사도 바울은 흔들리지 않았고 예루살렘에 올라갔을 때 아가보의 예언은 적중했습니다. 사도 바울이 성전에서 유대인들에게 붙잡혀 죽음의 위기에 처하는 장면이 행 21:30-31절에 나옵니다.

'온 성이 소동하여 **백성이 달려와 모여 바울을 잡아 성전 밖으로 끌고 나가니** 문들이 곧 닫히더라 **그들이 그를 죽이려 할 때에** 온 예루살렘이 요란하다는 소문이 군대의 천부장에게 들리매'

율법의 파괴자 사도 바울이 나타났다고 하자 유대인들은 붙잡아 죽이려 하였습니다. 아가보 선지자의 예언이 그대로 이루어지는 장면입니다. 그 순간 로마의 장교 천부장이 알게 되었고 사도 바울을 유대인의 손에서 구해내는 장면이 행 21:32절에 기록이 되어 있습니다.

'<u>그가 급히 군인들과 백부장들을 거느리고 달려 내려가니</u> 그들이 천부장과 군인들을 보고 <u>바울 치기를 그치는지라</u>'

사랑하는 성도 여러분! 사명의 길을 가는 자를 하나님께서 지켜주실 것을 믿으시기 바랍니다. 사명의 길을 가는 자를 성령께서 보호해주실 줄 믿습니다. 이 말씀 듣는 우리 모두 거룩한 의지를 가지고 사명의 길을 걸어갈 때 성령의 도우시는 손길을 경험하는 우리 모두가 될 수 있기를 주님의 이름으로 축원합니다. 아멘

둘째, 믿는 사람은 의로운 고집쟁이가 되어야 한다는 사실입니다.

사도 바울을 묵상하면서 의로운 고집쟁이의 모습을 보게 되었습니다. 누가 뭐라 해도 그 길을 가겠다는 사도 바울, 사람들의 설득과 만류에도 불구하고 예수의 이름을 위하여 죽을 것도 각오하였음을 고백하며 끝내 그 길을 가는 사도 바울, 의로운 고집쟁이입니다. 하나님은 의로운 고집쟁이를 통하여 위대한 역사를 이루신다는 사실, 성경은 여러 인물들을 통해 증거하고 있습니다. 하나님께서 애굽으로 보내신 이유가 있음을 알고 하나님의 뜻을 이루기 위해 유혹의 손길을 물리치고 출애굽의 무대를 준비한 요셉, 의로운 고집쟁이입니다. 우상의 제단에 바쳐진 음식을 먹지 않기로 결단하면서 하나님을 향한 믿음을

지키려 했던 다니엘과 세 친구, 의로운 고집쟁이입니다. 하나님 앞에 구별된 자로 살기 위해 포도주를 마시지 않고 포도원도 소유하지 않으며 평생 장막에 거하라는 선조 요나답의 유언을 250년 동안 지켜온 레갑 사람들, 의로운 고집쟁이입니다. 현실과 타협하지 않고 거짓 선지자들과 싸우며 하나님의 말씀을 전하다가 구덩이에 갇혔던 선지자 예레미야, 의로운 고집쟁이입니다. 고집쟁이로 살고자 했던 예레미야의 모습이 렘 28:11절에 기록이 되어 있습니다.

'모든 백성 앞에서 하나냐가 말하여 이르되 여호와께서 이와 같이 말씀하시니라 내가 이 년 안에 모든 민족의 목에서 바벨론의 왕 느부갓네살의 멍에를 이와 같이 꺾어 버리리라 하셨느니라 하매 **선지자 예레미야가 자기의 길을 가니라**'

가야 할 길을 끝내 가는 사람, 하나님은 의로운 고집쟁이를 통하여 위대한 역사를 이루신다는 사실 성경이 증거하고 있습니다. 의로운 고집쟁이는 고난이 기다린다 하여도 피하지 않습니다. 그 길을 가는 것이 하나님의 뜻이라면 힘들어도 가는 사람, 의로운 고집쟁이입니다. 의로운 길을 걸어가는 사명자를 세상이 감당할 수 없음을 히 11:38절은 말씀하고 있습니다.

'이런 사람은 세상이 감당하지 못하느니라'

어떻게 하면 우리도 의로운 고집쟁이의 길을 갈 수 있을까.

1. 무릎 꿇음

사도 바울이 예루살렘으로 올라가기 전 그가 보여주는 모습을 주의 깊게 보시기 바랍니다. 행 20:36절 보시면

'이 말을 한 후 **무릎을 꿇고** 그 모든 사람들과 함께 기도하니'

또한 행 21:5절 마지막도 보시면

'바닷가에서 **무릎을 꿇어** 기도하고'

예루살렘에 올라가기 전 사도 바울은 계속해서 무릎 꿇는 모습을 보여주고 있습니다. 무릎을 꿇었다는 것, 생명의 주권이 하나님에게 있음을 고백하는 믿음의 행위입니다. 무릎을 꿇었다는 것, 자신의 생명을 복음을 위한 제물로 드리는 헌신의 행위입니다. '생명의 주권이 하나님의 손에 있사오니 사명의 길을 걸어갈 수 있도록 성령이여 나를 도우소서' 사도 바울의 기도가 아니었을까 생각됩니다.

2. 주의 뜻대로

14절 마지막에 중요한 말씀이 나옵니다. **'주의 뜻대로 이루어지이다'** 의로운 고집쟁이의 기도입니다. 나의 뜻이 아닌 오직 주의 뜻대로 되기를 간구할 때 하나님은 그 사람을 통하여 위대한 역사를 만들어 가실 줄 믿습니다. 예수님께서 십자가를 지시기 전 하나님께 올려드린 마지막 기도를 우리는 마음속 깊이 새겨 두어야 합니다. 눅 22:41-42절입니다.

'그들을 떠나 돌 던질 만큼 가서 **무릎을 꿇고 기도하여** 이르시되 아버지여 만일 아버지의 뜻이거든 이 잔을 내게서 옮기시옵소서 **그러나 내 원대로 마시옵고 아버지의 원대로 되기를 원하나이다** 하시니'

사랑하는 성도 여러분! 우리는 믿음의 길을 걸어가는 성도입니다. 우리가 걸어가야 할 길이 있습니다. 사명자의 길이요 의로운 고집쟁이의 길을 걸어가야 합니다. 상황에 따라 판단하지 말고 사명에 반응하며 살아가시기 바랍니다. 현실과 타협하지 마시고 사명자의 길, 의로운 고집쟁이의 길을 걸어가시기 바랍니다. 언젠가 우리도 사도 바울처럼 멋진 고백을 할 수 있는 날이 오게 될 줄 믿으시면서 딤후 4:7-8절 말씀 읽으며 오늘 설교 마치겠습니다.

'나는 선한 싸움을 싸우고 **나의 달려갈 길을 마치고** 믿음을 지켰으니 이제 후로는 나를 위하여 **의의 면류관이 예비되었으므로** 주 곧 의로우신 재판장이 그 날에 내게 주실 것이며 내게만 아니라 **주의 나타나심을 사모하는 모든 자에게도니라**'

아멘

　　예루살렘에 이르니 형제들이 우리를 기꺼이 영접하거늘 그 이튿날 바울이 우리와 함께 야고보에게로 들어가니 장로들도 다 있더라 바울이 문안하고 하나님이 자기의 사역으로 말미암아 이방 가운데서 하신 일을 낱낱이 말하니 그들이 듣고 하나님께 영광을 돌리고 바울더러 이르되 형제여 그대도 보는 바에 유대인 중에 믿는 자 수만 명이 있으니 다 율법에 열성을 가진 자라 네가 이방에 있는 모든 유대인을 가르치되 모세를 배반하고 아들들에게 할례를 행하지 말고 또 관습을 지키지 말라 한다 함을 그들이 들었도다 그러면 어찌할꼬 그들이 필연 그대가 온 것을 들으리니 우리가 말하는 이대로 하라 서원한 네 사람이 우리에게 있으니 그들을 데리고 함께 결례를 행하고 그들을 위하여 비용을 내어 머리를 깎게 하라 그러면 모든 사람이 그대에 대하여 들은 것이 사실이 아니고 그대도 율법을 지켜 행하는 줄로 알 것이라 주를 믿는 이방인에게는 우리가 우상의 제물과 피와 목매어 죽인 것과 음행을 피할 것을 결의하고 편지하였느니라 하니 바울이 이 사람들을 데리고 이튿날 그들과 함께 결례를 행하고 성전에 들어가서 각 사람을 위하여 제사 드릴 때까지의 결례 기간이 만기된 것을 신고하니라 그 이레가 거의 차매 아시아로부터 온 유대인들이 성전에서 바울을 보고 모든 무리를 충동하여 그를 붙들고 외치되 이스라엘 사람들아 도우라 이 사람은 각처에서 우리 백성과 율법과 이 곳을 비방하여 모든 사람을 가르치는 그 자인데 또 헬라인을 데리고 성전에 들어가서 이 거룩한 곳을 더럽혔다 하니 이는 그들이 전에 에베소 사람 드로비모가 바울과 함께 시내에 있음을 보고 바울이 그를 성전에 데리고 들어간 줄로 생각함이러라 온 성이 소동하여 백성이 달려와 모여 바울을 잡아 성전 밖으로 끌고 나가니 문들이 곧 닫히더라 그들이 그를 죽이려 할 때에 온 예루살렘이 요란하다는 소문이 군대의 천부장에게 들리매 그가 급히 군인들과 백부장들을 거느리고 달려 내려가니 그들이 천부장과 군인들을 보고 바울 치기를 그치는지라 이에 천부장이 가까이 가서 바울을 잡아 두 쇠사슬로 결박하라 명하고 그가 누구이며 그가 무슨 일을 하였느냐 물으니 무리 가운데서 어떤 이는 이런 말로, 어떤 이는 저런 말로 소리 치거늘 천부장이 소동으로 말미암아 진상을 알 수 없어 그를 영내로 데려가라 명하니라 바울이 층대에 이를 때에 무리의 폭행으로 말미암아 군사들에게 들려가니 이는 백성의 무리가 그를 없이하자고 외치며 따라 감이러라

자유와 종노릇

　오해라는 말을 국어사전에서 찾아보았습니다. 그릇되게 해석하거나 뜻을 잘못 알고 있는 것을 오해라고 정의하고 있습니다. 여러분들은 살아오시면서 오해를 받아보셨습니까 아니면 남들이 오해할 만한 행동을 하신 일이 있으십니까, 사람은 누구나 오해를 받거나 아니면 오해를 살만한 행동을 하며 살아가고 있습니다. 열녀전에 보면 과전불납리 이하부정관이라는 말이 있습니다. 오이밭에 가서 신발을 고쳐 신지 말 것이며 오얏나무 아래에서 관을 고쳐 쓰지 말라는 뜻입니다. 남들이 보기에 충분히 오해할 수 있는 행동은 하지 말라는 교훈입니다. 오해라는 것이 작은 행동 하나 말 한마디에서 시작하여 큰일로 번질 수 있다는 면에서 오해는 무서운 힘을 갖고 있습니다.

　사도 바울이 드디어 예루살렘에 도착하였습니다. 예루살렘으로 올라가는 길이 결박과 환난이 기다리고 있다는 사실 사도 바울은 알고 있었지만 회피하지 않았습니다. 재정적으로 어려운 초대 교회에 구제 헌금을 전달하고 로마 교회로 방문하여 성도들의 신앙을 말씀 위에 세워주고 싶은 마음이 사도 바울에게 있었기 때문입니다. 예루살렘에 올라간 가장 중요한 이유는 로마 교회의 지원을 받아 스페인에 가서 복음을 전하고 싶은 것이 사도 바울이 품고 있던 비전이었기 때문입니다. 사도 바울이 예루살렘에 도착하여 제일 먼저 한 일은 야고보 사도와 장로들을 만나는 일이었습니다. 예수님의 동생 야고보 사도는 초대 교회를 이끌어 가는 영적 지도자의 위치에 있었습니다. 사도 바울이 초대 교회 지도자들을 만나 무슨 일을 하였는가, 19절에 기록이 되어 있습니다.

'바울이 문안하고 **하나님이 자기의 사역으로 말미암아 이방 가운데서 하신 일**을 낱낱이 말하니'

1, 2, 3차에 걸친 선교 여정에서 이방인들이 복음을 듣고 주께로 돌아오는 구원의 역사를 사도 바울이 간증을 통하여 전해주었습니다. 이방인들에게도 구원의 문이 열리게 되었다는 사실 유대인이나 이방인이나 그리스도 안에서 차별의 벽이 허물어지고 예수를 믿는 자에게 구원의 은총이 임하게 되었다는 사실을 선교 여정을 통해 목격한 사도 바울이 초대 교회 지도자들에게 증거하였습니다. 이 소식을 들은 야고보 사도와 장로들은 기뻐하며 하나님께 영광 돌리는 모습을 20절에서 보여주고 있습니다.

'**그들이 듣고 하나님께 영광을 돌리고** 바울더러 이르되 형제여 그대도 보는 바에 유대인 중에 믿는 자 수만 명이 있으니 다 율법에 열성을 가진 자라'

그런데, 문제가 있었습니다. 예루살렘에는 사도 바울을 향한 좋지 않은 소문이 돌고 있었기 때문입니다. 어떤 소문이었는가 21절에 나옵니다.

'네가 이방에 있는 모든 유대인을 가르치되 모세를 배반하고 아들들에게 **할례를 행하지 말고 또 관습을 지키지 말라 한다 함을 그들이 들었도다'**

사도 바울을 향한 오해는 세 가지였습니다. 모세의 가르침을 따르지 말 것, 자녀에게 할례를 행하지 말 것, 유대인의 관습을 지키지 말 것을 사도 바울이 가르치며 사람들을 현혹한다는 오해가 예루살렘에 퍼져 있었습니다. 이것은 분명 오해였고 사도 바울은 그렇게 가르친 적이 없었습니다. 이제는 누구라도 예수 그리스도를 믿는 자는 율법의 짐을 질 필요가 없다는 사실을 사도 바울은 말씀을 통하여 가르쳐 주었습니다. 왜냐하면 구원은 율법의 행위로 이루어지는 것이 아니라 예수에 대한 믿음으로 이루어지기 때문입니다. 하지만 아직도 율법의 전통과 관습을 지키고 있는 유대인 출신 성도들이 사도 바울을 오해하고 있다는 사실을 야고보 사도가 알려 주었습니다. 초대 교회 지도자들이 해결책을 제시하기를 나실인의 서원을 한 네 사람이 있는데 그들과 함께 결례 의식을 행하고 제물의 경비를 대신 지불할 것을 제안하였습니다. 이렇게 함으로 유대인 출신 성도들의 오해를 풀고 사도 바울이 앞으로 자유롭게 예루살렘에서 활동할 수 있게 하기 위한 지도자들의 배려였습니다. 사도 바울은 사도들의 제안을 긍정적으로 받아들였고 성전으로 발걸음을 옮겼습니다. 그런데 성전에는 더 큰 문제가 기다리고 있었습니다. 아시아에서부터 온 유대인들이 성전에 들어오는 사도 바울을 보자마자 떠들기 시작하였습니다. 율법의 파괴자 사도 바울이 여기 있다, 이 사람은 거룩한 성전을 더럽히는 죄인이라고 하면서 사도 바울을 붙잡아 죽이려 하였습니다. 사태가 위급해지자 로마의 천부장이 군사들을 끌고 급히 달려와 소동을 진정시키려 했습니다. 이로 인해 사도 바울은 쇠사슬에 결박당해 끌려가게 되었고 아가보 선지자가 예언했던 일이 실제로 일어나게 되었습니다. 오늘은 '사랑과 종노릇', 이 제목 가지고 말씀의 은혜를 나누기 원합니다.

첫째, 믿는 사람은 언제든지 하나님이 하신 일을 자랑할 수 있어야 한다는 사실입니다.

사도 바울이 예루살렘에 도착하여 제일 먼저 방문한 곳은 초대교회였습니다. 사도 바울이 예루살렘 교회를 방문하고자 하는 이유는 두 가지로 말할 수 있습니다. 하나는 재정적 어려움으로 구제 사역을 감당하지 못하고 있는 초대 교회에 지역 교회에서 보내준 헌금을 전달하기 위함이요 두 번째 이유는 자랑하기 위함이었습니다. 무엇을 자랑하기 위함인가 하나님이 하신 일을 자랑하기 위함이었습니다. 19절 보시면

'바울이 문안하고 **하나님이** 자기의 사역으로 말미암아 이방 가운데서 **하신 일**을 낱낱이 말하니'

사도 바울이 초대 교회를 방문하고자 했던 이유가 여기에 있습니다. 1, 2, 3차에 걸친 전도 여행 중 구원의 역사를 이루어 주신 하나님에 대한 이야기를 전하는 것이 예루살렘을 방문하고자 하는 중요

한 목적이었습니다. 사도 바울이 복음을 전하기 위해 다닌 거리는 대략 12,000km, 기간은 11년 정도였습니다. 복음이 선포되는 곳에 성령의 역사가 나타났습니다. 선교 사역을 방해하는 박수무당을 눈멀게 하고 총독에게 복음을 전한 사실, 루스드라에서 일어난 기적의 사건, 성령의 인도하심으로 유럽으로 발걸음을 옮겨 빌립보, 베뢰아, 데살로니가, 고린도에 복음을 전하고 교회를 개척한 일, 아데미 여신을 숭배하는 에베소에 말씀을 전하고 두란노 서원을 통하여 제자들을 양육한 일, 사도 바울은 하고 싶은 말이 많았습니다. 사도 바울이 하고 싶었던 말이 무엇일까, 하나님이 하신 일을 자랑하고 싶었습니다. 19절 보시면 주어가 **'하나님이'**로 되어 있습니다. 목적어는 무엇으로 되어 있습니까, **'하신 일을'**로 되어 있고 동사는 **'말하니'**로 되어 있습니다. 사도 바울이 자랑하고 싶은 것은 오직 하나, 하나님이 하신 일을 말하고 싶을 뿐이었습니다. 이것이 간증입니다. 간증이 무엇인가, 하나님이 하신 일을 자랑하는 것이라 말할 수 있습니다. 여기에 한 가지를 추가한다면 하나님이 나를 통하여 하신 일을 자랑하는 것, 이것이 간증이라 말할 수 있습니다.

오늘 본문은 하나님이 나를 통하여 하신 일을 자랑하고 간증하는 사도 바울의 모습을 볼 수 있습니다. 간증이라고 하는 것은 사람이 드러나는 것이 아니라 하나님이 드러나야 하는 것입니다. 간증은 그 사람을 통하여 하나님이 하신 일이 증거되어야 한다는 사실 사도 바울을 통해 배울 수 있습니다. 좋은 간증과 나쁜 간증의 차이가 무엇인지 아십니까 결과를 보면 알 수 있습니다. 좋은 간증은 사람들이 은혜를 받고 하나님께 영광을 돌리게 됩니다. 나쁜 간증은 사람이 주목의 대상이 되고 사람이 박수를 받는다는 데 있습니다. 사도 바울의 간증이

좋았던 것은 결과에서 알 수 있습니다. 20절 보시면

'그들이 듣고 하나님께 영광을 돌리고 바울더러 이르되 형제여 그대도 보는 바에 유대인 중에 믿는 자 수만 명이 있으니 다 율법에 열성을 가진 자라'

우리는 여기서 중요한 교훈을 얻을 수 있습니다. 믿는 사람은 언제든지 하나님이 하신 일을 자랑할 수 있어야 한다는 사실입니다. 간증이 좋은 것은 나만이 전할 수 있는 복음이 될 수 있기 때문입니다. 벧전 3:15절에 보시면

'너희 마음에 그리스도를 주로 삼아 거룩하게 하고 **너희 속에 있는 소망에 관한 이유를 묻는 자에게는 대답할 것을 항상 준비하되 온유와 두려움으로 하고**'

누군가 당신 얼굴에는 항상 웃음과 평안이 있는데 이유가 무엇이냐고 묻는다면 하나님이 나와 함께 하심을 믿기 때문이라고 대답할 수 있는 준비가 되어 있어야 한다는 것입니다. 당신을 보면 항상 기쁨이 있는데 그 이유가 무엇이냐고 묻거든 하나님의 은혜 때문이라고 대답할 준비가 되어 있어야 한다는 것입니다. 그런데 여기에 조심해야 할 것이 있습니다. 대답할 것은 준비하되 온유와 두려움으로 하라고 성경은 말씀하고 있습니다. 온유와 두려움으로 하라는 것은 겸손과 정직한 마음으로 하라는 뜻입니다. 간증이 가지고 있는 위험은 살이 붙기 시작하고 과장이 붙기 시작하면 사람이 드러날 수밖에 없습니다.

그러면 나쁜 간증이 되는 것입니다. 간증의 두 가지 목적을 벗어나서는 안 됩니다. 듣는 사람에게 은혜를 끼칠 수 있어야 하고 하나님이 하신 일을 자랑하는 것, 이것이 간증의 목적임을 잊지 마시기 바랍니다. 간증이 좋은 것은 나만이 전할 수 있는 복음이 될 수 있기 때문입니다. 기도 가운데 역사하시고 응답해 주신 하나님의 은혜 얼마든지 전할 수 있는 나만의 자랑거리입니다. 말씀 붙들고 살았더니 그 말씀이 나를 붙들어 주었다는 간증. 나만의 복음이 될 수 있습니다.

사랑하는 성도 여러분! 우리 자신을 살펴보았으면 좋겠습니다. 지금 우리는 하나님이 나를 통하여 하신 일을 자랑할 수 있는 준비가 되어 있습니까, 나만이 전할 수 있는 간증이 있으십니까, 그것이 내가 전해야 할 나만의 복음이 될 수 있음을 기억하시기 바랍니다. 세상의 헛된 것을 자랑하는 것이 아니라 하나님이 나를 통하여 하신 일을 자랑할 수 있는 믿음의 성도 되어서 한 영혼이라도 하나님께 돌아오는 구원의 역사가 우리를 통하여 일어날 수 있기를 주님의 이름으로 축원합니다.

둘째, 하나님이 주신 자유를 섬김의 도구로 사용할 수 있어야 한다는 사실입니다.

사도 바울이 하나님이 하신 일을 증거하기 위해 초대 교회를 방문하였지만 심각한 문제가 기다리고 있었습니다. 예루살렘에는 유대인 출신 성도들이 많았는데 예수를 구원자로 믿기는 했지만 생활 속에서는 여전히 유대인의 관습과 율법의 규례를 지키고 있었습니다. 그런데 문제는 이상한 오해가 퍼져가고 있었다는 데 있습니다. 사도 바울이 선교지에 가서 말씀을 가르치는데 모세의 교훈을 따르지 말 것, 자녀에게 할례를 행하지 말 것, 유대인의 관습을 지키지 않아도 된다고 가르친다는 오해가 예루살렘에 퍼져가고 있었습니다. 말이 살이 붙기 시작하면서 사도 바울을 마치 율법의 파괴자로 오해하는 인식이 퍼져 가고 있었습니다. 야고보 사도와 초대 교회 지도자들은 이에 대한 오해를 풀기 위해 사도 바울에게 제안을 하였습니다. 나실인으로 서원한 사람들이 있는데 이들은 가난한 사람들이라 서원을 이행한 후 하나님께 바칠 제물이 없어 고민하는 중이라고 만약 사도 바울이 이 사람들을 위해 제물의 비용을 대신 지불해 준다면 유대인들이 당신에 대한 오해를 풀게 될 것이라고 제안하였습니다. 그런데 엄연히 따져 보면 사도 바울이 제안을 따를 필요는 없었습니다. 왜냐하면 사도 바울은 지금까지 그렇게 가르친 적이 없었기 때문입니다. 사도 바울은 유대인의 관습을 존중한 사람이었고 실제로 율법을 지키려 노력한 사람이었습니다. 예를 들어 행 16:2-3절에 보면

'디모데는 루스드라와 이고니온에 있는 형제들에게 칭찬 받는 자니 바울이 그를 데리고 떠나고자 할세 **그 지역에 있는 유대인으로 말미암아 그를 데려다가 할례를 행하니** 이는 그 사람들이 그의 아버지는 헬라인인 줄 다 앎이러라'

디모데의 어머니는 유대인이고 아버지는 헬라인이었습니다. 디모데는 온전한 유대인의 아들이 아니었습니다. 그런데 왜 사도 바울이 디모데에게 할례를 행합니까 율법을 존중하기 때문이요 유대인들에게 복음을 전할 때 방해거리가 없도록 하기 위함이었습니다. 또한 2차 선교 여행 중 사도 바울이 나실인 서약에 따라 삭발을 하는 장면이

행 18:18절에 나옵니다.

'바울은 더 여러 날 머물다가 형제들과 작별하고 배 타고 수리아로 떠나
갈새 브리스길라와 아굴라도 함께 하더라 **바울이 일찍이 시원이 있었으므
로 겐그레아에서 머리를 깎았더라**'

율법에 명시되어 있는 나실인의 규정에 따라 머리를 삭발한 사도
바울 그는 율법의 파괴자가 아니었습니다. 하지만 사람들의 말로 인
해 사도 바울은 율법의 파괴자로 인식되어 있었고 유대인의 전통과
관습을 무시하는 사람으로 오해하고 있었습니다. 오해가 발생한 이유
가운데 하나는 기독교는 과도기를 지나고 있었기 때문입니다. 율법의
시대에서 복음의 시대로 성전 시대에서 성령 시대로 넘어오는 과도기
였기에 율법과 복음의 관계가 신학적으로 정립되지 않은 상황에서 오
랜 세월 유대인의 전통과 율법에 익숙한 사람들에게 사도 바울은 오
해의 대상이 되기에 충분했던 것입니다. 야고보 사도는 사도 바울에
게 제안하였습니다. 나실인의 서원을 한 사람들이 있는데 서원 기간
이 끝나면 감사의 마음으로 제물을 바쳐야 하지만 돈이 없으니 사도
바울이 대신하여 경비를 지원해 준다면 유대인들이 오해를 풀게 될
것이라 제안하였습니다. 사도 바울 입장에서는 억울한 일이었습니다.
오해를 살만한 일을 하지 않았고 실제로 사도 바울은 율법을 존중해
왔으며 영적 아들 디모데에게 할례를 직접 실행한 사람이었습니다.
하지만 사도 바울은 야고보 사도의 제안을 받아들이기로 결정하였습
니다. 자신과 상관없는 사람들의 제물을 대신 지불하기로 결정한 것
입니다.

왜 사도 바울은 이러한 결정을 하게 된 것일까. 두 가지 이유 때문이라 말할 수 있습니다. 공동체의 화평을 세우기 위함이었습니다. 예루살렘 초대 교회는 두 부류의 집단이 모여 있는 공동체였습니다. 하나는 예루살렘에 오래 거주한 유대인 출신 성도들이 있었습니다. 오랜 시간 유대인으로 살아왔고 구약의 관습과 율법에 익숙한 사람들이었습니다. 사도들이 전해준 복음을 듣고 예수를 메시야로 인정하면서 초대 교회 공동체 안으로 들어오게 되었습니다. 하지만 익숙한 유대인의 관습과 율법의 규례를 하루아침에 버리기는 쉽지 않았습니다. 아직도 할례를 행하고 있었고 율법의 규정과 관습을 중요하게 여기며 살아온 사람들이었습니다. 또 하나의 부류는 이방인 출신 성도들이 있었습니다. 헬라 문화권에 살다가 예루살렘에 와서 복음을 듣고 예수를 믿게 된 사람들로 유대인의 전통과 규례와는 거리가 먼 사람들이었습니다. 두 부류가 섞이다 보니 초대 교회는 늘 긴장 상태에 있었고 보이지 않는 벽이 세워져 있었습니다. 사도 바울은 초대 교회의 현실을 알고 있었습니다. 사도 바울은 하나님께서 이방인들 가운데 하신 일들을 소개하며 유대인과 이방인 사이의 벽이 십자가로 허물어졌다는 사실을 전하기 위해 예루살렘에 오게 된 것입니다. 공동체의 화평을 위해 사도 바울은 하지 않아도 될 일을 하기로 결정하였습니다. 상관없는 사람들이지만 그들을 위해 제물 비용을 대신 지불함으로 유대인 출신 성도들에게 율법을 존중한다는 사실을 보여주며 갈등과 오해를 풀기 위해 사도 바울은 결단을 하게 된 것입니다. 사도 바울이 원했던 것은 공동체의 화평이었습니다. 공동체의 화평을 위한 일이라면 그것이 무슨 일이든 사도 바울은 대가를 지불한 준비가 되어 있었습니다. 공동체를 위하는 사도 바울의 성숙한 의식이 롬 14:18-19절에 나와 있습니다.

'이로써 그리스도를 섬기는 자는 **하나님을 기쁘시게 하며 사람에게도 칭찬을 받느니라** 그러므로 우리가 **화평의 일과 서로 덕을 세우는 일을 힘쓰나니**'

하나님을 기쁘시게 하며 사람에게도 칭찬받는 성도가 누구인가 화평의 일과 덕을 세우는 일에 힘쓰는 자임을 성경은 말씀하고 있습니다. 사역을 잘하고 봉사를 열심히 하여도 공동체 안에서 화평을 세우고 덕을 세우는 일보다 중요한 것은 없습니다. 사도 바울이 결심하게 된 또 하나의 이유는 한 영혼이라도 구원을 받게 하기 위함이었습니다. 사도 바울 입장에서는 억울한 제안이라 말할 수 있습니다. 자기가 잘못해서 생겨난 오해도 아니고 상관없는 사람들의 제물 비용을 대신 지불할 이유는 없었습니다. 사도 바울이 야고보의 제안을 받아들이기로 결정한 것은 이유가 있었습니다. 그 이유를 고전 9:19-20절에서 찾아볼 수 있습니다.

'내가 모든 사람에게서 자유로우나 스스로 모든 사람에게 종이 된 것은 **더 많은 사람을 얻고자 함이라** 유대인들에게 내가 유대인과 같이 된 것은 유대인들을 **얻고자 함이요** 율법 아래에 있는 자들에게는 내가 율법 아래에 있지 아니하나 율법 아래에 있는 자 같이 된 것은 율법 아래에 있는 자들을 **얻고자 함이요**'

사도 바울이 얻고자 함이라는 표현을 세 번이나 강조하고 있는 것을 볼 수 있습니다. 사도 바울의 소원이 무엇이었는가, 한 영혼이라도 구원을 받는 것이 사도 바울의 소원이었음을 성경이 증거하고 있습니다.

사도 바울이 품고 있던 거룩한 소원, 고전 9:22절에 나와 있습니다.

'약한 자들에게 내가 약한 자와 같이 된 것은 약한 자들을 얻고자 함이요 내가 여러 사람에 게 여러 모습이 된 것은 **아무쪼록 몇 사람이라도 구원하고자 함이니**'

사도 바울은 야고보의 제안을 받아들이지 않아도 될 자유가 있었습니다. 사도 바울은 다른 사람들의 서원을 대신 지불하지 않아도 될 자유가 있었습니다. 그런데 사도 바울은 자유를 내려놓기로 결단하였습니다. 공동체의 화평과 덕을 세우기 위해서, 한 영혼이라도 구원받기 위해서 사도 바울은 하나님 주신 자유를 내려놓았습니다. 종교 개혁을 일으킨 마틴 루터가 그리스도인의 자유라는 책에서 이런 말을 했습니다. 그리스도인은 모든 것으로부터 자유하는 사람이다. 그러나 사랑하기 때문에 그리스도인은 모든 사람의 종이 될 수 있는 자유가 있다. 하나님은 예수 그리스도를 믿는 우리를 죄와 사망의 사슬에서 자유하게 하셨고 율법의 짐에서 자유하게 하셨습니다. 그러나 그 자유를 공동체의 화평을 위해서, 덕을 세우기 위해서, 다른 사람들을 섬기기 위해서 내려놓을 수 있다면 그 사람이 바로 하나님의 구원 역사를 이루는 축복의 통로가 될 수 있는 것입니다. 오늘 설교 제목이 자유와 종노릇입니다. 예수 그리스도를 믿는 우리는 하나님 주신 자유를 어떻게 사용해야 할까. 갈 5:13절 말씀 읽으며 오늘 말씀 마치고자 합니다.

'형제들아 너희가 자유를 위하여 부르심을 입었으나 **그러나 그 자유로 육체의 기회를 삼지 말고 오직 사랑으로 서로 좀 노릇 하라**'

부형들아 내가 지금 여러분 앞에서 변명하는 말을 들으라 그들이 그가 히브리
말로 말함을 듣고 더욱 조용한지라 이어 이르되 나는 유대인으로 길리기아 다소에
서 났고 이 성에서 자라 가말리엘의 문하에서 우리 조상들의 율법의 엄한 교훈을
받았고 오늘 너희 모든 사람처럼 하나님께 대하여 열심이 있는 자라 내가 이 도를
박해하여 사람을 죽이기까지 하고 남녀를 결박하여 옥에 넘겼노니 이에 대제사장
과 모든 장로들이 내 증인이라 또 내가 그들에게서 다메섹 형제들에게 가는 공문
을 받아 가지고 거기 있는 자들도 결박하여 예루살렘으로 끌어다가 형벌 받게 하
려고 가더니는 중 다메섹에 가까이 갔을 때에 오정쯤 되어 홀연히 하늘로부터
큰 빛이 나를 둘러 비치매 내가 땅에 엎드러져 들으니 소리 있어 이르되 사울아 사
울아 네가 왜 나를 박해하느냐 하시거늘 내가 대답하되 주님 누구시니이까 하니
이르시되 나는 네가 박해하는 나사렛 예수라 하시더라 나와 함께 있는 사람들이
빛은 보면서도 나에게 말씀하시는 이의 소리는 듣지 못하더라 내가 이르되 주님
무엇을 하리이까 주께서 이르시되 일어나 다메섹으로 들어가라 네가 해야 할 모든
것을 거기서 누가 이르리라 하시거늘 나는 그 빛의 광채로 말미암아 볼 수 없게 되
었으므로 나와 함께 있는 사람들의 손에 끌려 다메섹에 들어갔노라 율법에 따라

경건한 사람으로 거기 사는 모든 유대인들에게 칭찬을 듣는 아나니아라 하는 이가 내게 와 곁에 서서 말하되 형제 사울아 다시 보라 하거늘 즉시 그를 쳐다보았노라 그가 또 이르되 우리 조상들의 하나님이 너를 택하여 너로 하여금 자기 뜻을 알게 하시며 그 의인을 보게 하시고 그 입에서 나오는 음성을 듣게 하셨으니 네가 그를 위하여 모든 사람 앞에서 네가 보고 들은 것에 증인이 되리라 이제는 왜 주저하느냐 일어나 주의 이름을 불러 세례를 받고 너의 죄를 씻으라 하더라 후에 내가 예루살렘으로 돌아와서 성전에서 기도할 때에 황홀한 중에 보매 주께서 내게 말씀하시되 속히 예루살렘에서 나가라 그들은 네가 내게 대하여 증언하는 말을 듣지 아니하리라 하시거늘 내가 말하기를 주님 내가 주를 믿는 사람들을 가두고 또 각 회당에서 때리고 또 주의 증인 스데반이 피를 흘릴 때에 내가 곁에 서서 찬성하고 그 죽이는 사람들의 옷을 지킨 줄 그들도 아나이다 나더러 또 이르시되 떠나가라 내가 너를 멀리 이방인에게로 보내리라 하셨느니라

⑭

다메섹

　사람에게는 누구나 자신이 살아온 삶의 이야기가 있습니다. 지나온 과거의 이야기가 있고 지금 살아가는 이야기가 있는가 하면 앞으로 가고 싶은 인생길이 있습니다. 사람에게는 누구나 자신이 살아온 삶의 이야기가 있는데 그 발자취를 누군가에게 전하기 위해 글로 쓰는 것을 회고록이라 합니다. 여러분들은 지금까지 걸어온 삶의 이야기를 회고록에 기록한다면 어떤 이야기를 담고 싶으십니까. 책을 읽어보니 그리스도인이란 회고록을 쓰는 사람이 아니라 하나님이 하신 일을 남기는 사람이 되어야 한다는 글을 보게 되었습니다. 지난 시간에 우리는 하나님이 하신 일을 자랑하는 사도 바울의 간증을 살펴보았습니다. 간증이란 하나님께서 나를 통해 하신 일을 자랑하는 것이라 말할 수 있는데 본문에는 계속해서 이어지는 사도 바울의 간증이 기록되어 있습니다. 사도 바울이 누구 앞에서 간증하고 있는가, 1절 보면 '부형들아'라고 시작하고 있는데 사도 바울을 율법의 파괴자로 오해하고 있는 유대인들을 향해 다메섹에서 일어난 이야기를 간증의 형식으로 전하는 사도 바울을 볼 수 있습니다.

'부형들아 내가 지금 여러분 앞에서 변명하는 말을 들으라'

3절 보시면 간증을 듣는 회중과 공감대를 형성하는 사도 바울의 지혜를 볼 수 있습니다.

'나는 유대인으로 길리기아 다소에서 났고 이 성에서 자라 가말리엘의 문하에서 우리 조상들의 율법의 엄한 교훈을 받았고 오늘 너희 모든 사람처럼 하나님께 대하여 열심이 있는 자라'

나는 유대인으로 태어났고 가말리엘 문하에서 엄격한 율법 교리를 배웠으며 당신들처럼 하나님께 대하여 열심 있던 사람임을 이야기하는 사도 바울을 볼 수 있습니다. 말하는 이와 듣는 이가 공감대가 형성되면 사람들은 마음을 열게 되는데 사도 바울은 대단히 지혜로운 전도자임을 알 수 있습니다. 사도 바울은 자신의 과거에 대한 이야기를 4-5절에서 전하고 있습니다.

'내가 이 도를 박해하여 사람을 죽이기까지 하고 남녀를 결박하여 옥에 넘겼노니 이에 대제사장과 모든 장로들이 내 증인이라 또 내가 그들에게서 다메섹 형제들에게 가는 공문을 받아 가지고 거기 있는 자들도 결박하여 예루살렘으로 끌어다가 형벌 받게 하려고 가더니'

사도 바울은 감추고 싶었던 자신의 과거를 스스럼없이 드러내는 솔직한 모습을 보여주고 있습니다. 이것이 간증에서 대단히 중요한 요소라 말할 수 있습니다. 간증에서 간이라고 하는 단어는 범할 간자(干)를 사용하고 있습니다. 감추고 싶은 허물을 정직하게 이야기하는 것 그리고 이제는 내가 변화되어 새로운 인생을 살아가고 있다는 것, 이것을 전하는 것이 간증이라 말할 수 있습니다. 변화의 시작이 어디서부터 일어났는가를 전하는 것이 중요한데 사도 바울은 다메섹에서 일어난 사건을 이야기하고 있습니다. 6-8절은 사도 바울의 간증입니다.

'가는 중 다메섹에 가까이 갔을 때에 오정쯤 되어 홀연히 하늘로부터 큰 빛이 나를 둘러 비치매 내가 땅에 엎드러져 들으니 소리 있어 이르되 **사울아 사울아 네가 왜 나를 박해하느냐** 하시거늘 내가 대답하되 주님 누구시니이까 하니 이르시되 **나는 네가 박해하는 나사렛 예수라** 하시더라'

사도 바울의 간증에 있어 핵심은 다메섹에서 일어난 사건이었습니다. 주님과의 만남의 사건이 사도 바울의 과거를 정리하게 된 터닝포인트였고 새로운 인생을 살게 된 시작점이 되었으며 사람들에게 전하고 싶은 소중한 이야기였습니다. 사도행전 전체를 보면 사도 바울이 다메섹에서 주님을 만난 사건이 무려 세 번이나 기록이 되어 있습니다. 행 9장, 22장, 26장에 세 번이나 기록하고 있는 이유가 무엇인가, 다메섹에서 일어난 만남의 사건은 사도 바울 개인의 간증으로 끝날 이야기가 아니었기 때문입니다. 사도 바울을 이방인의 전도자로 세우시고 기독교 최초의 선교사로 파송하신 하나님은 그가 전하는 복음을 통하여 세계 역사의 흐름을 바꾸셨고 주님의 교회가 세워지는 축복의 통로로 사용하셨습니다. 사도 바울을 통해 일어난 변화의 물결은 다메섹 사건이 시작이었음을 성경은 증거하고 있습니다. 오늘은 **'다메섹'**이라는 제목 가지고 함께 은혜를 나누기 원합니다.

첫째, 우리 자녀들에게 하나님과의 만남의 사건이 있어야 한다는 사실입니다.

사도행전에는 사도 바울이 다메섹 도상에서 주님을 만난 이야기가 세 번이나 등장하고 있습니다. 행 9장에는 사도 바울이 부활의 주님을 만난 사건을 기록하고 있고 행 22장에는 사도 바울이 유대인들 앞에서 예수 그리스도와의 만남을 증거하는 모습을 보여주고 있습니다. 마지막으로 행 26장에서는 아그립바 왕에게 다메섹에서 일어난 사건을 간증하는 사도 바울의 모습을 전해주고 있습니다. 행 9:3-5절 보시면

'**사울이 길을 가다가 다메섹에 가까이 이르더니 홀연히 하늘로부터 빛이 그를 둘러 비추는지라** 땅에 엎드러져 들으매 소리가 있어 이르시되 **사울아 사울아 네가 어찌하여 나를 박해하느냐** 하시거늘 대답하되 **주여 누구시니이까** 이르시되 **나는 네가 박해하는 예수라**'

다음으로 행 22:6-8절입니다.

'가는 중 다메섹에 가까이 갔을 때에 오정쯤 되어 홀연히 **하늘로부터 큰 빛이 나를 둘러 비치매** 내가 땅에 엎드러져 들으니 소리 있어 이르되 **사울아 사울아 네가 왜 나를 박해하느냐** 하시거늘 내가 대답하되 **주님 누구시**

니이까 하니 이르시되 **나는 네가 박해하는 나사렛 예수라** 하시더라'

마지막으로 행 26:13-15절 보시면

'왕이여 정오가 되어 길에서 보니 **하늘로부터 해보다 더 밝은 빛이 나와 내 동행들을 둘러 비추는지라** 우리가 다 땅에 엎드러지매 내가 소리를 들으니 히브리말로 이르되 **사울아 사울아 네가 어찌하여 나를 박해하느냐** 가시채를 뒷발질하기가 네게 고생이니라 내가 대답하되 **주님 누구시니이까** 주께서 이르시되 **나는 네가 박해하는 예수라**'

사도 바울이 유대인들 앞에서, 아그립바 왕 앞에서 간증할 때 내용이 거의 일치한다는 사실을 발견할 수 있습니다. 사도행전은 세 번에 걸쳐 다메섹에서 일어난 사건을 기록하고 있지만 훨씬 더 많은 사람들에게 사도 바울은 예수님과의 만남을 전하지 않았을까 생각됩니다. 영적 아들인 디모데에게 부활의 주님을 만난 이야기를 전하였을 것이고 동역자인 바나바에게도 분명 증거하였을 것입니다. 중요한 것은 사도 바울이 누구를 만나더라도 그 이야기는 조금도 가감 없이 그대로 전해졌다는 것을 성경은 증거하고 있습니다. 이것이 왜 중요한가, 사도 바울에게는 평생 잊을 수 없는 만남의 사건이었기 때문입니다. 사도 바울이 어떤 사람이었습니까. 율법을 수호하기 위하여 스데반 집사가 순교 당할 때 증인으로 나섰던 사람이었습니다. 유대교를 위한다는 열심으로 그리스도인들을 잡아 가두기 위해 예루살렘에서 무려 200km나 떨어진 다메섹까지 달려가던 사람이 바로 사울이었습니다.

그런데, 부활의 주님께서 바울을 만나주셨고 이방인의 전도자로 세워주셨습니다. 유대인의 옷을 벗겨 내시고 그리스도인의 옷을 입혀주셨습니다. 율법의 교리를 수호하는 자에서 복음을 증거하는 전도자로 불러주셨습니다. 율법의 틀에 갇혀 구원의 기쁨을 누리지 못하고 살던 그를 복음 안에서 자유하게 하시고 구원의 은총을 누리는 자로 세워주셨습니다. 사도 바울에게 다메섹 사건은 구원의 빛이 자신의 인생 가운데 들어오는 기적의 순간이었고 율법의 문자에 갇혀 살던 자신을 복음 안에서 자유함을 누리게 하시는 은혜의 순간이었습니다. 사도 바울은 다메섹에서 일어난 사건을 결코 잊을 수가 없었습니다. 그리스도의 원수처럼 살았던 나를 만나주시고 구원의 길로 인도하여 주신 은혜를 생각하면 누구라도 내가 만난 주님을 전하고 싶었을 것입니다. 사도행전에는 세 번 밖에 기록이 되어 있지 않지만 사도 바울은 선교 여정을 통하여 만나게 되는 누구라도 다메섹에서 일어난 만남의 사건을 전하려고 노력하였을 것입니다. 사도 바울의 간증은 가말리엘 문하에서 배웠던 수준 높은 율법의 교리와 비교할 수 없는 나만의 복음이었습니다. 다메섹에서의 사건은 사도 바울의 인생을 바꾸어 주었고 세계 역사의 흐름이 바뀌는 위대한 사건이었습니다. 사도 바울이 주님과의 만남을 사람들에게 증거하였을 때 어떤 결과로 나타나게 되었는가. 당시 초대 교회에 일어난 일을 성경은 기록하고 있습니다. 갈 1:22-24절 보시면

'그리스도 안에 있는 유대의 교회들이 나를 얼굴로는 알지 못하고 다만 우리를 박해하던 자가 전에 멸하려던 그 믿음을 지금 전한다 함을 듣고 **나로 말미암아 하나님께 영광을 돌리니라**'

사도 바울의 간증이 좋은 이유는 결과가 하나님의 영광으로 나타났기 때문입니다. 사랑하는 성도 여러분! 인생 가운데 찾아와 만나주시고 구원의 문을 열어주신 하나님의 이야기가 있으십니까, 주님을 인격적으로 만난 체험의 사건이 있으십니까, 우리 자녀들도 만남의 사건이 일어나도록 기도해 주시기 바랍니다. 부모의 역할은 신앙의 가이드라고 생각합니다. 좋은 가이드가 되기 위해서는 먼저 체험해 보는 것이 무엇보다 중요합니다. 체험해 보지 않고서 사람들에게 좋은 가이드의 역할 기대할 수 없습니다. 부모는 자녀들에게 신앙의 가이드가 되어주어야 하고 우리 자녀들을 믿음의 길로 인도해야 할 책임이 있다는 사실, 기억하시기 바랍니다. 우리 자녀들에게 다메섹의 사건이 일어나도록 기도해 주어야 하고 예수님을 인격적으로 만난 체험을 가지고 살아가도록 도와야 할 책임이 부모에게 있습니다. 성경에서 가장 안타까운 가정을 이야기하라면 엘리 제사장을 꼽을 수밖에 없습니다. 엘리에게는 아들이 있었지만 행실이 나쁘기로 소문이 퍼져 있었습니다. 어느 정도 행실이 나빴는가, 하나님께 바칠 제물에 손을 대는 도적 행위를 습관적으로 하고 있었습니다. 하나님께 바칠 제물에 손을 댄다는 것은 도적 행위를 넘어 하나님의 거룩에 손을 댄 행위이기 때문에 이것은 큰 죄악이었습니다. 성경은 엘리 아들들의 죄를 삼상 2:17절에서 고발하고 있습니다.

'이 소년들의 죄가 여호와 앞에 심히 큰은 **그들이 여호와의 제사를 멸시함이었더라**'

이뿐만이 아니었습니다. 엘리의 아들들은 거룩한 성전에서 수종 드

는 여인들과 성적 범죄를 저지르고 있었습니다. 삼상 2:22절에 보시면

'엘리가 매우 늙었더니 그의 아들들이 온 이스라엘에게 행한 모든 일과 **회막 문에서 수종 드는 여인들과 동침하였음을 듣고**'

회막에서 수종 드는 여인들은 제사와 관련하여 그릇 씻는 일을 하거나 아니면 절기 때 노래를 부르는 일을 맡은 여인들이었던 것 같습니다. 엘리의 아들들이 수종 드는 여인들과 동침했다는 것은 단순한 성적 타락을 넘어 하나님의 성전을 더럽힌 죄악이었습니다. 여인들과 성전에서 동침한다는 것은 당시 바알의 신전에서 행하고 있던 타락한 문화였습니다. 엘리의 아들들을 성경은 뭐라고 부르는가 불량자로 부르고 있습니다. 불량자라는 단어는 히브리어로 '벨리알의 아들'이란 뜻인데 행실이 나쁜 자들 특히 무가치한 자를 가리킬 때 사용하는 단어입니다. 엘리 아들들의 인생이 얼마나 하나님 보시기에 무가치하게 보였다면 성경은 이런 단어를 쓰고 있을까 생각할 수 있습니다. 제사장의 가문에 태어났으면서도 왜 불량자가 되어버렸을까. 하나님을 인격적으로 만나지 못하였기 때문입니다. 삼상 2:12절 보시면

'엘리의 아들들은 행실이 나빠 **여호와를 알지 못하더라**'

제사장 가문에서 태어났지만 성전에서 자라났지만 율법과 제사제도에 익숙한 사람들이었지만 엘리의 아들들에게 결정적인 한 가지가 없었습니다. 하나님을 만난 체험이 없었습니다. 다시 말하면 누구에게도 자랑할 수 있는 다메섹 사건이 없었다는데 심각한 문제가 있었던

것입니다. 교회에서 자라났다고 해서 우리 자녀들의 신앙에 대하여 안심해서는 안 됩니다. 교회 울타리 안에서 자라났다 할지라도 자녀들에게 반드시 있어야 할 것은 하나님과의 만남의 사건입니다. 사도 바울은 사람들에게 복음을 전할 때 교리적으로 설명하지 않았습니다. 율법과 복음의 관계를 신학적으로 풀어주지 않았습니다. 사도 바울은 부활의 주님을 만난 다메섹 사건을 증거할 뿐이었습니다. 다메섹에서의 만남은 누구에게도 자랑할 수 있는 은혜의 사건이었고 사도 바울의 인생을 바꾸는 구원의 사건이었습니다. 자녀를 위해 기도하실 때 다메섹의 체험을 가지고 살아가도록 기도하는 부모 되시기 바랍니다.

제가 섬겼던 뉴저지 한소망교회 중고등부 학생들이 멕시코 유카탄 지역으로 단기선교를 떠나게 되었습니다. 마을을 돌아다니면서 복음을 전하는 전도사역을 하였습니다. 그날 저녁에 CNN 뉴스에서 강력한 허리케인이 올라오고 있는데 하필 중고등부 선교팀이 사역하고 있는 마을을 정면으로 통과한다는 소식이 전해지게 되었습니다. 가난한 동네였기 때문에 허름하게 지은 집들이 모두 날아갈 형편에 놓이게 되었습니다. 선교 현장에서 교회로 급하게 연락이 왔고 새벽기도 시간에 교인들과 함께 단기선교팀을 위하여 기도하였습니다. 연락받은 부모들이 교회로 찾아와 제단에 엎드려 간절히 기도하기 시작했고 그날 아침 특별 기도회가 열리게 되었습니다. 물론 현장에서도 전도사님을 중심으로 중고등부 학생들이 기도하기 시작했습니다. 그런데, 기적이 일어났습니다. 마을을 통과하기 직전 허리케인은 강도가 4등급 정도의 강력한 태풍이었지만 정작 마을에 도착했을 때는 태풍의 강도가 2등급으로 떨어졌습니다. 단기선교를 무사히 마친 중고등부 학생들이 찍어온 사진과 동영상을 보면서 당시 상황이 얼마나 급박했는가를 알 수 있었습니다. 예배 시간에 단기선교를 다녀온 학생이 간증을 하는데 두 가지를 고백했습니다. 이번 단기선교를 통해 평생 잊지 못할 두 가지를 배워 왔다고. 하나님은 살아계시다는 사실, 기도하면 기적이 일어난다는 사실을 체험했다고 전해주었습니다. 간증을 들으면서 선교 현장을 다녀온 학생들이 무엇보다 값진 다메섹의 체험을 갖게 되었다는 생각을 하게 되었습니다.

신앙의 선배 된 부모로서 사랑하는 자녀들이 무엇을 체험해야 하는지 고민하시기 바랍니다. 살아계신 하나님을 만날 수 있는 신앙적 환경을 만들어주어야 할 책임이 부모에게 있다는 사실, 잊지 마시기 바랍니다. 부모는 자녀들에게 신앙의 가이드 역할 해주어야 하고 우리 자녀들이 예배자로 세워지도록 도와주어야 합니다. 우리 자녀들이 스스로 하나님을 찾는 기도 신앙을 가지도록 기도의 본을 보여주실 때 하나님께서 영광을 받으시며 아브라함 가문에게 주셨던 언약의 말씀이 성취되는 믿음의 가정 세워가시기를 주님의 이름으로 축원합니다.

둘째, 하나님의 비전을 품을 수 있는 자녀들 되도록 기도해 주어야 한다는 사실입니다.

17-18절 보시면 사도 바울의 두 번째 간증이 시작되는 것을 볼 수 있는데 일명 성전 환상에 대한 간증입니다.

'후에 내가 예루살렘으로 돌아와서 <u>성전에서 기도할 때에 황홀한 중에 보매</u> 주께서 내게 말씀하시되 <u>속히 예루살렘에서 나가라</u> 그들은 네가 내게 대하여 증언하는 말을 듣지 아니하리라 하시거늘'

사도 바울은 성전에서 기도할 때 하나님의 음성을 듣게 됩니다. 속히 예루살렘에서 나가라, 하나님께서 사도 바울에게 예루살렘에서 나가라고 말씀하시는 이유가 무엇일까. 그 이유가 21절에 나옵니다.

'더러 또 이르시되 **떠나가라 내가 너를 멀리 이방인에게로 보내리라** 하셨느니라'

하나님은 사도 바울을 이방인의 사도로 보내시기 위해 예루살렘을 떠나라 말씀하셨습니다. 하나님은 사도 바울에게 선교의 비전을 심어주셨고 이방인을 위해 복음을 전하는 사역은 사도 바울에게 사명이 되었습니다. 하나님의 비전을 품은 사도 바울을 통하여 기독교 지평이 넓어지게 되었고 복음의 물결은 땅끝을 향해 흘러갈 수 있었습니다. 사도 바울은 바나바와 함께 안디옥 교회에서 기독교 최초의 선교사로 파송 받았고 유럽의 역사를 바꾼 개척자가 되었으며 빌립보, 데살로니가, 베뢰아, 고린도, 에베소에 주님의 몸 된 교회를 세우는 위대한 역사를 만들어 내었습니다. 우리 자녀들이 하나님을 만나야 할 이유가 여기에 있습니다. 자녀들을 통해 이루고자 하시는 하나님의 뜻, 이것이 우리 자녀들이 품어야 할 비전이요 사명입니다. 비전은 내가 이루고자 하는 소원이 아닙니다. 비전이란 나를 통해 이루고자 하시는 하나님의 뜻입니다. 14절 보시면

'그가 또 이르되 우리 조상들의 **하나님이 너를 택하여 너로 하여금 자기 뜻을 알게 하시며** 그 의인을 보게 하시고 그 입에서 나오는 음성을 듣게 하셨으니'

나를 향한 하나님의 뜻, 이것이 우리 자녀들이 품어야 할 비전입니다. 자녀들을 향한 하나님의 계획이 있습니다. 자녀들을 통하여 이루고자 하시는 하나님의 뜻이 있습니다. 우리 자녀들이 이 시대 축복의 통로로 쓰임받기 위해서 무엇보다 하나님과의 만남의 사건이 있어야 합니다. 우리 자녀들에게 다메섹의 사건이 일어나도록 기도하는 여러 분들을 통해 우리 자녀들을 향한 하나님의 선하신 계획이 모두 성취되기를 주님의 이름으로 축원합니다. 아멘 바울이 공회를 주목하여 이르되 여러분 형제들아 오늘까지 나는 범사에 양심을 따라 하나님을 섬겼노라 하거늘 대제사장 아나니아가 바울 곁에 서 있는 사람들에게 그 입을 치라 명하니 바울이 이르되 회칠한 담이여 하나님이 너를 치시리로다 네가 나를 율법대로 심판한다고 앉아서 율법을 어기고 나를 치라 하느냐 하니 곁에 선 사람들이 말하되 하나님의 대제사장을 네가 욕하느냐 바울이 이르되 형제들아 나는 그가 대제사장인 줄 알지 못하였노라 기록하였으되 너의 백성의 관리를 비방하지 말라 하였느니라 하더라 바울이 그 중 일부는 사두개인이요 다른 일부는 바리새인인 줄 알고 공회에서 외쳐 이르되 여러분 형제들아 나는 바리새인이요 또 바리새인의 아들이라 죽은 자의 소망 곧 부활로 말미암아 내가 심문을 받노라 그 말을 한즉 바리새인과 사두개인 사이에 다툼이 생겨 무리가 나누어지니 이는 사두개인은 부활도 없고 천사도 없고 영도 없다 하고 바리새인은 다 있다 함이라 크게 떠들새 바리새인 편에서 몇 서기관이 일어나 다투어 이르되 우리가 이 사람을 보니 악한 것이 없도다 혹 영이나 혹 천사가 그에게 말하였으면 어찌 하겠느냐 하여 큰 분쟁이 생기니 천부장은 바울이 그들에게 찢겨질까 하여 군인을 명하여 내려가 무리 가운데서 빼앗아 가지고 영내로 들어가라 하니라 그 날 밤에 주께서 바울 곁에 서서 이르시되 담대하라 네가 예루살렘에서 나의 일을 증언한 것 같이 로마에서도 증언하여야 하리라 하시니라 날이 새매 유대인들이 당을 지어 맹세하되 바울을 죽이기 전에는 먹지도 아니하고 마시지도 아니하겠다 하고 이같이 동맹한 자가 사십여 명이더라 대제사장들과 장로들에게 가서 말하되 우리가 바울을 죽이기 전에는 아무 것도 먹지 않기로 굳게 맹세하였으니 이제 너희는 그의 사실을 더 자세히 물어보려는 척하면서 공회와 함께 천부장에게 청하여 바울을 너희에게로 데리고 내려오게 하라 우리는 그가 가까이 오기 전에 죽이기로 준비하였노라 하더니 바울의 생질이 그들이 매복하여 있다 함을 듣고 와서 영내에 들어가 바울에게 알린지라 바울이 한 백부장을 청하여 이르되 이 청년을 천부장에게로 인도하라 그에게 무슨 할 말이 있다 하니 천부장에게로 데리고 가서 이르되 죄수 바울이 나를 불러 이 청년이 당신께 할 말이 있다 하여 데리고 가기를 청하더이다 하매 천부장이 그의 손을 잡고 물러가서 조용히 묻되 내게 할 말이 무엇이냐 대답하되 유대인들이 공모하기를 그들이 바울에 대하여 더 자세한 것을 묻기 위함이라 하고 내일 그를 데리고 공회로 내려오기를 당신께 청하자 하였으니 당신은 그들의 청함을 따르지 마옵소서 그들 중에서 바울을 죽이기 전에는 먹지도 않고 마시지도 않기로 맹세한 자 사십여 명이 그를 죽이려고 숨어서 지금 다 준비하고 당신의 허락만 기다리나이다 하니이에 천부장이 청년을 보내며 경계하되 이 일을 내게 알렸다고 아무에게도 이르지 말라 하고 백부장 둘을 불러 이르되 밤 제 삼 시에 가이사랴까지 갈보병 이백 명과 기병 칠십 명과 창병 이백 명을 준비하라 하고 또 바울을 태워 총독 벨릭스에게로 무사히 보내기 위하여 짐승을 준비하라 명하며 또 이 아래와 같이 편지하니 일렀으되 글라우디오 루시아는 총독 벨릭스 각하께 문안하나이다 이 사람이 유대인들에게 잡혀 죽게 된 것을 내가 로마 사람인 줄 들어 알고 군대를 거느리고 가서 구원하여다가 유대인들이 무슨 일로 그를 고발하는지 알고자 하여 그들의 공회로 데리고 내려갔더니 고발하는 것이 그들의 율법 문제에 관한 것뿐이요 한 가지도 죽거나 결박할 사유가 없음을 발견하였나이다 그러나 이 사람을 해하려는 간계가 있다고 누가 내게 알려 주기로 곧 당신께로 보내며 또 고발하는 사람들도 당신 앞에서 그에 대하여 말하라 하였나이다 하였더라

⓯

담대하라

오늘 우리가 살펴보게 될 본문은 예루살렘에 올라온 사도 바울이 유대인들의 소동으로 인하여 어려움을 당하게 되자 로마 장교 천부장의 도움으로 산헤드린 공회에서 증언할 수 있는 기회를 가지게 된 사건을 기록하고 있습니다. 산헤드린 공회는 사도 바울과 관련이 있는 유대인 최고 의결기관입니다. 한때는 예수 믿는 사람들을 잡아 가두기 위해 사도 바울에게 공적인 권한을 부여해 준 곳이 산헤드린 공회인데 지금은 사도 바울이 죄인의 모습으로 공회원들 앞에서 재판을 받는 장면을 볼 수 있습니다. 사도 바울은 무엇을 변론하려 하는가, 자신은 하나님 앞에 부끄러움 없는 사람임을 전하려고 노력했습니다. 1절 보시면

'바울이 공회를 주목하여 이르되 여러분 **형제들아 오늘까지 나는 범사에 양심을 따라 하나님을 섬겼노라** 하거늘'

사도 바울이 이 말을 하자 반응이 나오는데 대제사장 아나니아가 바울 곁에 있는 사람들에게 그 입을 치라 명하는 장면을 볼 수 있습니다. 2절 보시면

'대제사장 아나니아가 바울 곁에 서 있는 **사람들에게 그 입을 치라 명하니**'

아나니아는 왜 사도 바울의 변론을 들으려 하지 않고 이런 반응을 보이는가 사도 바울은 이미 배신자로 낙인이 찍혀 있었기 때문입니다. 유대인의 옷을 벗어버리고 그리스도인의 옷을 입은 사도 바울, 율법을 버리고 복음을 전하는 사도 바울, 아나니아의 눈에 사도 바울은 배신자로 보일 수밖에 없었을 것입니다. 그 입을 치라 말하는 대제사장을 향해 사도 바울은 어떤 반응을 보였을까, 3절 보시면

'바울이 이르되 **회칠한 담이여 하나님이 너를 치시리로다** 네가 나를 율법대로 심판한다고 앉아서 율법을 어기고 나를 치라 하느냐 하니'

사도 바울도 쉽게 물러서지 않았습니다. 유대 공동체에서 막강한 힘과 권력을 가진 대제사장 앞에서 이런 말을 한다는 것은 결코 쉬운 일이 아니었습니다. 이 말로 인하여 산헤드린 공회원들의 사도 바울을 향한 적개심은 불이 붙기 시작하였을 것입니다. 상황이 위험하게 흘러가고 있다는 사실을 알게 된 사도 바울, 지혜를 발휘하기 시작하는데 공회원들의 특징을 이용하여 위기를 모면하는 사도 바울의 모습을 6절에서 볼 수 있습니다.

'바울이 그 중 **일부는 사두개인이요 다른 일부는 바리새인인 줄 알고** 공회에서 외쳐 이르되 여러분 형제들아 **나는 바리새인이요 또 바리새인의 아들이라 죽은 자의 소망 곧 부활로 말미암아 내가 심문을 받노라**'

산헤드린 공회는 유대 사회에서 최고 의결기관이기 때문에 오늘날로 말하면 국회와 같습니다. 우리나라 국회도 여당과 야당으로 구성되어 있듯이 산헤드린 공회도 비슷한 구조를 가지고 있었습니다. 정통 보수 신앙을 유지하는 바리새인이 여당으로 구성원들이 많았고 로마와 친분관계를 유지하던 사두개인은 야당으로 수가 적었습니다. 그런데, 문제는 두 집단이 믿는 바가 달랐다는 것입니다. 바리새인은 부활과 천사의 존재와 영혼이 있다는 사실을 믿었습니다. 하지만 사두개인은 부활, 천사의 존재, 영혼에 대한 것을 인정하지 않았습니다. 바리새인과 사두개인은 물과 기름 같은 존재로 서로 섞일 수 없는 상층 된 집단이라 말할 수 있습니다. 사도 바울은 이것을 잘 알고 있었고 부활 신앙을 가진 바리새인들을 향해 나는 바리새인의 아들이요 예수의 부활을 증거하는 문제로 이 자리에 서게 되었다고 외쳤을 때 바리새인들이 움직이기 시작하였습니다. 9절 보시면

'크게 떠들새 **바리새인 편에서 몇 서기관이 일어나** 다투어 이르되 **우리가 이 사람을 보니 악한 것이 없도다** 혹 영이나 혹 천사가 그에게 말하였으면 어찌 하겠느냐 하여'

결국 산헤드린 공회는 사도 바울의 문제를 다룰 수 없게 되었습니다. 그러자 유대인들 가운데 사도 바울을 죽이지 않고는 먹지도 아니

하고 마시지도 아니하겠다 맹세한 사십 명의 사람들이 음모를 꾸미기 시작했습니다. 바리새인과 사두개인들 간의 다툼으로 재판을 끝내지 못하자 사도 바울을 다시 소환하여 정식으로 재판해 줄 것을 대제사장과 장로들에게 부탁하였습니다. 그 과정에서 사십 명의 결사대가 숨어 있다가 사도 바울을 죽이기로 계획을 세우게 된 것입니다. 그런데 이 순간에 하나님께서 개입하셨습니다. 16절 보시기 바랍니다.

'<u>바울의 생질이 그들이 매복하여 있다 함을 듣고</u> 와서 영내에 들어가 바울에게 알린지라'

바울의 생질이 유대인들의 음모를 알려주었고 사도 바울은 백부장을 불러 천부장에게 인도해 달라고 부탁하였습니다. 천부장 앞에서 바울의 생질은 자기가 들은 음모에 대하여 전해주었고 천부장은 로마 시민권을 가진 사도 바울을 보호하기 위해 군사를 동원하여 로마 총독 벨릭스에게로 보내게 됩니다. 이것이 사도 바울에게는 로마로 가는 이유가 되었고 로마에 가서 복음을 전하고 싶어 했던 사도 바울의 소원을 하나님께서 이루어 주셨습니다. 오늘은 **'담대하라'**는 제목 가지고 말씀의 은혜를 나누기 원합니다.

첫째, 신앙의 양심을 따라 하나님을 섬길 때 담대할 수 있습니다.

사도 바울은 산헤드린 공회가 막강한 힘과 권력을 가진 기관이라는 것을 알고 있는 사람이었습니다. 왜냐하면 죄 없는 예수님을 어떻게 하든지 죄를 만들어 십자가에 죽인 사람들이 산헤드린 공회원이기 때문입니다. 산헤드린 공회는 없는 죄라도 만들어 낼 수 있다는 사실을 알고 있는 사도 바울, 그 앞에서 어떤 변론을 하느냐에 따라 생사가 갈릴 수 있는데 사도 바울이 처음으로 한 말이 무엇인가, 1절 보시면

'바울이 공회를 주목하여 이르되 여러분 형제들아 **오늘까지 나는 범사에 양심을 따라 하나님을 섬겼노라** 하거늘'

이것이 사도 바울이 산헤드린 공회 앞에서 전한 첫 마디였습니다. 산헤드린 공회 앞에서 사도 바울이 당당하게 설 수 있는 이유. 신앙의 양심을 따라 하나님을 섬겨왔기 때문입니다. 사도 바울이 하나님 앞에 부끄럽지 않은 신앙을 가지고 살아올 수 있었던 이유가 있습니다.

1. 코람데오

하나님 앞에 서 있다는 코람데오 의식이 사도 바울의 신앙이었습니다. 죄로 가득한 세상 속에서 신앙의 양심을 지키며 산다는 것이 쉬운 일일까, 결코 쉽지 않다는 사실을 우리는 잘 알고 있습니다. 하지만 이것을 가능하게 만드는 것이 있습니다. 하나님 앞에 서 있다는 코람데오 의식을 놓지 않으면 우리는 세상과 타협하지 아니하고 신앙의 양심을 따라 살아가는 그리스도인이 될 수 있는 것입니다. 코람데오의 신앙을 가지고 믿음으로 승리한 사람이 있습니다. 다니엘의 믿음을 성경은 단 1:8절에서 증거하고 있습니다.

'다니엘은 **뜻을 정하여** 왕의 음식과 그가 마시는 포도주로 자기를 더럽히지 아니하리라 하고 자기를 더럽히지 아니하도록 환관장에게 구하니'

왕의 음식을 먹는다는 것, 세상 사람들이 부러워하는 것입니다. 왕이 마시던 포도주를 마신다는 것, 세상 사람들이 하고자 하는 것입니다. 하지만 다니엘은 결코 그것을 구하지 아니하고 단호히 거절했습니다. 왜냐하면 다니엘은 하나님 앞에 부끄럽게 살지 않기로 뜻을 정하였기 때문입니다. 뜻을 정하여 살아간다는 것, 여기에 믿음의 정도를 걸어가도록 도우시는 성령의 역사가 있습니다. 하나님은 우리가 뜻을 정하여 살아가는 그리스인 되기를 기대하고 계십니다. 뜻을 정하여 살아간다는 것은 결코 쉬운 선택이 아닙니다. 여기에는 그만한 희생이 따라와야 하고 많은 것을 포기해야 합니다. 그런데, 여기에 반전의 역사가 있습니다. 뜻을 정하여 살기로 결정한 다니엘에게 어떤 일이 일어났을까, 단 1:9절에 보시면

'하나님이 다니엘로 하여금 환관장에게 **은혜와 긍휼을 얻게 하신지라**'

뜻을 정하여 살아갈 때 하나님은 은혜를 얻게 하신다는 사실, 성경이 증거하고 있습니다. 죄악된 세상 속에서 뜻을 정하여 살아가는 자가 은혜를 입게 된다는 사실, 노아가 보여주고 있습니다. 창 6:5-8절 보시기 바랍니다.

'여호와께서 사람의 죄악이 세상에 가득함과 그의 마음으로 생각하는 모든 계획이 항상 악할 뿐임을 보시고 땅 위에 사람 지으셨음을 한탄하사 마음에 근심하시고 이르시되 내가 창조한 사람을 내가 지면에서 쓸어버리되 사람으로부터 가축과 기는 것과 공중의 새까지 그리하리니 이는 내가 그것들을 지었음을 한탄함이라 하시니라 **그러나 노아는 여호와께 은혜를 입었더라**'

뜻을 정하여 살아가도록 돕는 것이 코람데오 신앙입니다. 하나님 앞에 서 있다는 코람데오 의식을 가지고 살아가는 여러분들에게 하나님의 은혜가 임하기를 간절히 소망합니다.

2. 자기 통제력

시카고 윌로우크릭 교회에서 목회하셨던 빌 하이벨스 목사는, 《아무도 보는 이 없을 때 당신은 누구인가》라는 책을 썼습니다. 그 책에 보면 이런 이야기를 다루고 있습니다. 하나님의 뜻대로 살기 위해 그리스도인에게 무엇이 필요할까, 용기가 필요하다고 이야기하고 있습니다. 많은 그리스도인들이 신앙의 양심을 속이고 거짓과 부정의 손을 잡고 있습니다. 많은 그리스도인들이 뜻을 정하여 살기보다는 세상의 흐름에 맞추어 살아가고 있습니다. 왜 그럴까, 용기가 없기 때문입니다. 거짓과 부정의 손을 잡지 않는 거절의 용기, 타협의 손을 잡지 않는 거절의 용기, 유혹의 손길을 뿌리치는 거절의 용기, 과연 우리에게 있을까. 만약 그리스도인들에게 거절의 용기가 있다면 세상은 달라졌을 것입니다. 세상을 탓하기보다 거절의 용기를 가지고 살아가지 못하는 우리의 비겁함을 회개해야 하지 않을까 생각합니다. 빌 하이벨스 목사는 왜 책의 제목을 아무도 보는 이 없을 때 당신은 누구인가로 정했을까, 아무도 보는 이 없을 때 우리는 진정 그리스도인으로 살아가고 있는가를 묻기 위함일 것입니다.

아무도 보는 이 없을 때 사람들은 유혹의 손길을 잡아버립니다. 뇌물과 청탁의 손을 잡아버립니다. 거짓과 부정의 손을 잡아버립니다. 세상과 타협하면서 자신을 합리화하고 신앙의 양심을 저버리면서 입으로는 하나님을 섬긴다 말합니다. 거절의 용기가 없기 때문입니다.

빌 하이벨스 목사는 그 책에서 그리스도인들이 하나님 뜻대로 살기 위해서는 용기가 필요한데 용기를 가리켜 자기 통제력이라고 알려주고 있습니다. 자신을 통제할 수 있는 능력을 가지고 있다면 우리는 거절의 용기를 가지고 살아갈 수 있다는 것입니다. 자신을 절제할 수 있는 힘을 가지고 있으면 우리는 아무도 보는 이 없어도 신앙의 양심을 지킬 수 있는 그리스도인이 될 수 있는 것입니다. 성령의 아홉 가지 열매 중 첫 번째는 사랑입니다. 마지막 아홉 번째 열매는 절제입니다. 성령의 열매 중 우선순위 되는 열매가 사랑이라면 가장 어려운 열매가 절제임을 알 수 있습니다. 절제를 가리켜 영어로 self-control이라고 합니다. 자신을 제어할 수 있는 통제력을 말합니다.

그리스 사람들은 청년에게 이것을 권면하였다고 합니다. 자기 자신을 다스리라, 자기 자신을 다스릴 줄 모르면 세상의 리더로 설 수 없다 하면서 브레이크를 걸 수 있는 절제력이 무엇보다 필요함을 가르쳤다고 합니다. 자기 통제력이 얼마나 어려운 일인가, 아무도 보는 이 없을 때 당신은 누구인가, 이 책을 쓴 빌 하이벨스 목사, 안타깝게도 성적 스캔들로 강단에서 내려올 수밖에 없었습니다. 뉴스를 접하면서 자신을 향해 브레이크를 건다는 것이 얼마나 어려운 일인가 알게 되었습니다. 성경은 절제의 중요성에 대하여 고전 9:25절에서 말씀하고 있습니다.

'**이기기를 다투는 자마다 모든 일에 절제하나니** 그들은 썩을 승리자의 관을 얻고자 하되 우리는 썩지 아니할 것을 얻고자 하노라'

믿는 사람이 신앙의 경주에서 승리하기 위해서는 절제가 필요함을 성경은 증거하고 있습니다. 세상 사람들 하고 싶은 대로 살아갈 때 믿는 우리는 하나님의 부르심에 합당한 삶을 살아야 하는데 여기에 필요한 것이 자기 통제입니다. 절제의 열매를 맺기 위해서는 성령의 도우심이 필요합니다. 목회하는 저로서도 성령의 아홉 가지 열매 중 어려운 열매가 절제임을 인정하고 있습니다. 자신을 향하여 브레이크를 건다는 것, 말처럼 쉬운 일이 아닙니다. 자신을 제어할 수 있는 자기 통제력은 성령을 의지할 때 가능할 수 있습니다. 어떻게 하면 자신을 향하여 통제할 수 있을까, 갈 5:16절에 답이 있습니다.

'내가 이르노니 너희는 **성령을 따라 행하라 그리하면 육체의 욕심을 이루지 아니하리라**'

성령을 따라 행하라 그리하면 육체의 욕심을 이루지 아니하리라. 이 말씀이 이루어지기 위해서 우리는 성령이 주시는 사인에 민감하게 반응할 줄 알아야 합니다. 유혹의 손길이 뻗쳐왔을 때 거절의 용기를 가지고 손을 잡지 않았던 요셉, 성령이 주시는 사인에 반응했기 때문입니다. 사랑하는 성도 여러분, 1절 말씀을 주목해 보시기 바랍니다.

'바울이 공회를 주목하여 이르되 여러분 형제들아 **오늘까지 나는 범사에 양심을 따라 하나님을 섬겼노라** 하거늘'

나는 신앙의 양심을 따라 하나님을 섬겼노라, 사도 바울의 신앙 고백입니다. 성령은 우리 안에 내주하시는 분이시기에 하나님의 뜻과 어긋난 순간이 오면 성령은 우리에게 사인을 보내오십니다. 그 순간 반응하며 자신에게 브레이크를 걸 수 있는 사람, 이 사람이 바로 성령을 따르는 사람이며 절제의 열매를 맺는 하나님의 사람입니다. 이 말씀 듣는 우리 모두 하나님 앞에 부끄럼 없는 믿음의 사람으로 살아갈 수 있는 은혜가 임하기를 주님의 이름으로 축원합니다.

둘째, 고난의 현장에 들려오는 말씀을 붙잡을 때 담대할 수 있습니다.

사도 바울의 재판이 연기되면서 위기를 모면했지만 더 큰 위험이 기다리고 있었습니다. 12-13절 보시면

'날이 새매 유대인들이 당을 지어 맹세하되 **바울을 죽이기 전에는 먹지도 아니하고 마시지도 아니하겠다 하고 이같이 동맹한 자가 사십여 명이더라**'

사도 바울을 죽이기로 각오한 유대인 결사대가 조직되었습니다. 사도 바울 인생에 가장 큰 위기가 다가오고 있는 순간이었습니다. 그런데 반전의 역사가 일어났습니다. 11절 보시면

'**그날 밤에 주께서 바울 곁에 서서 이르시되 담대하라** 네가 예루살렘에서 나의 일을 증언한 것 같이 로마에서도 증언하여야 하리라 하시니라'

주님께서 언제 나타나셨습니까 '그날 밤에'라고 나와 있습니다. 그날 밤은 무엇을 의미할까요. 사도 바울이 재판을 마치지 못하고 미결수로 갇힌 밤이었습니다. 사도 바울을 죽이기로 결사한 유대인 사십 명이 칼을 들고 기다리던 밤이었습니다. 사도 바울 인생에 있어 가장 힘들고 두려운 밤이었습니다. 그런데, 그때 주님께서 찾아오셨습니

다. 야곱이 얍복 강가에서 홀로 남아 있던 밤에 찾아오셨던 것처럼 주님은 그 밤에 사도 바울을 찾아오셨습니다. 인생 살아가다 보면 우리에게도 어두운 밤이 찾아올 수 있습니다. 하지만 그때가 주님이 우리를 찾아오시는 시간임을 잊지 마시기 바랍니다.

11절 보시면 주께서 바울 곁에 서서 말씀을 주셨다고 성경은 기록하고 있습니다. '곁에 서서' 헬라어로 '멈추어 서다'라는 의미가 담겨 있습니다. 주님께서 모든 일을 멈추시고 사도 바울 곁에 찾아오셔서 위로해 주시고 힘이 되는 말씀을 주셨다고 성경은 증거하고 있습니다. 사랑하는 성도 여러분! 주님께서 지금 우리 곁에 계심을 믿으시기 바랍니다. 광야에 홀로 남아 힘든 시간을 보내고 있는 야곱에게 하나님은 말씀으로 다가오셨습니다. 내가 너와 함께 할 것이며 네가 어디로 가든지 내가 너를 지킬 것이며 내가 네게 허락한 것을 다 이루기까지 너를 떠나지 아니하리라 말씀하셨습니다. 야곱의 인생 가운데 찾아오신 하나님이 지금도 우리와 함께 하심을 믿으시기 바랍니다. 사도 바울 인생에 가장 두렵고 힘든 시간에 하나님은 찾아와 말씀하셨습니다. 담대하라 네가 예루살렘에서 증언한 것 같이 로마에서도 증언하여야 하리라 말씀하셨을 때 사도 바울은 담대함의 믿음을 회복하게 되었습니다. 담대하라, 헬 '다르세이'라고 하는데 용기를 내라, 안심하라 이런 의미를 가지고 있습니다. 네가 비록 갇혀 있지만 로마에 가서 복음을 전할 수 있도록 길을 열어주실 것을 약속하셨습니다.

너를 해하고자 하는 유대인들이 사십 명이나 칼을 들고 있지만 누구도 너를 해치 못하도록 지켜주겠다 말씀하셨을 때 사도 바울은 담대할 수 있었습니다. 사도 바울이 로마에 가서 재판을 받기 위해 배를 타고 가던 중 광풍을 만나 배가 깨지게 되는 위기의 순간을 맞이하게 되었습니다. 어려운 상황에서 사도 바울이 사람들에게 어떤 말을 들려주었는지 아십니까. 행 27:23-25절 보시기 바랍니다.

'내가 속한 바 곧 내가 섬기는 하나님의 사자가 어제 밤에 내 곁에 서서 말하되 **바울아 두려워하지 말라** 네가 가이사 앞에 서야 하겠고 또 하나님께서 너와 함께 항해하는 자를 다 네게 주셨다 하였으니 **그러므로 여러분이여 안심하라 나는 내게 말씀하신 그대로 되리라고 하나님을 믿노라**'

사도 바울이 담대할 수 있었던 이유, 고난의 현장에서 들려오는 말씀을 붙잡았기 때문입니다. 이 시간 하나님께서 말씀하십니다. 담대하라. 두려워하지 말라. 내가 너와 함께할 것이다. 주님 말씀하실 때 나는 내게 말씀하신 그대로 되리라고 하나님을 믿노라 고백하는 우리가 되어서 담대한 믿음의 사람으로 살아갈 수 있기를 주님의 이름으로 축원합니다. 아멘

닷새 후에 대제사장 아나니아가 어떤 장로들과 한 변호사 더둘로와 함께 내려와서 총독 앞에서 바울을 고발하니라 바울을 부르매 더둘로가 고발하여 이르되 벨릭스 각하여 우리가 당신을 힘입어 태평을 누리고 또 이 민족이 당신의 선견으로 말미암아 여러 가지로 개선된 것을 우리가 어느 모양으로나 어느 곳에서나 크게 감사하나이다 당신을 더 괴롭게 아니하려 하여 우리가 대강 여짜옵나니 관용하여 들으시기를 원하나이다 우리가 보니 이 사람은 전염병 같은 자라 천하에 흩어진 유대인을 다 소요하게 하는 자요 나사렛 이단의 우두머리라 그가 또 성전을 더럽게 하려 하므로 우리가 잡았사오니 당신이 친히 그를 심문하시면 우리가 고발하는 이 모든 일을 아실 수 있나이다 하니 유대인들도 이에 참가하여 이 말이 옳다 주장하니라 총독이 바울에게 머리로 표시하여 말하라 하니 그가 대답하되 당신이 여러 해 전부터 이 민족의 재판장 된 것을 내가 알고 내 사건에 대하여 기꺼이 변명하나이다 당신이 아실 수 있는 바와 같이 내가 예루살렘에 예배하러 올라간 지 열이틀밖에 안 되었고 그들은 내가 성전에서 누구와 변론하는 것이나 회당 또는 시중에서 무리를 소동하게 하는 것을 보지 못하였으니 이제 나를 고발하는 모든 일에 대하여 그들이 능히 당신 앞에 내세울 것이 없나이다 그러나 이것을 당신께 고백하리이다 나는 그들이 이단이라 하는 도를 따라 조상의 하나님을 섬기고 율법과 선지자들의 글에 기록된 것을 다 믿으며 그들이 기다리는 바 하나님께 향한 소망을 나도 가졌으니 곧 의인과 악인의 부활이 있으리라 함이니이다 이것으로 말미암아 나도 하나님과 사람에 대하여 항상 양심에 거리낌이 없기를 힘쓰나이다 여러 해 만에 내가 내 민족을 구제할 것과 제물을 가지고 와서 드리는 중에 내가 결례를 행하였고 모임도 없고 소동도 없이 성전에 있는 것을 그들이 보았나이다 그러나 아시아로부터 온 어떤 유대인들이 있었으니 그들이 만일 나를 반대할 사건이 있으면 마땅히 당신 앞에 와서 고발하였을 것이요 그렇지 않으면 이 사람들이 내가 공회 앞에 섰을 때에 무슨 옳지 않은 것을 보았는가 말하라 하소서 오직 내가 그들 가운데 서서 외치기를 내가 죽은 자의 부활에 대하여 오늘 너희 앞에 심문을 받는다고 한 이 한 소리만 있을 따름이니이다 하니 벨릭스가 이 도에 관한 것을 더 자세히 아는 고로 연기하여 이르되 천부장 루시아가 내려오거든 너희 일을 처결하리라 하고 백부장에게 명하여 바울을 지키되 자유를 주고 그의 친구들이 그를 돌보아 주는 것을 금하지 말라 하니라 수일 후에 벨릭스가 그 아내 유대 여자 드루실라와 함께 와서 바울을 불러 그리스도 예수 믿는 도를 듣거늘 바울이 의와 절제와 장차 오는 심판을 강론하니 벨릭스가 두려워하여 대답하되 지금은 가라 내가 틈이 있으면 너를 부르리라 하고 동시에 또 바울에게서 돈을 받을까 바라는 고로 더 자주 불러 같이 이야기하더라 이태가 지난 후 보르기오 베스도가 벨릭스의 소임을 이어받으니 벨릭스가 유대인의 마음을 얻고자 하여 바울을 구류하여 두니라

기회

지난 시간에 산헤드린 공회에서 자신을 변론하는 사도 바울의 모습을 살펴보았습니다. 사도 바울이 유대 종교 지도자들 앞에서 담대하게 증언할 수 있었던 것은 신앙의 양심에 따라 하나님을 섬겨왔기 때문입니다. 하나님 앞에 서 있다는 코람데오 의식을 가지고 있으면 담대한 믿음의 사람으로 살아갈 수 있다는 사실 사도 바울을 통해 살펴보았습니다. 오늘은 총독 벨릭스 앞에서 종교 지도자들과 사도 바울사이에 고발과 변론이 진행되는 장면을 볼 수 있는데 1절 보시면 대제사장 아나니아가 변호사 더둘로를 데리고 벨릭스 총독 앞에서 사도바울을 고발하는 장면을 볼 수 있습니다.

'닷새 후에 **대제사장 아나니아가** 어떤 장로들과 한 변호사 더둘로와 함께 내려와서 **총독 앞에서 바울을 고발하니라**'

총독이 주관하는 재판이라면 분명 로마법이 적용됨을 알고 있기에 대제사장 아나니아는 로마법에 정통한 변호사를 고용하여 사도 바울을 고발하기로 작정하였습니다. 재판이 시작되자 변호사 더둘로가 입을 열게 되는데 무슨 말을 처음으로 꺼내놓았는가? 3절 보시면

'벨릭스 각하여 우리가 당신을 힘입어 태평을 누리고 또 이 민족이 당신의 선견으로 말미암아 여러 가지로 개선된 것을 우리가 어느 모양으로나 어느 곳에서나 크게 감사하나이다'

더둘로는 먼저 판결권을 쥐고 있는 벨릭스를 향하여 듣기 좋은 말을 나열합니다. 당신의 뛰어난 능력으로 유대 사회가 태평시대를 누리고 있고 당신의 선견으로 말미암아 많은 것이 개선되어 유대인들이 감사하게 생각하고 있다고 아첨의 말을 꺼내놓았습니다. 벨릭스 총독을 띄워 놓은 후 변호사 더둘로는 본격적으로 사도 바울을 고발하는데 세 가지 죄목을 걸었습니다. 5-6절 보시면

'우리가 보니 **이 사람은 전염병 같은 자라 천하에 흩어진 유대인을 다 소요하게 하는자요 나사렛 이단의 우두머리라** 그가 또 <u>성전을 더럽게 하려 하므로</u> 우리가 잡았사오니'

첫 번째 죄목, 사도 바울은 전염병 같은 자이기에 유대인들을 소요하게 만드는 위험한 인물이라고 고발하였습니다. 전염병 같은 자는 헬라어로 불량배를 가리키는 단어입니다. 로마 전역에는 유대인 400만 명이 흩어져 살고 있기에 사도 바울을 살려놓으면 천하의 유대인

들이 소동을 일으킬 위험이 있음을 지적하고 있는 것입니다. 두 번째 죄목, 나사렛 이단의 우두머리라고 고발하였습니다. 성경에서 기독교를 나사렛 이단이라 부르는 것은 여기가 처음인데 왜 나사렛 이단이라고 부르는가 두 가지 이유 때문입니다. 하나는 나사렛 예수를 따르는 무리라는 의미가 담겨 있고 또 하나 기독교는 로마 제국이 합법적으로 인정한 유대교와는 완전히 다른 이단적 집단임을 부각시키기 위함이었습니다. 세 번째 죄목, 성전을 더럽히는 사람이라 하면서 율법을 범한 죄인으로 고발하였습니다. 대제사장 아나니아는 사도 바울을 정치범, 이단의 우두머리, 율법의 파괴자로 고발한 것입니다. 만약 벨릭스 총독이 이것을 인정한다면 사도 바울에게 내려질 형량은 사형이 될 수밖에 없었습니다. 다행히 벨릭스 총독은 원고의 일방적 주장에만 귀를 기울이지 않고 피고인 사도 바울에게도 변론의 기회를 주었습니다. 사도 바울은 변호사도 없이 혼자 자신의 무죄를 증명해야 하는 입장에 놓이게 되었는데 어떻게 진행이 되었을까 먼저 11절 보시기 바랍니다.

'당신이 아실 수 있는 바와 같이 **내가 예루살렘에 예배하러 올라간 지 열이틀밖에 안 되었고**'

예루살렘에 올라온 지 12일밖에 안 된 내가 사람들을 선동하여 소동을 일으킨다는 것은 현실적으로 불가능하다는 것을 변론하였습니다. 또한 무리를 선동하기 위하여 누군가 만나는 것을 본 사람이 없고 이것을 입증할 증거도 없다고 사도 바울이 말하는 장면이 12-13절에 나옵니다.

'그들은 내가 성전에서 누구와 변론하는 것이나 회당 또는 시중에서 **무리를 소동하게 하는 것을 보지 못하였으니** 이제 나를 고발하는 모든 일에 대하여 그들이 능히 당신 앞에 내세울 것이 없나이다'

사도 바울은 한 가지 사실 만큼은 인정했습니다. 유대인들이 이단이라고 하는 도를 나는 전하고 있다고 나는 예수 그리스도의 부활을 믿고 있다고 이것만큼은 내가 부인할 수 없는 바라고 당당히 말하는 사도 바울의 모습을 성경은 증거하고 있습니다. 내가 예루살렘에 온 것은 구제 헌금을 전달하기 위함이요 결례 의식을 행하기 위해 성전에 온 것이라고 하면서 변호사 더둘로가 고발한 죄목을 변론하는 사도 바울을 볼 수 있습니다. 원고와 피고의 이야기를 모두 들은 벨릭스 총독은 천부장 루시아가 올 때까지 재판을 미루겠다 하면서 사도 바울을 미결수 상태로 구금하게 되는데 상당한 혜택을 주었습니다. 23절 보시면

'백부장에게 명하여 **바울을 지키되 자유를 주고 그의 친구들이 그를 돌보아 주는 것을 금하지 말라** 하니라'

벨릭스 총독은 사도 바울의 무죄를 확신하고 있었던 것 같습니다. 다만 유대인들의 소동이 일어날 것을 염려하여 사도 바울을 미결수 상태로 구금하였는데 27절 보시면 이로 인하여 사도 바울은 2년 동안 꼼짝 못 하게 되는 결과로 이어지게 되었습니다.

'**이태가 지난 후** 보르기오 베스도가 벨릭스의 소임을 이어받으니 **벨릭스**

가 유대인의 마음을 얻고자 하여 바울을 구류하여 두니라'

하지만 2년이라는 시간이 사도 바울에게 기회가 되었다는 사실 성경은 증거하고 있습니다.

오늘은 **'기회'**라는 제목 가지고 은혜를 나누기 원합니다.

첫째, 믿는 사람이 당하는 고난은 증거의 기회가 될 수 있다는 사실입니다.

사도 바울 입장에서는 모든 것이 억울한 상황이라 말할 수밖에 없습니다. 야고보 사도의 제안으로 성전에 들어가 결례 의식을 행하려고 했을 뿐인데 유대인들이 사도 바울을 잡아 산헤드린 공회에 세우면서 사도 바울은 재판장에 끌려다니는 신세가 되어버렸습니다. 사도 바울은 예루살렘 교회에 구제 헌금을 전달한 후 로마로 갈 계획을 가지고 있었습니다. 로마에 있는 성도들을 만나 복음을 전하고 그들의 믿음을 말씀으로 세워주고 싶어 했습니다. 로마 교회의 도움을 받아 스페인에 가서 복음을 전하고 싶은 것이 사도 바울의 마지막 선교 비전이었습니다. 그런데, 유대인들이 붙잡아 산헤드린 공회에 세우면서 사도 바울은 고발당하게 되었고 재판장에 끌려 나와야 했습니다. 하지만 이것이 기회가 되었다고 성경은 증거하고 있습니다. 어떤 기회가 되었을까. 권력을 가진 사람들 앞에서 복음을 증거할 수 있는 기회가 되었다는 사실, 성경은 고난을 통하여 일하고 계시는 하나님을 전해주고 있습니다. 예수님께서 제자들에게 앞으로 일어날 일에 대하여 마 10:18절에서 말씀하셨습니다.

'또 너희가 나로 말미암아 **총독들과 임금들 앞에 끌려 가리니** 이는 그들

과 이방인들에게 **증거가 되게 하려 하심이라'**

이 말씀이 무엇을 의미하는지 알기 위해서는 눅 21:12-13절 보실 필요가 있습니다.

'이 모든 일 전에 내 이름으로 말미암아 너희에게 손을 대어 박해하며 회당과 옥에 넘겨 주며 **임금들과 집권자들 앞에 끌어 가려니와 이 일이 도 리어 나회에게 증거가 되리라'**

증거가 되리라, 증거의 기회가 될 것이라는 의미입니다. 무엇을 증 거하는 기회가 된다는 말씀입니까, 권력을 가진 사람들 앞에서 복음 을 증거하는 기회가 될 수 있다고 주님께서 말씀하셨습니다. 그런데 주의 말씀이 사도 바울을 통하여 이루어지고 있음을 사도행전의 저자 누가는 보여주고 있습니다. 사도 바울 입장에서는 모든 것이 고난의 연속이었습니다. 유대인들에게 잡혀 죽임당할 뻔한 일, 산헤드린 공 회에 고발당해 법정에 서야 하는 일, 벨릭스 총독 앞에서 재판받아야 하는 일, 모든 것이 사도 바울에게는 힘든 시간의 연속이었습니다. 하 지만 고난이 기회가 되었다고 성경은 증거하고 있습니다. 유대인들이 최고 의결기관으로 인정하는 산헤드린 공회에서 사도 바울은 무엇을 전하였을까, 행 23 : 6절 보시면

'바울이 그 중 일부는 사두개인이요 다른 일부는 바리새인인 줄 알고 공 회에서 외쳐 이르되 여러분 형제들아 나는 바리새인이요 또 바리새인의 아 들이라 **죽은 자의 소망 곧 부활로 말미암아 내가 심문을 받노라'**

예수의 부활을 증거하는 사도 바울의 모습을 보여주고 있습니다. 또한 사도 바울은 벨릭스 총독 앞에서 무엇을 증거하였습니까, 25절 보시면

'바울이 의와 절제와 장차 오는 심판을 강론하니 벨릭스가 두려워하여 대답하되 지금은 가라 내가 틈이 있으면 너를 부르리라 하고'

유대 사회를 다스리는 최고의 권력자 벨릭스 앞에서 의와 절제와 심판이라는 주제로 진리의 말씀을 전하는 사도 바울을 볼 수 있습니다. 재판으로 인하여 사도 바울이 아그립바 왕 앞에 서게 되는데 그 자리를 복음을 전하는 기회로 삼았습니다. 행 26:22-23절 보시면

'하나님의 도우심을 받아 내가 오늘까지 서서 높고 낮은 사람 앞에서 증언하는 것은 선지자들과 모세가 반드시 되리라고 말한 것밖에 없으니 곧 그리스도가 고난을 받으실 것과 죽은 자 가운데서 먼저 다시 살아나사 이스라엘과 이방인들에게 빛을 전하시리라 함이니이다 하니라'

아그립바 왕 앞에서 십자가의 주님, 부활하신 주님을 전하기 위해 최선을 다하는 사도 바울의 모습을 성경은 기록하고 있습니다. 그런데 그 자리가 모두 재판받는 자리였음을 우리는 기억할 필요가 있습니다. 사도 바울은 자신의 무죄를 증명하기보다는 권력자들에게 예수 그리스도를 증거하는 일에 최선을 다했습니다. 하나님은 왜 사도 바울을 법정에 세우셨을까, 만약 사도 바울이 고소당하지 아니하고 예루살렘에서 일을 마친 후 로마에 갔다면 권력자들에게 복음을 전하는

기회를 갖지 못했을 것입니다. 우리는 여기서 고난 속에 일하고 계시는 하나님을 볼 수 있습니다. 예수님은 제자들에게 권력을 가진 사람들 앞에서 복음을 전할 기회를 가지게 될 것을 예언하셨는데 그 말씀이 사도 바울을 통해 성취되고 있음을 성경은 증거하고 있습니다. 만약 사도 바울이 고발당하지 않았다면 어떻게 되었을까, 벨릭스 총독을 만나지 못했을 것이고 의와 절제와 장차 오는 심판에 대하여 진리의 말씀을 전하는 기회를 갖지 못했을 것입니다. 만약 사도 바울의 재판이 무죄로 판명이 되었다면 아그립바 왕 앞에서 십자가의 예수, 부활하신 주님을 전할 기회를 갖지 못했을 것입니다. 사도 바울이 고발당하고 재판장에 끌려가고 미결수로 갇혀 있던 시간들이 사실은 권력을 가진 사람들에게 복음을 증거하기 위한 하나님의 계획이었음을 알 수 있습니다. 사도 바울이 기록한 빌 1:20절 말씀 보시기 바랍니다.

'나의 간절한 기대와 소망을 따라 아무 일에든지 부끄러워하지 아니하고 지금도 전과 같이 온전히 담대하여 **살든지 죽든지 내 몸에서 그리스도가 존귀하게 되게 하려 하나니**'

살든지 죽든지 그리스도가 존귀하게 여김 받을 수 있다면 내가 당하는 고난이 나의 기쁨이 될 수 있음을 고백하는 사도 바울, 우리 모두의 고백이 되었으면 좋겠습니다. 사랑하는 성도 여러분! 성도의 고난은 증거의 기회가 될 수 있음을 믿으시기 바랍니다. 하나님은 성도가 당하는 고난을 통하여 일하고 계시다는 사실, 우리의 고난이 살아계신 하나님을 증거할 수 있는 기회가 될 수 있음을 믿으시면서 벧전 4:16절 보시기 바랍니다.

'만일 그리스도인으로 **고난을 받으면 부끄러워하지 말고** 도리어 그 이름으로 **하나님께 영광을 돌리라**'

하나님께서 성도에게 고난을 허락하심에는 세 가지 뜻이 있습니다. 하나는 우리를 낮추기 위함입니다. 하나님은 고난을 통해 우리를 낮추시고 하나님 의지하는 믿음을 갖게 하고자 고난의 현장으로 인도하십니다. 또 하나는 믿음의 그릇을 준비시키기 위함입니다. 고난은 과정에 불과할 뿐 그 자체가 목적이 아닙니다. 하나님께서 고난의 터널을 지나가게 하심은 우리를 다듬으시고 믿음의 그릇을 준비시키기 위함임을 믿으시기 바랍니다. 세 번째 이유 영광을 받기 위함입니다. 성경에서 고난을 이야기할 때 영광이라는 단어가 함께 등장하는 구절들이 많습니다. 벧전 4 : 13절 보시면

'오히려 너희가 그리스도의 **고난**에 참여하는 것으로 즐거워하라 이는 그의 **영광**을 나타내실 때에 너희로 즐거워하고 기뻐하게 하려 함이라'

고난을 믿음으로 이겨낸 자가 하나님의 살아계심을 증거하며 주께 영광 돌릴 수 있는 것입니다. 사도 바울이 비록 어려운 시간을 보내고 있지만 하나님은 권력자들에게 복음을 전하는 기회가 되게 하셨습니다. 고난은 증거의 기회가 될 수 있음을 사도 바울은 우리에게 보여주고 있습니다. 고난이 찾아올 때 기도하시기 바랍니다. 고난이 증거의 기회가 되게 하시고 고난이 유익이 되도록 기도하시기 바랍니다. 고난당한 것이 내게 유익이라는 시편 기자의 고백처럼 모든 것이 합력하여 선을 이루어 주시는 하나님의 은혜가 우리의 기도 가운데 임하

기를 주님의 이름으로 축원합니다. 아멘

둘째, 하나님 주신 기회를 붙잡아야 한다는 사실입니다.

원고와 피고의 주장을 모두 들은 벨릭스는 한 가지 사실을 알게 되었습니다. 사도 바울에게는 죄가 없다는 사실 하지만 무죄를 선고해 버리면 유대인들이 들고 일어날 것을 벨릭스는 알고 있었습니다. 벨릭스는 지혜로운 결정을 내리게 되는데 23절 보시면

'백부장에게 명하여 **바울을 지키되 자유를 주고** 그의 친구들이 그를 돌보아 주는 것을 금하지 말라 하니라'

벨릭스의 선고 이후 2년 동안 재판이 열리지 않았습니다. 벨릭스가 이러한 조치를 내리게 된 것은 이유가 있었습니다. 유대인들의 소동을 잠재우기 위함이요 사도 바울에게 뭔가 얻고자 하는 마음이 있었기 때문입니다. 벨릭스에게는 유대계 여자인 드루실라라는 아내가 있었습니다. 벨릭스 부부는 기독교에 대하여 관심이 있었던 것 같습니다. 사도 바울을 불러 그가 전하는 진리의 말씀에 대하여 듣는 모습이 24절에 기록이 되어 있습니다.

'수일 후에 벨릭스가 그 아내 유대 여자 드루실라와 함께 와서 바울을 불러 **그리스도 예수 믿는 도를 듣거늘**'

여기서 질문을 던지고자 합니다. 만약 우리가 사도 바울 입장이었다면 벨릭스 앞에서 어떤 말을 해야 할까요. 벨릭스 부부와 대면하는

자리는 아무도 참석하지 않는 비공식적인 자리였습니다. 개인적으로 이야기할 수 있는 자리이기에 사도 바울은 자신의 무죄를 입증할 수 있는 소중한 기회를 가지게 된 것입니다. 유대인들의 고발이 얼마나 터무니없는 주장인지 충분히 설득할 수 있는 기회가 주어진 것입니다. 그런데 사도 바울이 그 중요한 자리에서 어떤 이야기를 전하였는지 25절 보시기 바랍니다.

'바울이 의와 절제와 장차 오는 심판을 강론하니 벨릭스가 두려워하여 대답하되 지금은 가라 내가 틈이 있으면 너를 부르리라 하고'

사도 바울은 자신의 무죄를 입증할 수 있는 이야기는 한 마디도 하지 않았습니다. 오히려 벨릭스 부부가 부담스러워하는 의에 대하여 절제에 대하여 심판에 대하여 말씀을 전하였습니다. 사도 바울은 왜 의와 절제와 심판에 대한 말씀을 전한 것일까. 벨릭스 부부의 심각한 문제를 알고 있었기 때문입니다. 드루실라는 헤롯 아그립바 1세의 막내딸로 수리아에 있는 에메사의 왕과 결혼을 하게 되었는데 그의 빼어난 미모에 반해버린 벨릭스 총독이 그녀를 끈질기게 설득해 결국 이혼하게 만들었습니다. 벨릭스 총독은 드루실라를 세 번째 아내로 맞이하는 데 성공하게 되지만 그 이면에는 인간의 추악한 욕망이 흐르고 있었습니다. 이 사실을 알고 있는 사도 바울은 의와 절제와 심판에 대한 말씀을 전하며 벨릭스 부부를 회개의 자리로 인도하고자 최선을 다했습니다. 사도 바울은 자신의 무죄를 입증할 수 있는 기회를 날려 버렸습니다. 벨릭스 총독과 대면하는 기회가 생겼을 때 사도 바울은 자신을 위하여 사용하지 않았고 하나님의 말씀을 전하는 데 사용하였습니다. 또한 사도 바울은 풀려날 수 있는 기회를 날려 버렸습니다. 벨릭스는 왜 사도 바울을 불러내었는가 이유가 있습니다. 26절 보시면

'동시에 또 **바울에게서 돈을 받을까 바라는 고로** 더 자주 불러 같이 이야기하더라'

돈을 좋아하는 벨릭스에게 사도 바울이 보석금 형식으로 돈을 갖다 주었다면 아마도 사도 바울은 풀려났을 가능성이 높았습니다. 하지만 사도 바울은 그렇게 하지 않았습니다. 벨릭스와 단독 대면할 수 있는 기회가 주어졌지만 그 기회를 자신을 위해 사용하지 않았습니다. 오히려 벨릭스 부부에게 진리의 말씀을 전하며 회개의 자리로 인도하고자 했습니다. 벨릭스 부부는 사도 바울에게서 하나님의 말씀을 들을 수 있는 기회를 가지게 되었습니다. 사도 바울을 통하여 주님을 만날 수 있는 기회를 가지게 되었습니다. 하지만 벨릭스는 그 기회를 놓쳐 버렸습니다. 벨릭스의 인생 최후가 어떻게 된지 아십니까, 유대 역사가 요세푸스의 기록에 의하면 새로운 황제가 등극한 후 벨릭스 총독은 그 자리에서 내려오게 되었고 로마에서 재판을 받고 노예가 되어 비참한 최후를 맞이했다고 합니다.

사랑하는 성도 여러분! 하나님 기회 주실 때 붙잡으시기 바랍니다. 벨릭스 부부, 사도 바울을 통하여 말씀을 들을 수 있는 기회를 가졌습니다. 사도 바울을 통하여 십자가의 주님, 부활의 주님에 대한 복음을 들을 수 있는 기회를 가졌습니다. 회개의 자리로 나아가 하나님을 만날 수 있는 기회를 가졌습니다. 하지만 돈에 대한 욕심 때문에 벨릭스

부부는 구원의 문턱에서 돌아서는 어리석은 사람이 되어버렸습니다. 기회를 붙잡는 자가 있고 기회를 놓치는 자가 있습니다. 하나님 기회 주실 때 고난 속에 일하시는 주님을 증거하는 우리 모두가 될 수 있기를 주님의 이름으로 축원합니다. 아멘

이태가 지난 후 보르기오 베스도가 벨릭스의 소임을 이어받으니 벨릭스가 유대인의 마음을 얻고자 하여 바울을 구류하여 두니라 베스도가 부임한 지 삼 일 후에 가이사랴에서 예루살렘으로 올라가니 대제사장들과 유대인 중 높은 사람들이 바울을 고소할새 베스도의 호의로 바울을 예루살렘으로 옮기기를 청하니 이는 길에 매복하였다가 그를 죽이고자 함이더라 베스도가 대답하여 바울이 가이사랴에 구류된 것과 자기도 멀지 않아 떠나갈 것을 말하고 또 이르되 너희 중 유력한 자들은 나와 함께 내려가서 그 사람에게 만일 옳지 아니한 일이 있거든 고발하라 하니라 베스도가 그들 가운데서 팔 일 혹은 십 일을 지낸 후 가이사랴로 내려가서 이튿날 재판 자리에 앉고 바울을 데려오라 명하니 그가 나오매 예루살렘에서 내려온 유대인들이 둘러서서 여러 가지 중대한 사건으로 고발하되 능히 증거를 대지 못한지라 바울이 변명하여 이르되 유대인의 율법이나 성전이나 가이사에게나 내가 도무지 죄를 범하지 아니하였노라 하니 베스도가 유대인의 마음을 얻고자 하여 바울더러 묻되 네가 예루살렘에 올라가서 이 사건에 대하여 내 앞에서 심문을 받으려느냐 바울이 이르되 내가 가이사의 재판 자리 앞에 섰으니 마땅히 거기서 심문을 받을 것이라 당신도 잘 아시는 바와 같이 내가 유대인들에게 불의를 행한 일이 없나이다 만일 내가 불의를 행하여 무슨 죽을 죄를 지었으면 죽기를 사양하지 아니할 것이나 만일 이 사람들이 나를 고발하는 것이 다 사실이 아니면 아무도 나를 그들에게 내줄 수 없나이다 내가 가이사께 상소하노라 한 대 베스도가 배석자들과 상의하고 이르되 네가 가이사에게 상소하였으니 가이사에게 갈 것이라 하니라 수일 후에 아그립바 왕과 버니게가 베스도에게 문안하러 가이사랴에 와서 여러 날을 있더니 베스도가 바울의 일로 왕에게 고하여 이르되 벨릭스가 한 사람을 구류하여 두었는데 내가 예루살렘에 있을 때에 유대인의 대제사장들과 장로들이 그를 고소하여 정죄하기를 청하기에 내가 대답하되 무릇 피고가 원고들 앞에서 고소 사건에 대하여 변명할 기회가 있기 전에 내주는 것은 로마 사람의 법이 아니라 하였노라 그러므로 그들이 나와 함께 여기 오매 내가 지체하지 아니하고 이튿날 재판 자리에 앉아 명하여 그 사람을 데려왔으나 원고들이 서서 내가 짐작하던 것 같은 악행의 혐의는 하나도 제시하지 아니하고 오직 자기들의 종교와 또는 예수라 하는 이가 죽은 것을 살아 있다고 바울이 주장하는 그 일에 관한 문제로 고발하는 것뿐이라 내가 이 일에 대하여 어떻게 심리할는지 몰라서 바울에게 묻되 예루살렘에 올라가서 이 일에 심문을 받으려느냐 한즉 바울은 황제의 판결을 받도록 자기를 지켜 주기를 호소하므로 내가 그를 가이사에게 보내기까지 지켜 두라 명하였노라 하니 아그립바가 베스도에게 이르되 나도 이 사람의 말을 듣고자 하노라 베스도가 이르되 내일 들으시리이다 하더라

거룩한 소원

    어느 나라 어느 단체든지 새로운 권력자가 나타난다는 것은 새로운 변화가 일어나는 것을 의미합니다. 새로운 권력자가 정치를 잘하면 그 나라에는 개혁의 바람이 불어오는 것이고 새로운 수장이 뛰어난 리더십을 발휘하면 변화의 물결이 공동체에 일어날 수 있습니다. 사도 바울이 2년 동안 미결수 상태로 가이사랴에 있는 감옥에 갇혀 있을 때 새로운 권력자가 나타났습니다. 유대 총독으로 있던 벨릭스가 물러나고 새로운 총독으로 베스도라는 사람이 부임을 하게 되었습니다. 재판의 결론이 내려지지 않은 상태에서 2년이라는 시간 동안 갇혀 있던 사도 바울에게 새로운 총독이 부임하였다는 소식은 기대감을 가지게 만들었을 것입니다. 베스도가 유대 총독으로 부임하였을 때 가이사랴에서 예루살렘으로 올라가 종교 지도자들을 만나게 됩니다. 신임 총독이 부임하였다는 것은 산헤드린 공회에도 반가운 소식이었습니다. 왜냐하면 예루살렘을 평안히 다스리는 것이 총독에게는 무엇보다 중요하였기 때문에 이를 위해 종교 지도자들과 좋은 관계를 유지하는 것이 총독이 감당해야 할 일임을 산헤드린 공회는 잘 알고 있었습니다. 그래서 신임 총독이 예루살렘에 올라오자마자 산헤드린 공회는 준비해 두었던 요청 사항을 제안하였습니다. 3절 보시면

'베스도의 호의로 바울을 예루살렘으로 옮기기를 청하니 이는 길에 매복하였다가 그를 죽이고자 함이더라'

우리에게 호의를 베푸셔서 사도 바울과 관련된 재판을 가이사랴가 아닌 예루살렘에서 열어줄 것을 요청하였습니다. 이렇게 함은 사람들을 매복시켜 예루살렘으로 올라오는 길에 사도 바울을 죽이기로 음모를 꾸며놓았기 때문입니다. 종교 지도자들은 나름대로 기대감을 가지고 신임 총독 베스도에게 요청하였을 것입니다. 예루살렘을 평안히 다스리기 위해서는 산헤드린 공회와 좋은 관계를 유지하는 것이 무엇보다 중요한 정치적 수완인데 자신들의 부탁을 신임 총독이 거절하지 못할 것이라 생각했기 때문입니다. 그런데 다행스럽게도 총독 베스도는 이를 허락하지 않았고 가이사랴에서 재판을 진행할 것이라 통보하였습니다. 며칠이 지나 종교 지도자들이 가이사랴로 내려와 예전에 했던 대로 사도 바울을 소요를 일으키는 자, 이단의 우두머리, 율법의 파괴자로 고발하였습니다. 재판을 담당할 베스도가 고발당한 사도 바울에게 제안하는 장면이 9절에 나옵니다.

'베스도가 유대인의 마음을 얻고자 하여 바울더러 묻되 네가 예루살렘에 올라가서 이 사건에 대하여 내 앞에서 심문을 받으려느냐'

유대 총독으로 부임한 베스도 역시 종교 지도자들의 눈치를 볼 수밖에 없어 예루살렘에서 재판을 진행해도 좋겠냐고 사도 바울에게 물었습니다. 이 물음이 사도 바울에게는 기회가 되었습니다. 어떤 기회가 되었을까. 미결수 상태로 있다가 2년 만에 열린 재판에서 사도 바울은 그동안 준비해 놓았던 대답을 신임 총독에게 말하기 시작하였습니다. 그 장면이 10-11절에 나옵니다.

'바울이 이르되 내가 가이사의 재판 자리 앞에 섰으니 마땅히 거기서 심문을 받을 것이라 당신도 잘 아시는 바와 같이 내가 유대인들에게 불의를 행한 일이 없나이다 만일 내가 불의를 행하여 무슨 죽을 죄를 지었으면 죽기를 사양하지 아니할 것이나 만일 이 사람들이 나를 고발하는 것이 다 사실이 아니면 아무도 나를 그들에게 내줄 수 없나이다 **내가 가이사께 상소하노라** 한 대'

내가 가이사께 상소하노라, 이 제안은 사도 바울이 2년이라는 시간 동안 감옥에 갇혀 있을 때 기도하며 준비한 대답이었습니다. 얼핏 보면 사도 바울이 유대인들의 손에 죽임을 당할 것이 두려워 로마 시민권을 이용하여 황제 앞에서 재판을 받으려는 것이 아닌가 생각해 볼 수 있지만 사도 바울은 그런 사람이 아니었습니다. 사도 바울이 이런 제안을 하게 된 것은 어떤 이유로든 로마에 가고 싶은 거룩한 소원이 있었기 때문입니다. 공정한 재판을 받기 위해, 살기 위해 로마로 가겠다는 것이 아니라 죄인의 신분이라 할지라도 로마에 가서 복음을 전하고 싶은 것이 사도 바울이 품고 있는 소원이었기 때문입니다. 결과가 어떻게 되었을까. 12절 보시면

'베스도가 배석자들과 상의하고 이르되 **네가 가이사에게 상소하였으니 가이사에게 갈 것이라** 하니라'

베스도는 사도 바울의 제안을 허락해 주었습니다. 황제에게 상소를 하였으니 로마에 가서 재판을 받을 것이라 하면서 사도 바울에게 로마로 가는 길을 열어주었습니다. 오늘은 **'거룩한 소원'**이라는 제목 가지고 말씀 나눌 때 우리로 하여금 거룩한 소원을 품게 하시고 이루어 가시는 하나님의 역사가 우리 삶에서도 나타날 수 있기를 주님의 이름으로 축원합니다.

첫째, 거룩한 소원을 품으면 하나님께서 반드시 이루어 주신다는 사실입니다.

사도 바울같이 열정이 많은 사람이 아무것도 할 수 없는 상황이 되면 하루하루가 힘들어지는 것은 당연한 결과일 것입니다. 사도 바울의 소원이 무엇이었습니까, 로마에 가서 복음을 전하는 것 로마에 있는 성도들의 믿음을 말씀 위에 세워주는 것, 이것이 사도 바울의 비전이었고 마음에 품은 소원이었습니다. 그런데 그 꿈이 이루어지지 못하는 안타까운 상황으로 흘러가고 있었습니다. 유대인들의 고발로 인하여 사도 바울은 재판에 끌려다녀야 했고 벨릭스 총독은 결론을 내리지 못한 채 사도 바울을 구금 상태로 가두어 놓고 말았습니다. 시간이 얼마나 흘렀을까, 2년의 시간이 지나가고 있었다고 행 24:27절 알려주고 있습니다.

'**이태가 지난 후** 보르기오 베스도가 벨릭스의 소임을 이어받으니 벨릭스

가 유대인의 마음을 얻고자 하여 **바울을 구류하여 두니라'**

사도 바울 입장에서 하루하루가 기다림의 연속이었을 것입니다. 재판이 미루어지면서 사도 바울은 가이사랴 감옥에 갇혀 아무것도 할 수 없는 상황이 되었을 때 그의 마음이 얼마나 답답하였을까 짐작해 볼 수 있습니다. 사람에게 있어 기다림은 어려운 시간이라 말할 수 있습니다. 기다림을 좋아하는 사람이 누가 있을까. 사도 바울 같이 선교의 열정을 가지고 있는 사람이 감옥에 갇혀 아무 일도 하지 못하는 2년의 시간이 얼마나 힘든 시간이었을까. 사도 바울에게는 기다림의 시간이 고통이었고 답답함이었고 선교에 대한 열정이 조금씩 식어가는 어려움의 시간이었을 것입니다. 그런데 그 시간이 사실은 하나님이 일하시는 시간이었습니다. 하나님은 2년의 시간 동안 사도 바울과 함께 계셨고 그를 로마로 보내기 위해 준비하시는 시간이었습니다. 하나님께서 사도 바울을 붙잡아 놓으신 이유가 무엇일까.

1. 보호하심

만약 사도 바울이 벨릭스 총독의 판결로 무죄로 풀려났다면 어떻게 되었을까. 사도 바울은 풀려나온 그 날 암살당하였을 가능성이 높습니다. 왜냐하면 행 23:12-13절 때문입니다.

'날이 새매 유대인들이 당을 지어 맹세하되 **바울을 죽이기 전에는 먹지도 아니하고 마시지도 아니하겠다 하고 이같이 동맹한 자가 사십여 명이더라'**

사도 바울을 죽이기 전에는 먹지도 마시지도 아니하겠다고 작정한

40명의 유대인 결사대가 풀려 난 사도 바울을 그냥 두었겠습니까, 그런데 유대인들의 맹세가 2년이 지나도록 변하지 않았다는 사실을 행 25:3절에서 확인할 수 있습니다.

'베스도의 호의로 바울을 예루살렘으로 옮기기를 청하니 **이는 길에 매복하였다가 그를 죽이고자 함이더라**'

사도 바울의 재판이 미루어지면서 가이사랴 감옥에 갇히게 된 것은 하나님의 보호하심 때문이었습니다. 사도 바울이 품고 있는 소원이 이루어질 때까지 누구도 주의 종을 건드리지 못하도록 하나님은 로마의 공권력 아래 보호하셨고 지켜주셨습니다. 사랑하는 성도 여러분! 우리를 향하신 하나님의 계획이 있음을 믿으시기 바랍니다. 하나님이 작정하신 뜻이 이루어질 때까지 하나님은 우리의 보호자 되어주실 줄 믿으시기 바랍니다. 모세가 광야 40년의 여정을 마치면서 하나님을 향한 감사의 고백을 신명기에 남겨놓았습니다. 힘든 광야 생활을 마치면서 모세는 어떤 고백을 남겨놓았을까? 신 32 : 10절 보시기 바랍니다.

'여호와께서 그를 황무지에서, 짐승이 부르짖는 광야에서 만나시고 **호위하시며 보호하시며 자기의 눈동자 같이 지키셨도다**'

고난의 파도가 아무리 높다 하여도 우리의 삶은 쉽게 무너지지 않을 것입니다. 왜냐하면 하나님이 우리를 눈동자처럼 지켜주시기 때문입니다. 우리가 품고 있는 거룩한 소원이 이루어지는 날까지 우리와 동행하시는 하나님, 그 하나님을 의지하며 살아가는 우리를 하나님께서 안전지대에 두실 것을 시 12:5절은 약속하고 있습니다.

'여호와의 말씀에 가련한 자들의 눌림과 궁핍한 자들의 탄식으로 말미암아 **내가 이제 일어나 그를 그가 원하는 안전한 지대에 두리라** 하시도다'

2. 준비시키심

사도 바울같이 열정이 많은 사람이 아무것도 할 수 없는 감옥에 갇혀 시간을 보낸다는 것은 받아들이기 어려운 상황이었을 것입니다. 사도 바울에게는 세계의 심장부라 할 수 있는 로마의 성도들에게 복음을 전하고 싶어 하는 거룩한 소원이 있었습니다. 그 소원은 사도 바울 개인이 품은 소원이 아니라 성령이 심어주신 비전이었습니다. 그런데 사도 바울의 상황은 어떻습니까. 벨릭스 총독이 재판을 연기하면서 2년이라는 시간이 지나가고 있었고 사도 바울은 가이사랴를 벗어날 수 없었습니다. 기다림의 연속. 사도 바울 입장에서는 참으로 견디기 힘든 답답함의 시간이었을 것입니다. 하지만 2년의 시간은 하나님이 사도 바울을 준비시키는 시간이었습니다. 무엇을 준비시키는 시간이었을까. 영광스러운 죽음을 준비시키는 시간이었습니다. 주님은 사도 바울에게 로마에 가서 복음을 전하게 될 것이라 말씀하셨지만 그것은 순교를 향한 과정이었습니다. 실제로 사도 바울은 A.D 67년경 로마에서 2차 투옥 때 목 베임을 당하며 순교하였습니다. 순교, 주의 종으로 부름받은 사람이 맞이할 수 있는 영광스러운 죽음입니다. 스데반 집사는 예수 그리스도를 증거하다 유대인들에게 돌에 맞아 순교하였습니다. 하지만 순교 당하는 순간은 스데반 집사 인생에 있어

가장 영광스러운 순간이었습니다. 스데반 집사가 생애 마지막으로 보았던 영광스러운 장면을 행 7:55-56절은 기록하고 있습니다.

'스데반이 성령 충만하여 하늘을 우러러 주목하여 **하나님의 영광과 및 예수께서 하나님 우편에 서신 것을 보고** 말하되 보라 하늘이 열리고 인자가 하나님 우편에 서신 것을 보노라 한 대'

순교는 주의 종으로 부름받은 사람이 맞이하는 영광스러운 죽음입니다. 이를 위해 하나님은 사도 바울을 준비시킬 시간이 필요하였습니다. 사도 바울의 삶이 영광스럽게 마무리될 수 있도록, 순교자로서 생애를 마감할 수 있도록 하나님은 준비의 시간을 허락하셨던 것입니다. 사도 바울에게는 기도의 시간이 필요했을 것입니다. 세상의 최고 권력자 로마 황제 앞에서 복음을 증거한다는 것은 찾아오기 힘든 소중한 기회가 될 수 있기에 사도 바울에게는 기도의 준비가 필요했을 것입니다. 감옥은 눈으로 보기에는 갇혀 있는 현장이요 아무것도 할 수 없는 현장이라 말할 수 있지만 사도 바울에게 이만한 기도의 골방은 없지 않나 생각됩니다. 아무것도 할 수 없는 곳이 아니라 오직 기도에 전념할 수 있는 골방을 하나님은 준비해 놓으시고 사도 바울을 기도밖에 할 수 없는 상황으로 몰아가신 것입니다. 아무것도 할 수 없는 곳이 아니라 오직 기도에 전념할 수 있는 은혜의 처소가 될 수 있다는 사실, 기억하시기 바랍니다.

혹시 우리의 삶이 사방이 막혀 있는 듯한 답답함이 느껴지십니까, 하늘이 열려 있다는 사실을 잊지 마시기 바랍니다. 세상이 우리를 가둬놓아도 하나님을 향한 기도의 문은 막을 수 없는 것입니다. 세상 권력이 사도 바울의 발목을 붙잡아 두었지만 그에게는 하늘이 열려 있었습니다. 당시 세계의 심장부라 할 수 있는 로마에 복음을 전하기 위해서 하나님은 사도 바울을 영적으로 준비시킬 필요가 있었습니다. 순교의 영광스러운 죽음을 맞이하기 위해서 사도 바울에게는 기도의 시간이 필요하였던 것입니다. 갇혀 있는 상황이 아니라 오직 기도에 전념할 수 있는 골방으로 하나님은 사도 바울을 인도하셨고 그 시간이 사도 바울에게는 성령으로 무장하는 은혜의 시간이었던 것입니다. 사도 바울이 어떻게 로마에 가서 복음을 전할 수 있었을까, 사도 바울이 어떻게 영광스러운 죽음을 맞이할 수 있었을까, 사도 바울은 거룩한 소원을 품고 있었기 때문입니다. 빌 2 : 13절 보시면

'너희 안에서 행하시는 이는 하나님이시니 자기의 기쁘신 뜻을 위하여 **너희에게 소원을 두고 행하게 하시나니'**

사랑하는 성도 여러분! 우리가 거룩한 소원을 품으면 하나님께서 반드시 이루어 주실 것을 믿으시기 바랍니다. 우리가 마음의 소원을 품고 하나님 앞에 나아가 부르짖으면 어떤 일이 일어나는가, 렘 33:1-3절 보시기 바랍니다.

'예레미야가 아직 시위대 뜰에 갇혀 있을 때에 여호와의 말씀이 그에게 두 번째로 임하니라 이르시되 **일을 행하시는 여호와, 그것을 만들며 성취하시는 여호와,** 그의 이름을 여호와라 하는 이가 이와 같이 이르시도다 **너는 내게 부르짖으라 내가 네게 응답하겠고 네가 알지 못하는 크고 은밀한 일을 네게 보이리라'**

하나님은 시위대 뜰에 갇혀 있는 예레미야에게 말씀하셨습니다. 일을 행하시는 여호와, 그것을 성취하시는 여호와가 말씀하시느니라, 너는 내게 부르짖으라 내가 네게 응답하겠고 네가 알지 못하는 크고 은밀한 일을 너를 통해 이루어 주겠다고 약속하셨습니다. 그래서 우리는 기도를 쉬면 안 되는 것입니다. 아무리 힘든 상황이라 할지라도 우리는 고난의 현장을 기도의 처소로 만들어야 합니다. 우리의 기도 소리가 멈출 때 하나님은 우리 안에서 일하시는 것을 멈출 수밖에 없습니다. 그러나 우리가 기도를 시작하면 일을 행하시는 여호와, 그것을 성취하시는 여호와께서 우리를 통하여 이루어 주실 것을 믿으시기 바랍니다. 삶을 살아가다 보면 때로 원치 않는 곳에 우리의 발걸음이 멈출 때가 있습니다. 그 시간은 멈춤의 시간이 아니라 하나님이 우리를 붙잡아 두는 시간이요 준비시키는 시간입니다. 그 시간을 기도의 제단을 쌓는 시간으로 만드는 사람을 하나님은 준비된 사람으로 부르셔서 우리가 품고 있는 거룩한 소원을 이루어 주실 것을 믿으시면서 하나님의 역사를 경험하는 우리 모두가 될 수 있기를 주님의 이름으로 축원합니다. 아멘

둘째, 하나님께서 문을 닫으실 때는 새로운 문을 열어놓으시고 우리를 인도해 가신다는 사실입니다.

사도 바울 입장에서 재판이 계속해서 미루어진다는 것은 로마로 가는 길이 점점 닫히는 것이 아닌가 생각할 수 있습니다. 왜 하나님은 나에게 길을 열어주시지 않는 것일까, 답답하게 생각할 수 있지만 사도 바울은 하나님이 길을 열어주시기를 기도하며 때를 기다릴 뿐이었습니다. 하지만 재판은 진행되지 않았고 그렇게 2년이라는 시간이 흘

렸을 때 사도 바울도 서서히 지쳐가고 있었을 것입니다. 로마로 가는 길이 열리지 않는 것처럼 보이는 상황이었지만 그러나 하나님은 새로운 문을 열어놓으시고 사도 바울이 영적으로 준비될 때까지 기다리셨습니다. 그리고 때가 되었을 때 하나님은 사도 바울이 품고 있는 거룩한 소원이 이루어지도록 로마로 가는 길을 열어주셨습니다. 객관적으로 본문의 사건을 보면 진척되는 상황은 아니었습니다. 산헤드린 공회가 사도 바울을 고발하였어도 이것이 사도 바울을 죽일 만큼의 죄가 되지 않는다는 사실 총독은 알고 있었습니다. 사도 바울을 죽이기 전까지 먹지도 마시지도 않겠다고 맹세한 유대인 결사대가 대기하고 있었지만 뜻대로 되지 못했습니다. 벨릭스 총독 역시 이런저런 이유로 재판을 연기하면서 결론을 내리지 못했습니다. 새롭게 부임한 베스도 총독도 사도 바울의 재판을 다루게 되었지만 역시 판결을 내리지 못하고 아그립바 왕에게 자문을 구할 뿐이었습니다. 이루어진 것은 하나도 없어 보이지만 한 가지만은 이루어졌습니다. 로마로 가고자 하는 사도 바울의 소원이 이루어지도록 하나님은 역사하셨습니다. 11절 마지막 보시면

‘내가 가이사께 상소하노라’

죄인의 신분이라 할지라도 로마에 가서 복음을 전하고 싶어 하는 사도 바울의 소원을 하나님께서 어떻게 하셨을까. 12절 보시기 바랍니다.

‘베스도가 배석자들과 상의하고 이르되 **네가 가이사에게 상소하였으니**

<u>가이사에게 갈 것이라</u> 하니라'

산헤드린 공회의 고발도, 유대인의 결사대도, 총독의 재판도 아무 것도 이루어진 것은 없지만 오직 한 가지 로마에 가고자 하는 사도 바울의 소원이 이루어지도록 하나님께서 역사하셨습니다. 결과를 보면서 우리로 하여금 소원을 품게 하시고 이루어 가시는 분이 하나님이라는 사실을 알게 되었습니다. 잠 16:9절 말씀 보시면

'사람이 마음으로 자기의 길을 계획할지라도 <u>그의 걸음을 인도하시는 이</u>는 여호와시니라'

사랑하는 성도 여러분! 하나님이 문을 닫으실 때 실망하지 마시기 바랍니다. 그 길이 아니기 때문이요 하나님이 새로운 길을 준비하고 계시기 때문입니다. 하나님은 언제나 좋은 계획을 가지고 우리를 인도해 가시는 분이시기에 하나님이 문을 닫으실 때는 그만한 이유가 있다는 사실을 우리는 믿어야 하는 것입니다. 중요한 것은 우리로 하여금 거룩한 소원을 품게 하시고 이루어 가시는 분이 하나님이라는 사실입니다. 저의 목회 여정을 돌아보면 맨하탄 장로교회에서 담임목사 제안이 왔을 때 하나님이 막으셨습니다. 뉴욕 아름다운 교회에서 개척한 교회에 담임으로 오라고 요청하였을 때도 하나님이 막으셨습니다. 텍사스 오스틴 장로교회에서 담임목사 제안이 왔을 때도 하나님이 막으셨습니다. 지금 생각하면 제가 준비되지 않았기에 하나님이 막으신 것입니다. 그러나 지금은 확신 있게 말할 수 있습니다. 하나님이 문을 닫으실 때는 더 좋은 문을 열어놓으시고 우리를 인도하신다

는 사실 믿으시기 바랍니다. 우리로 하여금 거룩한 소원을 품게 하시고 이루어 가시는 하나님이 언제나 우리를 소원의 항구로 인도하신다는 사실 믿으시면서 시 107:30절 함께 읽으며 오늘 설교 마치도록 하겠습니다.

'그들이 평온함으로 말미암아 기뻐하는 중에 **여호와께서 그들이 바라는 항구로 인도하시는도다**'

아멘

아그립바가 바울에게 이르되 너를 위하여 말하기를 네게 허락하노라 하니 이에 바울이 손을 들어 변명하되 아그립바 왕이여 유대인이 고발하는 모든 일을 오늘 당신 앞에서 변명하게 된 것을 다행히 여기나이다 특히 당신이 유대인의 모든 풍속과 문제를 아심이니이다 그러므로 내 말을 너그러이 들으시기를 바라나이다 내가 처음부터 내 민족과 더불어 예루살렘에서 젊었을 때 생활한 상황을 유대인이 다 아는 바라 일찍부터 나를 알았으니 그들이 증언하려 하면 내가 우리 종교의 가장 엄한 파를 따라 바리새인의 생활을 하였다고 할 것이라 이제도 여기 서서 심문 받는 것은 하나님이 우리 조상에게 약속하신 것을 바라는 까닭이니 이 약속은 우리 열두 지파가 밤낮으로 간절히 하나님을 받들어 섬김으로 얻기를 바라는 바인데 아그립바 왕이여 이 소망으로 말미암아 내가 유대인들에게 고소를 당하는 것이니이다 당신들은 하나님이 죽은 사람을 살리심을 어찌하여 못 믿을 것으로 여기나이까 나도 나사렛 예수의 이름을 대적하여 많은 일을 행하여야 될 줄 스스로 생각하고 예루살렘에서 이런 일을 행하여 대제사장들에게서 권한을 받아 가지고 많은 성도를 옥에 가두며 또 죽일 때에 내가 찬성 투표를 하였고 또 모든 회당에서 여러 번 형벌하여 강제로 모독하는 말을 하게 하고 그들에 대하여 심히 격분하여 외국 성에까지 가서 박해하였고 그 일로 대제사장들의 권한과 위임을 받고 다메섹으로 갔나이다 왕이여 정오가 되어 길에서 보니 하늘로부터 해보다 더 밝은 빛이 나와 내 동행들을 둘러 비추는지라 우리가 다 땅에 엎드러지매 내가 소리를 들으니히브리 말로 이르되 사울아 사울아 네가 어찌하여 나를 박해하느냐 가시채를 뒷발질하기가 네게 고생이니라 내가 대답하되 주님 누구시니이까 주께서 이르시되 나는 네가 박해하는 예수라 일어나 너의 발로 서라 내가 네게 나타난 것은 곧 네가 나를 본 일과 장차 내가 네게 나타날 일에 너로 종과 증인을 삼으려 함이니 이스라엘과 이방인들에게서 내가 너를 구원하여 그들에게 보내어 그 눈을 뜨게 하여 어둠에서 빛으로, 사탄의 권세에서 하나님께로 돌아오게 하고 죄 사함과 나를 믿어거룩하게 된 무리 가운데서 기업을 얻게 하리라 하더이다 아그립바 왕이여 그러므로 하늘에서 보이신 것을 내가 거스르지 아니하고 먼저 다메섹과 예루살렘에 있는사람과 유대 온 땅과 이방인에게까지 회개하고 하나님께로 돌아와서 회개에 합당한 일을 하라 전하므로 유대인들이 성전에서 나를 잡아 죽이고자 하였으나 하나님의 도우심을 받아 내가 오늘까지 서서 높고 낮은 사람 앞에서 증언하는 것은 선지자들과 모세가 반드시 되리라고 말한 것밖에 없으니 곧 그리스도가 고난을 받으실 것과 죽은 자 가운데서 먼저 다시 살아나사 이스라엘과 이방인들에게 빛을 전하시리라 함이니이다 하니라 바울이 이같이 변명하매 베스도가 크게 소리 내어 이르되 바울아 네가 미쳤도다 네 많은 학문이 너를 미치게 한다 하니 바울이 이르되 베스도 각하여 내가 미친 것이 아니요 참되고 온전한 말을 하나이다 왕께서는 이 일을 아시기로 내가 왕께 담대히 말하노니 이 일에 하나라도 아시지 못함이 없는 줄 믿나이다 이 일은 한쪽 구석에서 행한 것이 아니니이다 아그립바 왕이여 선지자를 믿으시나이까 믿으시는 줄 아나이다 아그립바가 바울에게 이르되 네가 적은 말로 나를 권하여 그리스도인이 되게 하려 하는도다 바울이 이르되 말이 적으나 많으나 당신뿐만 아니라 오늘 내 말을 듣는 모든 사람도 다 이렇게 결박된 것 외에는 나와 같이 되기를 하나님께 원하나이다 하니라

나와 같이 되기를

변명이라는 단어를 국어사전에서 찾아보았습니다. 변명, 어떤 잘못이나 실수에 대하여 자신을 변론하는 것으로 나와 있습니다. 변론이라는 단어를 찾아보았습니다. 변론, 사리를 밝혀 옳고 그름을 따지는 것이라고 정의하고 있습니다. 행 22장부터 지금까지의 내용을 보면 다섯 번에 걸친 사도 바울의 변명과 변론의 이야기가 주된 내용을 이루고 있음을 보게 됩니다. 유대인들 앞에서, 산헤드린 공회 앞에서, 총독 벨릭스와 그 후임 베스도 앞에서, 마지막으로 아그립바 왕앞에서 자신을 변론하는 사도 바울의 모습을 볼 수 있습니다. 왜 베스도 총독은 스스로 재판의 결론을 내리지 못하고 유대 왕 아그립바에게 자문을 구하는가, 그 이유는 두 가지 때문입니다. 먼저는 사도 바울에게서 아무런 죄를 찾아내지 못했기 때문이고 다음으로는 사도 바울이 로마 황제에게 상소를 하였기 때문입니다. 황제에게 상소를 하였다는 것은 로마 시민권을 가진 사도 바울을 로마로 보내야 하는 의

무가 베스도 총독에게 부여된 것입니다. 그런데 문제는 황제에게 상소할 자료를 정리하여 보내야 하는데 그만한 죄목을 찾지 못한 베스도 총독은 유대인 출신 아그립바 왕에게 도움을 요청한 것입니다. 아그립바 왕은 에돔 족속 출신으로 그에게는 유대인의 피가 흐르고 있었습니다. 유대 공동체에서 최고 의결기관으로 산헤드린 공회가 사도 바울을 고발하였기에 유대인의 전통과 종교적 관습에 대하여 잘 알고 있는 아그립바 왕에게 베스도 총독은 도움을 구할 수밖에 없었던 것입니다. 이로 인하여 사도 바울은 아그립바 왕과 베스도 총독 그리고 관리들 앞에서 자신을 변명하는 기회를 가지게 되는데 2절 보면 기회가 주어진 것에 대하여 감사를 표시하는 사도 바울을 볼 수 있습니다.

'아그립바 왕이여 유대인이 고발하는 모든 일을 **오늘 당신 앞에서 변명하게 된 것을 다행히 여기나이다**'

왜 사도 바울은 변론의 기회가 주어진 것에 대하여 감사를 전하는 것일까, 이것이 기회가 될 수 있음을 확신하였기 때문입니다. 자신의 무죄를 증명할 수 있는 기회가 되기보다는 십자가의 주님, 부활의 주님을 증거함으로 권력자들에게 복음을 전할 수 있는 기회가 주어짐에 사도 바울은 감사를 드리고 있는 것입니다. 청문회 형식으로 열린 자리에서 사도 바울은 무엇을 말하려 했는가, 먼저 자신의 과거에 대한 이야기를 꺼내놓았습니다. 그 내용이 4-5절에 나옵니다.

'내가 처음부터 내 민족과 더불어 예루살렘에서 젊었을 때 생활한 상황을 유대인이 다 아는 바라 일찍부터 나를 알았으니 그들이 증언하려 하면

내가 우리 종교의 가장 엄한 파를 따라 바리새인의 생활을 하였다고 할 것이라'

사도 바울이 처음으로 예루살렘에서 유학하였던 시절을 이야기하고 있습니다. 다소가 고향인 사도 바울이 왜 예루살렘에 유학을 온 것일까, 정통 유대교를 공부하기 위해서였습니다. 그 열심이 어느 정도였는가, 유대교 종파 중에서 가장 엄격한 율법 교육을 실행하는 바리새인 중의 바리새인이었다고 사도 바울은 고백하고 있습니다. 정통 유대인의 신앙을 지켜 온 내가 왜 산헤드린 공회로부터 고발을 당하였는가, 그 이유를 사도 바울은 6-7절에서 밝히고 있습니다.

'이제도 여기 서서 심문 받는 것은 하나님이 우리 조상에게 약속하신 것을 바라는 까닭이니 **이 약속은** 우리 열두 지파가 밤낮으로 간절히 하나님을 받들어 섬김으로 얻기를 바라는 바인데 **아그립바 왕이여 이 소망으로 말미암아 내가 유대인들에게 고소를 당하는 것이니이다**'

사도 바울이 약속과 소망이라는 단어를 언급하고 있는데 하나님이 약속하신 소망이 무엇인가 8절에서 전하고 있습니다.

'당신들은 **하나님이 죽은 사람을 살리심을** 어찌하여 못 믿을 것으로 여기나이까'

사도 바울이 이렇게 말함은 죽은 자들이 다시 살아날 것이라는 하나님의 약속이 예수의 부활로 성취되었음을 증거하기 위함이었습니다. 모세와 선지자들이 전하였던 죽은 자가 살아날 것이라는 소망의 말씀이 예수의 부활로 이루어졌으며 예수 그리스도를 전한다는 이유로 고발당하였음을 사도 바울이 외치고 있습니다. 사도 바울은 자신의 무죄를 증명하려고 애쓰기보다는 십자가와 부활이라는 복음의 핵심을 권력자들의 가슴에 심어주기 위해 최선을 다하는 모습을 보여주고 있습니다. 때를 얻든지 못 얻든지 말씀을 전파하라고 외쳤던 사도 바울은 주어진 기회의 시간에 복음을 선포하여 권력자들이 회심하고 하나님께로 돌아오게 하기 위해 최선을 다하는 전도자의 모습을 보여주고 있습니다. 청문회에서 사도 바울이 마지막으로 던진 말이 무엇인지 아십니까. 29절 보시기 바랍니다.

'바울이 이르되 말이 적으나 많으나 당신뿐만 아니라 오늘 내 말을 듣는 모든 사람도 다 이렇게 결박된 것 외에는 <u>나와 같이 되기를 하나님께 원하나이다</u> 하니라'

오늘은 **'나와 같이 되기를'**, 이 제목 가지고 말씀 나눌 때 우리도 예수 그리스도를 삶으로 증거하는 하나님의 사람 되어서 한 영혼이라도 주님께 인도하는 복음의 통로로 쓰임받을 수 있기를 주님의 이름으로 축원합니다. 아멘

첫째, 나를 만나주신 주님을 증거해야 한다는 사실입니다.
본문에는 사도 바울이 예수 그리스도를 만나기 전 자신이 어떤 사람이었는지 정직하게 고백하는 내용이 나오는데 9절부터 시작됩니다.

'**나도 나사렛 예수의 이름을 대적하여** 많은 일을 행하여야 될 줄 <u>스스로</u> <u>생각하고</u>'

　사도 바울은 과거의 자신을 스스로 생각하는 자였다고 고백하고 있습니다. 스스로 생각하는 자, 자신의 생각이 기준이었다는 것입니다. 자신의 생각이 행동하는 이유였고 자신의 생각이 판단의 기준이었으며 하나님을 위한 것이라 생각하여 그리스도인들을 핍박하는 일에 앞장섰던 자신의 과거를 솔직하게 전하고 있습니다. 10-12절 보시면

　'예루살렘에서 이런 일을 행하여 대제사장들에게서 권한을 받아 가지고 많은 성도를 옥에 가두며 또 죽일 때에 내가 찬성 투표를 하였고 또 모든 회당에서 여러 번 형벌하여 강제로 모독하는 말을 하게 하고 **그들에 대하여 심히 격분하여 외국 성에까지 가서 박해하였고** 그 일로 대제사장들의 권한과 위임을 받고 다메섹으로 갔나이다'

　사도 바울이 유대교를 지키기 위하여 얼마나 열심 있는 사람이었는가를 알 수 있습니다. 자신의 생각에 옳다고 여겨지는 일은 목숨을 가리지 않고 덤벼들었다는 것입니다. 자신의 생각에 하나님을 위한 것이라 판단되면 어디든 달려가 그리스도인을 박해하였던 사람이 바로 사울의 과거였습니다. 이런 열심이 잘못된 열심이라는 것을 예수를 만나기 전까지 몰랐다는 것입니다. 자신의 생각을 기준 삼아 살아왔지만 그것이 잘못된 것임을 부활의 예수를 만나고서야 깨닫게 되었음을 사도 바울은 증언하고 있습니다. 많은 사람들이 자신의 생각대로 살아갑니다. 자신의 생각이 맞다고 여겨지면 주변을 둘러보지 않습

니다. 자신의 생각이 결과로 이루어지도록 수단과 방법을 가리지 않고 무엇이든 하는 사람들 세상 사람들이 살아가는 삶의 방식입니다. 믿음을 가지고 살아간다는 것은 자신의 생각대로 사는 사람이 아니라 하나님의 뜻대로 살아가는 것을 의미합니다. 하나님의 뜻을 품고 살아가는 사람이 던지는 질문이 있습니다. 예수님이라면 어떻게 하실까. 이것을 생각하고 이것을 고민하며 이것을 삶으로 실천하는 사람, 하나님의 사람이 살아가는 삶의 방식입니다. 사도 바울이 과기의 이야기를 먼저 꺼내놓는 것은 잘못된 열심을 가지고 살아온 사람이 바로 나였음을 고백하기 위함입니다. 사도 바울은 부활의 주님을 만남으로 인생의 변화가 일어났음을 13-15절에서 증거하고 있습니다.

'왕이여 정오가 되어 길에서 보니 하늘로부터 해보다 더 밝은 빛이 나와 내 동행들을 둘러 비추는지라 우리가 다 땅에 엎드러지매 내가 소리를 들으니 히브리 말로 이르되 사울아 사울아 네가 어찌하여 나를 박해하느냐 가시채를 뒷발질하기가 네게 고생이니라 내가 대답하되 **주님 누구시니이까 주께서 이르시되 나는 네가 박해하는 예수라**'

사도 바울은 자신을 만나기 위해 찾아오신 주님을 증거하고 있습니다. 주님께서 찾아오지 않으셨다면 자신은 지금도 잘못된 열심을 가지고 그리스도인들을 핍박하는 하나님의 원수처럼 살았을 것을 전하고 있습니다. 사도 바울은 주님과의 만남을 통해 인생의 변화가 일어났음을 사람들 앞에서 증언하고 있습니다. 사랑하는 성도 여러분! 만남이 축복인 줄 믿으십니까, 우리에게 일어난 최고의 기적은 하나님이 우리 인생 가운데 찾아오신 만남의 사건임을 믿으시기 바랍니다. 만남이 축복이 되는 이유. 사도 바울의 고백을 통해 찾아보기 원합니다.

1. 사울에서 사도 바울로

무엇이 하나님을 위한 것인지 모른 채 자신의 생각을 기준 삼아 그리스도인들을 핍박하는 일에 앞장섰던 사울을 부활의 주님이 찾아와 만나주신 다메섹 사건, 새로운 인생의 문이 열리는 시작이었습니다. 성도 여러분, 하나님이 우리를 만나주지 않으셨다면 지금 우리는 어떤 길을 걷고 있을까 생각해 보셨습니까. 하나님이 우리 인생 가운데 찾아오지 않으셨다면 하나님이 우리를 구원의 길로 부르지 않으셨다면 우리는 아직도 잘못된 생각을 가지고 세상의 허무한 것들을 쫓아다니는 삶을 살고 있을 것입니다. 우리에게 일어난 최고의 기적은 하나님이 우리를 만나주신 사건입니다. 하나님께서 우리를 지명하여 부르시고 성령께서 믿음을 심어주셔서 2000년 전 예수의 십자가와 부활의 사건이 나의 구원을 위한 사건임을 믿게 하셨다는 사실, 우리에게 부어주신 최고의 은혜요 가장 귀한 축복임을 고백하지 아니할 수 없습니다. 사도 바울은 주님과의 만남이 인생을 바꾼 터닝포인트였음을 딤전 1:13-15절에서 고백하고 있습니다.

'내가 전에는 비방자요 박해자요 폭행자였으나 도리어 긍휼을 입은 것은 내가 믿지 아니할 때에 알지 못하고 행하였음이라 우리 주의 은혜가 그리스도 예수 안에 있는 믿음과 사랑과 함께 넘치도록 풍성하였도다 미쁘다 모든 사람이 받을 만한 이 말이여 그리스도 예수께서 죄인을 구원하시려고 세상에 임하셨다 하였도다 죄인 중에 내가 괴수니라'

사랑하는 성도 여러분! 하나님께서 나를 만나주셨음에 감사하시기 바랍니다. 하나님께서 나를 구원받을 자로 불러주심에 감사하시기 바랍니다. 하나님께서 나를 예배자로 세워주시고 예수 그리스도가 나의 모든 것 되심을 고백하게 하심에 감사하시기 바랍니다. 이미 우리는 감당할 수 없는 은혜와 복을 받은 사람임을 잊지 마시고 살아도 주를 위하여 살고 죽어도 주를 위하여 죽는 진정한 그리스도인으로 살아가는 우리 모두가 될 수 있기를 간절히 소망합니다.

2. 영적인 눈

18절 보시기 바랍니다.

'그 눈을 뜨게 하여 어둠에서 빛으로, 사탄의 권세에서 하나님께로 돌아오게 하고 죄 사함과 나를 믿어 거룩하게 된 무리 가운데서 기업을 얻게 하리라 하더이다'

여기서 중요한 것은 '그 눈을 뜨게 하여' 이 말씀입니다. 사도 바울이 다메섹 도상에서 부활의 주님을 만날 때 환한 빛으로 다가오셨습니다. 사도 바울에게 어떤 일이 일어났는가, 행 9:8-9절 보시면

'사울이 땅에서 일어나 눈은 떴으나 아무것도 보지 못하고 사람의 손에 끌려 다메섹으로 들어가서 사흘 동안 보지 못하고 먹지도 마시지도 아니하니라'

사도 바울은 부활의 주님을 만난 이후 아무것도 보지 못한 채 사흘

동안 눈을 감고 있어야 했습니다. 사도 바울에게 눈을 감는 시간은 옛 사람이 죽어가는 시간이었습니다. 잘못된 열심을 가지고 살아온 자신 의 과거를 떠나보내는 시간이었습니다. 그리스도의 십자가에 옛사람 의 본성을 못 박는 시간이었고 유대교의 울타리에서 복음의 울타리로 들어가는 시간이었습니다. 바리새인의 아들이 아닌 주님의 제자로 거 듭나는 시간이었고 사울에서 사도 바울로 부름받는 시간이었습니다. 사흘이 되었을 때 하나님은 아나니아를 부르셨습니다. 하나님이 아나 니아를 부르시는 이유가 무엇인가, 행 9:17-18절 보시면

'아나니아가 떠나 그 집에 들어가서 그에게 안수하여 이르되 형제 사울 아 주 곧 네가 오는 길에서 나타나셨던 **예수께서 나를 보내어 너로 다시 보게 하시고 성령으로 충만하게 하신다** 하니 **즉시 사울의 눈에서 비늘 같 은 것이 벗어져 다시 보게 된지라** 일어나 세례를 받고'

아나니아가 주의 이름으로 안수하여 기도해 주었을 때 사도 바울에 게 성령이 임하였습니다. 사울의 눈에서 비늘 같은 것이 벗어져 다시 보게 되는 은혜가 임하였다고 성경은 기록하고 있습니다. 벗겨진 비 늘은 무엇을 의미할까. 하나님은 사도 바울의 잘못된 열심을 벗기셨 습니다. 옛사람의 습성을 벗기시고 바리새인의 옷을 벗기셨습니다. 하나님은 사도 바울에게 그리스도인의 옷을 입혀주셨고 이방인의 전 도자로 세워주셨습니다. 하나님은 유대교의 비늘을 벗기시고 십자가 속에 담겨 있는 하나님의 사랑을 보게 하셨고 십자가 너머에 있는 부 활의 영광을 보게 하셨습니다. 율법의 행위로는 구원받을 수 없으며 오직 예수 그리스도를 믿는 자만이 하나님 나라에 들어갈 수 있다는

복음을 깨닫게 하셨습니다. 아나니아의 기도로 비늘이 벗겨질 때 사도 바울은 영적인 눈을 뜨게 되었고 구원의 진리를 깨닫게 되었으며 하나님의 나라를 볼 수 있는 눈을 갖게 되었습니다. 사도 바울이 성령을 받지 않았다면, 육신의 비늘이 벗겨지지 않았다면, 구원의 진리를 깨닫지 못했다면 사도 바울은 여전히 유대교의 틀 안에서 율법을 지키기 위해 열심을 내는 바리새인으로 살아갔을 것입니다.

사랑하는 성도 여러분, 세상에서 가장 불쌍한 사람이 누구인지 아십니까. 십자가를 바라보아도 아무것도 깨닫지 못하는 사람, 십자가를 바라보아도 아무것도 보지 못하는 사람, 하나님 보시기에 가장 불쌍한 사람입니다. 왜 세상 사람들은 십자가를 보아도 아무것도 깨닫지 못하는 것입니까. 성령을 받지 못했기 때문이요 육신의 비늘이 벗겨지지 않았기 때문이요 영적인 눈을 뜨지 못했기 때문입니다. 생각해 보면 우리는 축복받은 사람이라 고백하지 아니할 수 없습니다. 여러분들은 주님께서 나의 죄를 대신하여 십자가의 제물로 죽으셨음을 믿으십니까, 십자가를 보면서 나를 향한 하나님의 사랑이 느껴지십니까, 십자가 너머에 부활의 영광이 나를 기다리고 있다는 것이 믿어지십니까, 이것을 아멘으로 고백하신다면 우리는 성령을 받은 사람이요 그리스도 안에서 거듭난 사람이며 영적으로 축복받은 사람임을 믿으시기 바랍니다. 성령이 우리로 하여금 영적인 눈을 뜨게 하심은 보게 하기 위함입니다. 십자가 속에 구원의 길이 있다는 사실, 십자가 너머에 부활의 영광이 기다리고 있다는 사실, 하나님의 나라가 준비되고 있다는 사실, 이것을 알고 믿음을 지키며 살아가는 자가 진정 복 받은 자임을 믿으시기 바랍니다.

왜 주님은 사울을 만나주신 것일까. 복음의 증인으로 세워주기 위함이었습니다. 사도 바울은 주님께서 자신을 만나주신 이유를 16절에서 전하고 있습니다.

'**일어나 너의 발로 서라** 내가 네게 나타난 것은 곧 **네가 나를 본 일과 장차 내가 네게 나타날 일에 너로 종과 증인을 삼으려 함이니**'

십자가의 주님, 부활의 주님을 전파하는 증인으로 삼기 위해 주님이 나를 만나주셨다고 사도 바울은 고백하고 있습니다. 다메섹의 만남의 사건은 사도 바울이 하나님의 비전과 사명을 품게 되는 계기가 되었음을 성경이 증거하고 있습니다. 주님은 아무런 이유 없이 사도 바울을 찾아가신 것이 아니었습니다. 하나님의 비전을 품은 자로, 부활의 주님을 증거하는 증인으로, 이방인의 전도자로 부르시기 위해 주님은 사도 바울을 찾아가신 것입니다. 사도 바울은 주님과의 만남을 통해 거룩한 소원을 품고 살아가는 하나님의 종이 된 것입니다.

성도 여러분, 특별히 자녀들을 위해 기도하실 때 우리 자녀들이 하나님을 인격적으로 만날 수 있도록 기도하시기 바랍니다. 우리 자녀들이 말씀 묵상을 통하여 기도 시간을 통하여 예배드림을 통하여 살아계신 하나님을 깊이 만날 수 있도록 신앙적 환경을 만들어 주시고 기도로 도와주시기 바랍니다. 또한 우리 자녀들이 하나님의 비전을 품을 수 있도록 기도하시기 바랍니다. 비전은 내가 이루고자 하는 소원이 아니라 우리 자녀들을 향한 하나님의 계획, 자녀들을 통하여 이루고자 하시는 하나님의 뜻, 이것을 발견하는 것이 비전이라 말할 수 있습니다. 사도 바울을 주님께서 찾아오신 이유, 하늘의 비전을 보여주기 위함이었음을 성경은 19절에서 보여주고 있습니다.

'아그립바 왕이여 그러므로 **하늘에서 보이신 것을 내가 거스르지 아니하고**'

'하늘에서 보이신 것' 사도 바울은 주님과의 만남을 통해 영적인 눈을 뜨게 되었고 하늘의 비전을 품게 되었으며 이것이 세계 선교의 시작이 되었고 복음의 지경이 넓혀지는데 사도 바울이 쓰임받게 되는 이유였습니다. 하늘의 비전을 품은 사도 바울을 통하여 세계 역사의 흐름이 바뀌게 되었다는 사실 사도행전이 증거하고 있습니다. 자녀를 키우시는 부모님들 우리 자녀들이 하늘의 비전을 볼 수 있도록 기도해 주시기 바랍니다. 하늘의 비전을 품는 것이 왜 중요한가 하나님의 도우심을 받을 수 있기 때문입니다. 19절 말씀 다시 보시기 바랍니다.

'아그립바 왕이여 그러므로 **하늘에서 보이신 것을 내가 거스르지 아니하고**'

하늘에서 보이신 것을 거스르지 아니했다는 것은 사도 바울이 하나님의 거룩한 소원을 가슴에 품고 복음을 전하는 증인으로서 지금까지 살아왔음을 의미합니다. 세 번에 걸친 전도 여행을 통해 사도 바울이 예수 그리스도를 전할 때 유대인들의 극심한 저항이 있었고 목숨이 위태로운 지경도 있었지만 사도 바울이 경험한 것이 있었습니다. 하나님의 도우심이었습니다. 22절 보시면

'**하나님의 도우심을 받아 내가 오늘까지 서서** 높고 낮은 사람 앞에서 증

언하는 것은 선지자들과 모세가 반드시 되리라고 말한 것밖에 없으니'

하나님의 도우심을 받아 내가 오늘까지 서서, 복음을 전하는 현장
에는 언제나 하나님의 도우심이 있었다는 사실 사도 바울이 증언하고
있습니다. 지금 사도 바울은 권력자들 앞에 서 있습니다. 힘과 권세를
가진 사람들 앞에서 사도 바울은 무엇을 전하고 있습니까. 하나님의
도우심을 받아 내가 오늘까지 서 있다는 사실, 사도 바울이 고백하는
간증입니다. 청문회 자리는 변명과 변론의 자리가 아니라 하나님의
살아계심을 증거하는 은혜의 자리가 되었고 복음을 선포하는 전도의
현장이 되어버렸습니다. 사도 바울이 현장에서 남겼던 마지막 고백이
우리의 고백이 되기를 소망하며 29절 읽고 오늘 설교 마치도록 하겠
습니다.

'바울이 이르되 말이 적으나 많으나 당신뿐만 아니라 오늘 내 말을 듣는
모든 사람도 다 이렇게 결박된 것 외에는 **나와 같이 되기를 하나님께 원하
나이다** 하니라'

　　우리가 배를 타고 이달리야에 가기로 작정되매 바울과 다른 죄수 몇 사람을 아
구스도대의 백부장 율리오란 사람에게 맡기니 아시아 해변 각처로 가려 하는 아드
라뭇데노 배에 우리가 올라 항해할새 마게도냐의 데살로니가 사람 아리스다고도
함께 하니라 이튿날 시돈에 대니 율리오가 바울을 친절히 대하여 친구들에게 가서
대접 받기를 허락하더니 또 거기서 우리가 떠나가다가 맞바람을 피하여 구브로 해
안을 의지하고 항해하여 길리기아와 밤빌리아 바다를 건너 루기아의 무라 시에 이
르러 거기서 백부장이 이달리야로 가려 하는 알렉산드리아 배를 만나 우리를 오르
게 하니 배가 더디 가 여러 날 만에 간신히 니도 맞은편에 이르러 풍세가 더 허락
하지 아니하므로 살모네 앞을 지나 그레데 해안을 바람막이로 항해하여 간신히 그
연안을 지나 미항이라는 곳에 이르니 라새아 시에서 가깝더라 여러 날이 걸려 금
식하는 절기가 이미 지났으므로 항해하기가 위태한지라 바울이 그들을 권하여 말
하되 여러분이여 내가 보니 이번 항해가 하물과 배만 아니라 우리 생명에도 타격
과 많은 손해를 끼치리라 하되

　　백부장이 선장과 선주의 말을 바울의 말보다 더 믿더라 그 항구가 겨울을 지내
기에 불편하므로 거기서 떠나 아무쪼록 뵈닉스에 가서 겨울을 지내자 하는 자가
더 많으니 뵈닉스는 그레데 항구라 한쪽은 서남을, 한쪽은 서북을 향하였더라 남

풍이 순하게 불매 그들이 뜻을 이룬 줄 알고 닻을 감아 그레데 해변을 끼고 항해하
더니 얼마 안 되어 섬 가운데로부터 유라굴로라는 광풍이 크게 일어나니 배가 밀
려 바람을 맞추어 갈 수 없어 가는 대로 두고 쫓겨가다가 가우다라는 작은 섬 아래
로 지나 간신히 거루를 잡아 끌어 올리고 줄을 가지고 선체를 둘러 감고 스르디스
에 걸릴까 두려워하여 연장을 내리고 그냥 쫓겨가더니 우리가 풍랑으로 심히 애쓰
다가 이튿날 사공들이 짐을 바다에 풀어 버리고 사흘째 되는 날에 배의 기구를 그
들의 손으로 내버리니라 여러 날 동안 해도 별도 보이지 아니하고 큰 풍랑이 그대
로 있으매 구원의 여망마저 없어졌더라 여러 사람이 오래 먹지 못하였으매 바울이
가운데 서서 말하되 여러분이여 내 말을 듣고 그레데에서 떠나지 아니하여 이 타
격과 손상을 면하였더라면 좋을 뻔하였느니라 내가 너희를 권하노니 이제는 안심
하라 너희 중 아무도 생명에는 아무런 손상이 없겠고 오직 배뿐이리라 내가 속한
바 곧 내가 섬기는 하나님의 사자가 어제 밤에 내 곁에 서서 말하되 바울아 두려워
하지 말라 네가 가이사 앞에 서야 하겠고 또 하나님께서 너와 함께 항해하는 자를
다 네게 주셨다 하였으니 그러므로 여러분이여 안심하라 나는 내게 말씀하신 그대
로 되리라고 하나님을 믿노라 그런즉 우리가 반드시 한 섬에 걸리리라 하더라

한 손에 걸리리라

오늘 우리가 살펴보는 본문은 드디어 사도 바울이 로마에 가는 배를 타는 장면으로 시작을 하고 있습니다. 다섯 번에 걸친 재판에도 불구하고 사도 바울에게서 아무런 죄목을 찾지 못했습니다. 급기야 사도 바울은 로마 황제에게 상소를 하게 되고 이로 인하여 유대 총독 베스도는 사도 바울을 로마로 보내야 했습니다. 미결수의 신분이지만 로마로 가고자 하는 사도 바울의 소원이 드디어 이루어지게 된 것입니다. 행 27장은 사도 바울이 로마로 가는 여정에 대한 기록을 보여주고 있는데 그 길이 결코 쉽지 않았다는 사실을 알려주고 있습니다. 사도 바울이 탄 배는 상인들과 군인들 그리고 죄수들이 함께 타는 배로 백부장 율리오라는 사람이 책임자로 승선을 하게 되었습니다. 배에 오르게 된 일행은 시돈에서 부리까지 항해하게 되는데 무라 항구에서 로마로 가는 배를 갈아타게 됩니다. 성서학자들에 의하면 무라 항구는 로마로 가는 곡물을 실어 나르는 곳으로 나름대로 규모가 큰 배들이 있었다고 합니다. 하지만 문제는 7절부터 시작됩니다.

'**배가 더디 가 여러 날 만에 간신히 니도 맞은편에 이르러** 풍세가 더 허락하지 아니하므로 살모네 앞을 지나 그레데 해안을 바람막이로 항해하여'

부라 항구를 출발한 배는 여러 날 만에 간신히 나도 맞은편에 이르게 되고 바람이 강하여더 이상 나아가지 못하고 미항이라는 곳에 정착을 하게 됩니다. 이때 사도 바울이 선교 여행에 대한 경험을 바탕으로 중요한 제안을 하게 되는데 9-10절 보시면

'**여러 날이 걸려 금식하는 절기가 이미 지났으므로 항해하기가 위태한지라** 바울이 그들을 권하여 말하되 여러분이여 내가 보니 이번 항해가 하물과 배만 아니라 우리 생명에도 타격과 많은 손해를 끼치리라 하되'

금식하는 절기가 이미 지났으므로, 금식하는 절기는 대 속죄일을 가리키는 표현입니다. 유대 달력으로는 7월 10일이지만 태양력으로 따지면 9월 말에서 10월 초 사이가 됩니다. 1, 2, 3차에 걸쳐 선교 여행을 경험한 사도 바울은 이 시기에 배를 띄운다는 것은 상당히 위험하다는 사실을 알고 있었습니다. 그래서 제안을 하게 된 것입니다. 지금 항해를 하게 되면 상당히 위험할 수 있다고 말하였지만 백부장이 선장과 선주의 말을 바울의 말보다 더 믿음으로 결국 배를 띄우고야 말았습니다. 위험을 감수하고 왜 굳이 배를 띄우려는 것인가 그 이유가 12절에 나옵니다.

'**그 항구가 겨울을 지내기에 불편하므로** 거기서 떠나 아무쪼록 뵈닉스에 가서 겨울을 지내자 하는 자가 더 많으니 뵈닉스는 그레데 항구라'

미항이라는 곳은 겨울을 지내기가 여러 가지로 불편하니 뵈닉스에 가시 겨울을 보내는 것이 더 좋을 것이라는 사람들의 의견을 따르기로 결정하였기 때문입니다. 잠깐의 안일을 위해 무리수를 둔 사람들은 어떤 결과를 맞이하였을까 14절 보시면

'얼마 안 되어 섬 가운데로부터 **유라굴로라는 광풍이 크게 일어나니**'

배를 띄운 지 얼마 못 되어 유라굴로라는 광풍을 만나게 되고 배는 위기의 소용돌이 속으로 빠져 들어가기 시작했습니다. 15절 마지막 보시면 **'가는 대로 두고 쫓겨가다가'** 17절 마지막 보시면 **'그냥 쫓겨가더니'** 광풍을 만난 배는 바람이 부는 대로 쫓겨 다니는 신세가 되어 버렸습니다. 왜냐하면 자연의 위력 앞에 사람이 할 수 있는 것은 아무것도 없었기 때문입니다. 죽음의 위기 앞에 놓인 사람들은 좌절하고 절망하며 삶의 희망을 포기하게 되었을 때 하나님의 사람 사도 바울이 나서기 시작하였습니다. 사도 바울이 배에 탄 사람들에게 제일 먼저 전해준 말은 안심하라는 말이었습니다. 22절 보시면

'내가 너희를 권하노니 **이제는 안심하라** 너희 중 아무도 생명에는 아무런 손상이 없겠고 오직 배뿐이리라'

이제는 안심하라, 사도 바울은 어떻게 이런 말을 할 수 있을까, 그

이유를 23-25절에서 찾을 수 있습니다.

'내가 속한바 곧 내가 섬기는 하나님의 사자가 어제 밤에 내 곁에 서서 말하되 바울아 두려워하지 말라 네가 가이사 앞에 서야 하겠고 또 하나님 께서 너와 함께 항해하는자를 다 네게 주셨다 하였으니 그러므로 여러분이 여 안심하라 나는 내게 말씀하신 그대로 되리라고 하나님을 믿노라'

사도 바울이 로마에 가고자 하는 것은 자신의 무죄를 입증하기 위함이 아니라 세계의 수도 로마에 복음을 전하기 위함인데 가는 길이 좀 수월하면 안 되는 것일까. 꼭 이렇게 험난한 위기를 겪으면서 로마로 가야 하는가. 왜 하나님은 쉬운 길을 허락하지 않으신 것일까. 여기에 우리가 들어야 할 중요한 메시지가 있습니다. 오늘은 '한 손에 걸리리라' 이 제목 가지고 말씀 나눔 때 하나님의 뜻을 품고 사는 우리에게 어떤 풍랑도 이겨내게 하시는 하나님의 능력이 우리 삶 가운데 나타날 수 있기를 주님의 이름으로 축원합니다.

첫째, 하나님이 뜻을 정하시면 누구도 막을 수 없다는 사실입니다.

사도 바울은 왜 이토록 로마에 가고 싶은 것일까. 하나님의 뜻이었기 때문입니다. 사도 바울이 산헤드린 공회에 끌려가 재판받을 때 마음이 무거웠을 것입니다. 산헤드린 공회는 아무 죄가 없는 예수님을 십자가에 못 박아 죽이도록 막강한 권력을 행사한 집단임을 알고 있었기 때문입니다. 한때는 산헤드린 공회의 신임을 받던 사도 바울이 유대교를 배신한 사람으로 낙인찍혀 고발당하고 재판을 받게 되었으니 자신의 운명이 어떻게 될지 짐작할 수 없었을 것입니다. 불안한 시간을 보내고 있는 사도 바울에게 주님이 찾아가셨습니다. 그리고 약속의 말씀을 들려주셨습니다. 그 말씀이 행 23:11 절에 기록이 되어 있습니다.

'그 날 밤에 주께서 비울 곁에 서서 이르시며 **담대하라 세가 예루살렘에서 나의 일을 증언 한 것 같이 로마에서도 증언하여야 하리라** 하시니라'

이 말씀은 사도 바울에게 로마 선교에 대한 비전이 되었고 로마에 가서 복음을 전할 수 있을 것이라는 소망이 되었습니다. 로마에 가서 복음을 전하는 것이 하나님이 정하신 뜻이었음을 알게 되었을 때 사도 바울은 그 뜻이 이루어질 것이라는 믿음의 확신을 가지게 되었습니다. 그런데 로마로 가는 여정이 결코 쉽지 않았습니다. 선교 여행을 통해 얻은 경험으로 이 시기에 배를 띄운다는 것은 상당히 위험할 수 있다는 사실을 알려주었지만 백부장과 선장은 사도 바울의 말을 무시해 버렸습니다. 얼마 되지 않아 사도 바울이 말한 대로 큰 광풍이 일어나 배는 이리저리 쫓겨 다니는 위험한 상황에 이르게 된 것입니다. 왜 하나님은 사도 바울의 발걸음을 쉬운 길로 인도하지 않으신 것일까, 하나님이 뜻을 정하시면 누구도 막을 수 없다는 진리를 알게 하기 위함이었습니다. 광풍이 얼마나 거세었는지 15절 보시면

'배가 밀려 바람을 맞추어 갈 수 없어 가는 대로 두고 쫓겨가다가'

거센 바람으로 인해 배는 쫓겨 다니는 신세가 되어버렸습니다. 선원들은 나름대로 배를 살리기 위해 짐을 버리기 시작하였습니다. 18절 보시면

'우리가 풍랑으로 심히 애쓰다가 이튿날 사공들이 짐을 바다에 풀어 버리고'

사도 바울이 탄 배는 로마에 곡물을 실어 나르는 배였기에 비에 젖어버린 곡물은 점점 무게가 불어났을 것입니다. 선원들은 배를 살리기 위해 먼저 곡물을 버리기로 작정하였습니다. 하지만 소용이 없자 이번에는 배의 기구를 버리기 시작하였습니다. 19절 보시면

'사흘째 되는 날에 배의 기구를 그들의 손으로 내버리니라'

배의 기구를 버렸다는 것은 최후의 희망을 버린 것이라 말할 수 있습니다. 결과가 어떻게 되었을까 20절 보시면

'여러 날 동안 해도 별도 보이지 아니하고 큰 풍랑이 그대로 있으며 **구원의 여망마저 없어졌더라**'

배에 있는 사람들은 세 가지를 포기하게 되었습니다. 곡물을 포기했고 배를 포기했으며 이제는 삶의 희망을 포기하게 된 것입니다. 그런데 이런 상황에서도 사도 바울은 전혀 다른 모습을 보여주게 되는데 24절 말씀 때문이었습니다.

'**바울아 두려워하지 말라 네가 가이사 앞에 서야 하겠고** 또 하나님께서 너와 함께 항해하는 자를 다 네게 주셨다 하였으니'

하나님은 주의 사자를 보내 사도 바울에게 말씀을 들려주셨습니다. 네가 가이사 앞에 서야 하겠고 하나님께서 너와 함께 항해하는 자를 다 네게 주셨다 말씀을 들었을 때 사도 바울은 광풍 속에서 일하고 계시는 하나님을 보게 되었습니다. 하나님이 뜻을 정하시면 누구도 막을 수 없다는 진리를 사도 바울은 깨닫게 된 것입니다. 하나님이 뜻을 정하시면 그 뜻을 꺾을 수 있는 것은 세상 어디에도 없다는 사실을 알게 되었을 때 사도 바울은 담대한 믿음으로 희망의 메시지를 전할 수 있었습니다. 25절 보시기 바랍니다.

'그러므로 여러분이여 안심하라 **나는 내게 말씀하신 그대로 되리라고 하나님을 믿노라**'

사랑하는 성도 여러분! 하나님이 뜻을 정하시면 반드시 이루어진다는 것을 믿으시기 바랍니다. 하나님께서 이스라엘 백성을 출애굽 시키고자 뜻을 정하셨을 때 주의 종으로 부름받은 모세를 애굽의 바로가 이길 수 없었습니다. 아브라함 자손들에게 약속하신 땅을 주시겠다 뜻을 정하셨을 때 가나안의 7족속은 여호수아를 이겨낼 수 없었습니다. 대적자들의 방해가 있었지만 무너진 성전과 성벽을 재건시키겠다는 하나님의 뜻을 누구도 막을 수 없음을 느헤미야는 보여주고 있습니다. 하나님이 뜻을 정하시면 반드시 이루어진다는 진리를 성경은 증거하고 있습니다. 1절 말씀 자세히 보시기 바랍니다.

'우리가 배를 타고 이달리야에 가기로 **작정되매** 바울과 다른 죄수 몇 사람을 아구스도대의 백부장 율리오란 사람에게 맡기니'

작정이라는 단어가 나오는데 사도 바울을 로마로 보내는 것이 하나님이 작정하신 일임을 보여주고 있습니다. 사도 바울을 로마로 보내는 것이 하나님의 뜻이었습니다. 그 뜻을 이루기 위해 하나님은 사도 바울과 함께하셨고 배가 깨지지 아니하도록 인도해 주셨습니다. 거룩한 소원을 품고 그 뜻을 이루기 위해 헌신하는 자를 하나님께서 지켜주신다는 사실, 성경이 약속하는 진리입니다. 사랑하는 성도 여러분! 그래서 우리는 기도해야 합니다. 하나님의 뜻이 하늘에서 이루어진 것 같이 나를 통해 이 땅에 이루어지도록 기도하시기 바랍니다. 하나님의 뜻이 나를 통해 이루어지도록 기도하면 하나님은 그 뜻이 이루어지도록 우리의 발걸음을 지켜주실 줄 믿으시기 바랍니다.

사도 바울이 미결수의 신분으로 로마에 가는 배를 타게 되었을 때 2년이라는 시간을 보내면서 상당히 지쳐 있었을 것입니다. 하지만 하나님은 사도 바울을 홀로 두지 않으셨습니다. 1절 보시면 **'우리가 배를 타고'** 사도 바울 혼자 배에 탄 것이 아니었습니다. 우리가 누구인가, 하나님은 사도 바울 곁에 소중한 동역자들을 붙여주셨습니다. 사도 바울과 함께 동행한 사람 가운데 누가가 있었습니다. 누가의 직업이 무엇입니까, 의사입니다. 2년 동안 가이사랴 감옥에 갇혀 있던 사도 바울, 하나님은 그의 육신을 돌볼 수 있는 의사 누가를 동행하게 하시고 로마로 가는 여정을 함께하게 하심으로 복음의 물결이 로마로 들어가는 과정을 성경에 기록하게 하셨습니다. 사도 바울과 동행한 동역자가 또 있습니다. 2절 마지막 보시면 데살로니가 사람 아리스다고입니다.

'아시아 해변 각처로 가려 하는 아드라뭇데노 배에 우리가 올라 항해할

새 마게도냐의 데살로니가 사람 아리스다고도 함께 하니라'

데살로니가 사람 아리스다고, 사도 바울이 데살로니기에 가서 복음을 전할 때 그때 예수를 믿게 된 사람으로 훗날 교회를 대표하는 사역자가 되어 사도 바울과 함께 예루살렘 길에 동행했던 인물입니다. 그런데, 사도 바울이 유대인들에게 잡혀 고발당하고 가이사랴 감옥에 갇히게 되었을 때 사도 바울을 보살펴 주었던 사람이 아리스다고입니다. 믿음의 형제 아리스다고가 사도 바울과 함께 로마로 가는 배에 오르게 되었으니 얼마나 힘이 되고 위로가 되었겠습니까. 사도 바울이 거룩한 소원을 품게 되었을 때 하나님은 동역자들을 보내주시고 사도 바울을 위로해 주셨습니다. 또한 사도 바울은 광풍을 통하여 놀라운 하나님의 은혜를 체험하게 되는데 사도 바울도 사람인지라 로마에 가서 어떤 어려움을 당할지 장담할 수 없었습니다. 로마는 예수님을 십자가에 못 박아 죽인 제국입니다. 권력과 힘을 가진 자들에게 복음을 전한다는 것, 십자가의 주님, 부활의 예수를 증거 한다는 것은 결코 쉬운 일이 아님을 사도 바울은 알고 있었습니다. 그런데, 로마에 가기도 전에 사도 바울이 타고 있는 배가 위험에 빠지게 되었습니다. 하지만 사도 바울은 광풍 속에서 일하고 계시는 하나님을 보게 되었고 사명자의 길을 인도해 가시는 하나님을 경험하게 되었습니다. 광풍은 사람들에게 모든 것을 포기하게 만드는 절망의 바람이었지만 사도 바울에게는 미래에 대한 불안과 염려를 날려 보내는 하나님의 손길로 느끼게 되었습니다. 하나님이 함께하시는데 무엇을 두려워하겠는가. 하나님이 뜻을 정하시면 누구도 막을 수 없다는 진리를 확신하게 되었을 때 사도 바울은 담대한 믿음의 사람으로 설 수 있었습니다.

말씀을 묵상하는 가운데 고난이 유익이 될 수 있다는 사실을 알게 되었습니다. 사랑하는 성도 여러분! 지금 우리 인생에 광풍이 불어도 불안해하지 마시기 바랍니다. 우리를 향한 하나님의 뜻이 이루어질 때까지 하나님은 우리의 발걸음을 지켜주실 것이고 인도해 주실 것입니다. 하나님이 뜻을 정하시면 누구도 막을 수 없다는 진리 믿으시면서 지금도 동행하시는 하나님을 의지하며 살아가시기를 주님의 이름으로 축원합니다. 아멘

둘째, 하나님을 믿는 사람은 희망의 메신저가 되어야 한다는 사실입니다.

배가 광풍을 만나게 되었을 때 사람들은 살아남기 위해 할 수 있는 모든 것을 다 해보았습니다. 짐을 바다에 던지기도 하였고 배의 기구들을 버리기도 하였습니다. 하지만 아무런 소용이 없음을 20절에서 보여주고 있습니다.

'여러 날 동안 해도 별도 보이지 아니하고 큰 풍랑이 그대로 있으매 **구원의 여망마저 없어졌더라**'

그런데 사도 바울은 달랐습니다. 사도 바울은 하나님이 뜻을 정하시면 누구도 막을 수 없다는 사실을 알게 되었습니다. 어려운 길을 함께할 수 있는 동역자들을 보내주시는 하나님을 느낄 수 있었습니다. 광풍을 통하여 사도 바울 마음속에 있는 불안과 걱정거리를 날려 주시는 하나님의 손길을 체험할 수 있었습니다. 하나님을 믿고 의지하는 사도 바울이 희망의 메시지를 전하는 장면이 22절에 나옵니다.

'내가 너희를 권하노니 **이제는 안심하라** 너희 중 아무도 생명에는 아무런 손상이 없겠고 오직 배뿐이리라'

안심하라는 헬라어로 마음을 놓아라. 담대하라는 의미인데 어떻게 사도 바울은 희망의 메시지를 전할 수 있었을까. 두 가지 이유 때문입니다.

1. 약속의 말씀

주의 사자를 통해 하나님이 들려주신 말씀이 24절에 기록이 되어 있습니다.

'바울아 두리워하지 말라 **네가 가이사 앞에 서야 하겠고** 또 **하나님께서 너와 함께 항해하는 자를 다 네게 주셨다** 하였으니'

로마에 가서 복음을 전하는 것, 사도 바울이 품고 있는 거룩한 소원이었고 사도 바울을 통해 이루고자 하시는 하나님의 계획이었습니다. 광풍이 불어와 배가 깨지게 되었지만 사도 바울은 담대할 수 있었습니다. 왜냐하면 약속하신 말씀이 이루어질 것을 믿었기 때문입니다. 말씀에 의지하여 사도 바울이 선포하는 희망의 메시지가 25절에 나옵니다

'그러므로 **여러분이여 안심하라 나는 내게 말씀하신 그대로 되리라고 하나님을 믿노라**'

사랑하는 성도 여러분! 하나님은 언약의 말씀을 반드시 이루시는 신실하신 하나님이심을 믿으시기 바랍니다.

2. 구원의 소망

오늘 본문 마지막 26절을 주목해 보시기 바랍니다.

'그런즉 우리가 반드시 **한 섬에 걸리리라**'

한 섬에 걸리리라. 광풍으로 쫓겨 다니는 배가 섬을 만난다는 것은 구원의 손길을 만나는 것과 같다고 말할 수 있습니다. 한 섬에 걸리리라. 이 말씀을 묵상하면서 한 손에 걸리리라는 말씀으로 해석하게 되었습니다. 광풍의 어려움에서 우리를 건져주시는 손이 있다는 것입니다. 절망의 바다에서 우리를 구원하시는 손이 있다는 것입니다. 뜻이 이루어질 때까지 우리의 발걸음을 인도해 가시는 손이 있다는 것입니다. 하나님의 손입니다. 하나님이 뜻을 정하시면 누구도 막을 수 없는 이유는 하나님께서 능력의 손으로 우리를 지키시고 계시기 때문임을 믿으시면서 하나님의 옷자락을 붙들고 살아가는 우리를 성령께서 소원의 항구로 인도해 주시기를 주님의 이름으로 축원합니다. 아멘

열나흘째 되는 날 밤에 우리가 아드리아 바다에서 이리 저리 쫓겨가다가 자정쯤 되어 사공들이 어느 육지에 가까워지는 줄을 짐작하고 물을 재어 보니 스무 길이 되고 조금 가다가 다시 재니 열다섯 길이라 암초에 걸릴까 하여 고물로 닻 넷을 내리고 날이 새기를 고대하니라 사공들이 도망하고자 하여 이물에서 닻을 내리는 체하고 거룻배를 바다에 내려 놓거늘

바울이 백부장과 군인들에게 이르되 이 사람들이 배에 있지 아니하면 너희가 구원을 얻지 못하리라 하니 이에 군인들이 거룻줄을 끊어 떼어 버리니라 날이 새어 가매 바울이 여러 사람에게 음식 먹기를 권하여 이르되 너희가 기다리고 기다리며 먹지 못하고 주린 지가 오늘까지 열나흘인즉 음식 먹기를 권하노니 이것이 너희의 구원을 위하는 것이요 너희 중 머리카락 하나도 잃을 자가 없으리라 하고 떡을 가져다가 모든 사람 앞에서 하나님께 축사하고 떼어 먹기를 시작하매 그들도 다 안심하고 받아 먹으니 배에 있는 우리의 수는 전부 이백칠십육 명이더라 배부르게 먹고 밀을 바다에 버려 배를 가볍게 하였더니 날이 새매 어느 땅인지 알지 못하나 경사진 해안으로 된 항만이 눈에 띄거늘 배를 거기에 들여다 댈 수 있는가 의논한 후 닻을 끊어 바다에 버리는 동시에 키를 풀어 늦추고 돛을 달고 바람에 맞추

어 해안을 향하여 들어가다가 두 물이 합하여 흐르는 곳을 만나 배를 걸매 이물은 부딪쳐 움직일 수 없이 붙고 고물은 큰 물결에 깨어져 가니 군인들은 죄수가 헤엄쳐서 도망할까 하여 그들을 죽이는 것이 좋다 하였으나 백부장이 바울을 구원하려 하여 그들의 뜻을 막고 헤엄칠 줄 아는 사람들을 명하여 물에 뛰어내려 먼저 육지에 나가게 하고 그 남은 사람들은 널조각 혹은 배 물건에 의지하여 나가게 하니 마침내 사람들이 다 상륙하여 구조되니라

하나님께 축사하고

　지난 시간에 우리는 로마로 가는 사도 바울의 여정이 결코 쉬운 길이 아니었음을 살펴보았습니다. 로마에 가서 복음을 전하고 싶어 하는 사도 바울의 꿈이 이루어지는 길이 열리게 되었지만 사도 바울이 탄 배가 광풍을 만나면서 큰 위기에 빠지게 되었습니다. 선장과 선원들은 배를 구하기 위해 짐을 버리기도 하고 배의 기구도 버려 보았지만 구원의 소망을 발견할 수 없었습니다. 그런데 위기의 상황에서 사도 바울은 사람들에게 안심하라는 메시지를 전하면서 누구도 생명을 잃어버리는 사람이 없을 것이고 오직 배만 파손될 것이라 외쳤습니다. 이렇게 말할 수 있는 근거는 사도 바울이 주의 사자를 통해 네가 가이사 앞에 서게 될 것이니 두려워하지 말라고 말씀하시는 하나님의 음성을 들었기 때문입니다. 하나님의 말씀은 사도 바울에게 확신을 가져다주었고 사람들에게 안심하라고 하나님이 우리를 인도해 주실 것이라는 희망의 메시지를 전하는 이유가 되었습니다. 그런데 상황은

좋아지는 기미가 전혀 보이지 않았습니다. 사도 바울이 탄 배가 어떻게 되어가고 있는가, 27절 보시면

'열나흘째 되는 날 밤에 우리가 아드리아 바다에서 이리 저리 쫓겨 가다가 자정쯤 되어 사공들이 어느 육지에 가까워지는 줄을 짐작하고'

14일 동안 배가 이리저리 쫓겨 다녔다고 성경은 기록하고 있습니다. 배가 쫓겨 다녔다는 것은 그 안에 있는 사람들이 삶의 의지를 모두 포기하게 만드는 굉장히 힘든 시간을 보내야 했을 것입니다. 그런데, 사공들의 움직임이 갑자기 심상치 않아졌습니다. 사공들은 어느덧 배가 육지에 조금씩 가까이 가고 있다는 사실을 알게 되었습니다. 줄을 내려 물을 재어보니 스무 길이 되고 조금 더 있다가 내려보니 물의 깊이가 점점 줄어들고 있다는 사실을 알게 되었습니다. 사공들은 소중한 정보를 누구와도 공유하지 않았고 닻을 내리는 척하면서 사람들 몰래 구명선을 내리려고 하였습니다. 이 광경을 지켜본 사도 바울이 백부장에게 알려 주었고 군인들이 구명선을 내리는 줄을 끊어버리도록 조치를 취하였습니다. 날이 새자 사도 바울은 쓰러져 있는 사람들에게 말하기 시작했습니다. 우리가 광풍으로 인하여 쫓겨 다니면서 음식을 전혀 입에 대지 못했으니 이래서는 누구도 살아남을 수 없다고 하면서 사람들에게 먹을 것을 권하였습니다. 배가 가까이 갔을 때 헤엄쳐서 육지까지 갈 수 있는 체력을 준비시키기 위함이었습니다. 다행스럽게도 사람들은 사도 바울의 권면을 받아들였고 음식을 먹기 시작했습니다. 다음 날 배가 육지를 향해 가는 동안 어느 한 곳에 걸리게 되었고 배가 깨지기 시작했습니다. 문제는 그 배에는 사도 바울

을 비롯한 죄수들이 타고 있었습니다. 만약 죄수들이 바다에 뛰어들어 도망칠 경우 죄수들이 받아야 할 형벌을 호송을 책임져야 할 군인들이 대신 감당해야 했기에 죄수들을 모두 죽이는 것이 어떠냐고 제안을 하였습니다. 그런데 죄수들 명단에 사도 바울도 들어 있었습니다. 백부장이 어떤 결정을 내렸을까 43-44절 보시면

'백부장이 바울을 구원하려 하여 그들의 뜻을 막고 헤엄칠 줄 아는 사람들을 명하여 물에 뛰어내려 먼저 육지에 나가게 하고 그 남은 사람들은 널 조각 혹은 배 물건에 의지하여 나가게 하니 마침내 사람들이 다 상륙하여 구조되니라'

이 과정을 보면서 어느덧 리더십이 백부장에서 사도 바울로 옮겨가고 있다는 사실을 알게 되었습니다. 배가 광풍으로 인하여 위기 상황을 만나게 되었지만 결국 276명의 사람들이 모두 구원을 받기까지 백부장과 선장이 한 일은 아무것도 없었습니다. 오히려 사도 바울이 말하는 대로 사람들이 움직이기 시작했습니다. 사공들이 거룻배를 타고 먼저 탈출하려 할 때 그것을 막은 사람이 사도 바울이었고 쓰러져 있는 사람들에게 음식을 먹으라 권하여 육지까지 헤엄을 쳐서 갈 수 있게 한 사람도 사도 바울이었으며 군인들이 죄수들을 죽이자 했을 때 백부장이 나서서 사도 바울을 지켜줌으로 배에 있는 모든 사람이 생명을 건지게 되었습니다. 행 27:25절 보시면

'그러므로 여러분이여 안심하라 나는 내게 말씀하신 그대로 되리라고 하나님을 믿노라'

사도 바울은 하나님을 신뢰했습니다. 약속하신 말씀을 이루어 주실 하나님을 믿었습니다. 사도 바울이 하나님을 신뢰하고 믿었을 때 하나님은 사도 바울을 리더로 세워주셨고 사람들이 사도 바울의 말을 신뢰하고 따를 수 있도록 도와주셨습니다. 오늘은 **'하나님께 축사하고'**, 이 제목 가지고 말씀 나눌 때 우리도 사도 바울처럼 사람들을 살리는 리더십을 가지고 세상 속에서 구원의 역사를 만들어 가는 하나님의 사람 될 수 있기를 주님의 이름으로 축원합니다. 아멘

첫째, 말에는 그대로 되는 권세가 있다는 사실입니다.

사도 바울이 위기 속에서도 사람들에게 세 가지를 외쳤습니다. 22절 보시면

'<u>내가 너희를 원하노니 이제는 안심하라</u> 너희 중 아무도 생명에는 아무런 손상이 없겠고 오직 배뿐이리라'

사도 바울은 하나님이 나와 함께 한 사람들의 생명을 지켜주실 것이라 말했습니다. 사도 바울이 말한 대로 되었을까 44절 마지막을 보시기 바랍니다.

'마침내 사람들이 다 상륙하여 구조되니라'

한 사람도 예외 없이 배에 탄 사람들의 생명이 구조됨으로 사도 바울이 말한 그대로 이루어졌습니다. 다음으로 사도 바울이 오직 배만 손상을 입을 것이라 말했는데 이 또한 그대로 이루어졌음을 41절에서

확인할 수 있습니다.

'두 물이 합하여 흐르는 곳을 만나 **배를 걸매 이물은 부딪쳐 움직일 수 없이 붙고 고물은 큰 물결에 깨어져 가니**'

마지막으로 사도 바울이 외친 말이 26절에 나옵니다.

'그런즉 우리가 반드시 한 섬에 걸리리라'

질문을 던져보겠습니다. 사도 바울이 섬을 보았기 때문에 이렇게 말한 것입니까 아니면 아무것도 볼 수 없음에도 믿음으로 선포한 것입니까 후자가 맞습니다. 그 증거로 27절 보시면 알 수 있습니다.

'**열나흘째 되는 날 밤에 우리가 아드리아 바다에서 이리저리 쫓겨가다가** 자정쯤 되어 사공들이 어느 육지에 가까워지는 줄을 짐작하고'

배는 14일 동안 이리저리 쫓겨 다니고 있었음을 성경이 보여주고 있습니다. 사도 바울은 보았기 때문에 선포한 것이 아니라 믿음으로 선포한 것입니다. 사도 바울이 외쳤던 말의 근거는 어디서 나온 것일까, 막연한 기대감으로 외친 것일까, 사람들을 안심시키기 위해 외친 말일까, 그렇지 않습니다. 사도 바울이 자신 있게 외칠 수 있었던 근거는 하나님의 말씀을 믿었기 때문입니다. 행 27:24절 보시면

'바울아 두려워하지 말라 **네가 가이사 앞에 서야 하겠고** 또 하나님께서

너와 함께 항해하는 자를 다 네게 주셨다 하였으니'

　이 말씀을 들었을 때 사도 바울은 확신을 가질 수 있었습니다. 하나님이 로마로 가는 여정을 지켜줄 것이고 나와 함께 한 사람들의 생명을 하나님께서 지켜주실 것을 사도 바울은 믿었습니다. 이 믿음을 가지고 사도 바울은 자신 있게 외쳤던 것입니다. 26절입니다.

　'그런즉 우리가 반드시 한 섬에 걸리리라 하더라'

　육신의 눈에는 섬이 보이지 않지만 영적인 눈에는 이미 보였던 것입니다. 이게 믿음의 힘입니다. 믿음을 가지면 하나님이 일하고 계심을 영적인 눈으로 볼 수 있으며 하나님의 능력을 신뢰하여 말씀대로 이루어질 것을 선포하면 그대로 되는 역사 일어난다는 사실 성경이 증거하고 있습니다. 히 11:1-2절 보시면 성경은 믿음에 대하여 말씀하고 있습니다.

　'**믿음은** 바라는 것들의 실상이요 **보이지 않는 것들의 증거니** 선진들이 이로써 증거를 얻었느니라'

　말에는 그대로 되는 권세가 있습니다. 하나님께서 말씀하신 바를 반드시 이루실 것이라는 믿음 가지고 선포하면 그대로 이루어지는 역사 우리에게도 일어날 줄 믿으시기 바랍니다. 말이라고 하는 것이 얼마나 권세가 있는지 같은 시간, 같은 장소, 같은 경험을 가지고 돌아온 사람들의 보고가 둘로 갈리게 되었습니다. 여호수아와 갈렙을 제외한 정탐꾼들은 하나님이 약속하신 땅을 보았음에도 불구하고 처음부터 끝까지 부정적인 이야기만 전해주었습니다. 우리는 그들을 이길 수 없다, 우리는 스스로 보기에 메뚜기 같은 존재니 우리는 그 땅을 차지할 수 없다고 말했을 때 그 말이 하나님 귀에 들어갔습니다. 사람들의 부정적인 말을 들은 하나님께서 뭐라 말씀하셨을까요. 민 14:27-30절 보시기 바랍니다.

'나를 원망하는 이 악한 회중에게 내가 어느 때까지 참으랴 **이스라엘 자손이 나를 향하여 원망하는 바 그 원망하는 말을 내가 들었노라** 그들에게 이르기를 여호와의 말씀에 내 삶을 두고 맹세하노라 **너희 말이 내 귀에 들린 대로 내가 너희에게 행하리니** 너희 시체가 이 광야에 엎드러질 것이라 너희 중에서 이십 세 이상으로서 계수된 자 곧 **나를 원망한 자 전부가 여분네의 아들 갈렙과 눈의 아들 여호수아 외에는 내가 맹세하여 너희에게 살게 하리라 한 땅에 결단코 들어가지 못하리라**'

우리가 복 된 삶을 살기 위해서는 부정적인 말, 원망과 불평의 말, 은혜가 안 되는 말 하지 않는 것이 무엇보다 중요함을 기억하시기 바랍니다. 성경도 말의 중요성에 대하여 강조하고 있습니다. 엡 4:29절 보시면

'무릇 더러운 말은 너희 입 밖에도 내지 말고 **오직 덕을 세우는 데 소용되는 대로 선한 말을 하여 듣는 자들에게 은혜를 끼치게 하라**'

말에는 그대로 되는 권세가 있는 이유가 무엇일까. 하나님은 성도

의 말을 기도로 받으시기 때문입니다. 기도는 하나님을 향한 믿음의 언어입니다. 하나님은 성도가 하는 말을 기도로 받으시기에 그대로 되는 역사가 일어난다고 막 11:24절에서 말씀하고 있습니다.

'그러므로 내가 너희에게 말하노니 무엇이든지 기도하고 구하는 것은 받은 줄로 믿으라 그리하면 너희에게 그대로 되리라'

26절 보시면 '우리가 반드시 한 섬에 걸리리라' 사도 바울은 하나님의 말씀이 이루어질 줄 확신하며 사람들에게 희망의 메시지를 선포했습니다. 우리가 반드시 한 섬에 걸리리라 이 말은 사도 바울이 그냥 던진 말이 아니라 말씀에 근거하여 믿음을 가지고 선포한 말이었고 사도 바울이 말한 그대로 이루어진 결과를 성경은 보여주고 있습니다. 따라 하시면 좋겠습니다. '말한 대로 되리라, 믿음 대로 되리라, 소원대로 되리라'

사랑하는 성도 여러분! 말에는 권세가 있다는 사실 기억하시면서 내 말이 하나님께 올라가는 기도의 언어임을 알고 긍정적인 말, 은혜와 덕을 끼치는 말, 사람들을 세워주는 칭찬과 격려의 말을 할 줄 아는 좋은 언어의 사용자가 되어 그대로 되는 역사 경험하시기를 주님의 이름으로 축원합니다.

둘째, 공동체를 살리기 위해서는 이기심의 줄을 끊어 버려야 한다는 사실입니다.

14일 동안 배가 이리저리 쫓겨 다니고 있을 때 다행스럽게도 어느덧 육지를 향해 가고 있다는 사실을 선원들이 알게 되었습니다. 바다에 대한 경험이 많기 때문에 선원들은 본능적으로 물의 깊이를 재기 시작했고 깊이가 점점 달라지고 있다는 사실을 알게 되었습니다. 좋은 정보를 갖게 된 것입니다. 어떻게 하는 것이 상식이겠습니까 정보를 알려주고 공유하는 것이 옳다고 말할 수 있지만 현실은 그렇지 않다는 사실 우리는 잘 알고 있습니다. 물의 깊이가 점점 얕아져 가고 있다는 것은 배가 육지를 향해 가고 있다는 좋은 소식이었습니다. 그런데 선원들은 정보를 공유하지 아니하고 어떻게 했습니까 30절 보시면

'사공들이 도망하고자 하여 이물에서 닻을 내리는 체하고 거룻배를 바다에 내려놓거늘'

이런 것을 가리켜 무엇이라 말할 수 있습니까 이게 바로 집단 이기주의입니다. 대한민국이 바로 서지 못하는 이유, 건강한 사회가 되지 못하는 이유, 집단 이기주의가 많은 영역에 퍼져 있기 때문입니다. 집단 이기주의는 다른 게 아닙니다. 좋은 정보, 좋은 소식을 공유하지 아니하고 자기가 속한 집단에만 활용하여 특정 사람들만 이익을 보게 하는 것, 이게 집단 이기주의입니다. 선원들의 모습 보시면 배가 육지를 향해 가고 있을 때 다른 사람들 몰래 구명선을 내려 자기들만 살겠다고 행동하는 것이 집단 이기주의이고 이런 사람들이 공동체를 병들게 하고 있습니다. 사도 바울은 어떤 모습을 보여주고 있습니까 사공들이 거룻배를 몰래 내리는 모습을 보았습니다. 만약 사도 바울에게 이기심이 있었다면 사공들에게 다가가 남들한테 알리지 않을 테니 나도 좀 데려가 달라고 부탁하지 않았을까요. 사도 바울은 그렇게 하지 않았습니다. 이 사실을 백부장에게 알려주었고 배에 탄 사람들이

구원을 받기 위해서는 선원들이 내리고 있는 줄을 끊어버려야 한다고 제안을 하였습니다. 32절 보시면

'이에 군인들이 거룻줄을 끊어 떼어 버리니라'

거룻줄을 묵상해 보았습니다. 사도 바울이 끊어 버리게 한 거룻줄, 집단 이기주의의 줄이었습니다. 공동체를 망하게 하는 줄이었습니다. 하지만 사도 바울로 인하여 이기심의 줄이 끊어지게 되었을 때 모두 살아나는 구원의 역사가 현장에 일어나게 되었습니다. 언젠가 집에서 나오는데 분리수거장에 경비원 아저씨 몇 분이 모여 계셨습니다. 인사를 드리고 뭐 하고 계신지 물어보았습니다. 경비원분들은 이거 좀 보라고 하면서 제게 커다란 검은 봉지를 보여주셨습니다. 거기에는 아기 기저귀로 보이는 것들이 수십 개가 들어 있었고 검은 봉지는 한쪽이 찢어져 기저귀 몇 개가 밖으로 나와 있었습니다. 쓰레기봉투에 버리지 않고 검은 봉지에 담아 몰래 버리고 갔다고 알려주셨습니다. 이런 일들이 많이 일어나느냐고 물으니 경비원 아저씨는 더 이상 아무 대답도 하지 아니하시고 쓰레기를 처리하셨습니다. 저는 부끄러움을 느끼게 되었고 이것이 우리의 수준이라는 생각을 하게 되었습니다. 나 한 사람 편하자고 다른 사람들의 불편을 생각하지 않는 이기심이 사회 밑바탕에 깔려 있지 않나 생각됩니다. 믿는 사람들이 세상 살면서 정말 끊어버려야 할 것이 이기심의 줄입니다. 오늘날 대한민국이 선진국으로 가지 못하는 이유가 무엇일까, 이기심의 줄을 끊어버리지 못하는 우리의 욕심 때문입니다. 나만 생각하는 이기심의 줄, 좋은 것을 나누지 아니하고 자기가 속한 공동체만 혜택을 보려는 집단

이기주의의 끈, 잘라 버려야 합니다. 그래야 사람들이 살만한 세상 만들 수 있음을 기억하시면서 그리스도인으로서 구별된 삶을 살아가는 우리 모두가 되었으면 좋겠습니다.

배에 있던 사람들 2주 동안 배가 쫓겨 다닐 때 아무것도 할 수 없었고 음식을 먹지 못하였습니다. 이 광경을 지켜본 사도 바울은 사람들에게 권하였습니다. 음식을 먹어야 산다고, 우리가 한 섬에 걸릴 것이니 힘들어도 먹어야 산다고 말하였습니다. 사도 바울은 사람들에게 음식 먹기를 권하면서 희망의 메시지를 들려주었습니다. 34절 보시면

'<u>음식 먹기를 권하노니</u> 이것이 너희의 구원을 위하는 것이요 <u>너희 중 머리카락 하나도 잃을 자가 없으리라</u> 하고'

또한 35절은 사도 바울이 감사의 기도를 드리며 사람들에게 떡을 나누어 주는 모습을 보여주고 있습니다.

'떡을 가져다가 모든 사람 앞에서 <u>하나님께 축사하고 떼어 먹기를 시작하매</u>'

축사하다는 것은 감사의 기도를 드린다는 의미입니다. 사도 바울은 음식을 나누기 전 먼저 하나님 앞에 감사의 기도를 드렸습니다. 사도 바울을 묵상하면서 하나님이 원하시는 감사가 무엇인가를 알게 되었습니다.

떡을 가져다가 축사하고 나누어 주다. 어디서 많이 본 단어들 아닙니까. '축사하다'라는 단어는 성찬식에서 주로 사용하는 단어입니다. 주님께서 십자가의 죽음을 앞에 두시고 제자들과 유월절 만찬을 나누실 때 최초의 성찬식을 거행하셨습니다. 주님께서 제자들에게 떡과 잔을 나누어 주실 때 감사의 기도를 드리셨습니다. 눅 22:17절 보시면

'이에 잔을 받으사 **감사 기도 하시고** 이르시되 이것을 갖다가 너희끼리 나누라'

또한 눅 22:19절도 보시면

'또 **떡을 가져 감사 기도 하시고** 떼어 그들에게 주시며 이르시되 이것은 너희를 위하여 주는 내 몸이라 너희가 이를 행하여 나를 기념하라 하시고'

주님께서 나누어 주신 떡과 잔은 십자가에서 흘리고 찢기실 주님의 몸과 피를 보여주는 것입니다. 주님은 십자가의 고난을 앞에 두시고 성찬식을 거행하실 때 하나님께 감사의 기도를 드리셨습니다. 감사할 수 없는 상황에서 감사하는 것, 이것이 진짜 감사입니다. 감사는 믿음의 꽃이라 그랬습니다. 고난 속에서 피어나는 감사의 꽃 하나님이 기쁘게 받으시는 최고의 감사가 아닐까 생각됩니다.

2. 작은 것에 감사

'축사하다'라는 단어는 오병이어의 사건에서 등장하고 있습니다. 요

6:11절 보시면

'**예수께서 떡을 가져 축사하신 후에** 앉아 있는 자들에게 나눠 주시고 물
고기도 그렇게 그들의 원대로 주시니라'

오병이어, 물고기 두 마리와 빵 다섯 조각, 작은 것에 불과하지만
주님은 감사의 기도를 드리셨습니다. 작은 감사가 하나님의 능력과
연결되었을 때 그 현장에는 메시야의 기적이 일어났습니다. 사랑하는
성도 여러분, 기적을 경험하기 원하십니까, 작은 것에 감사하는 마음
을 가지시기 바랍니다. 작은 감사가 하나님의 능력과 연결될 때 오병
이어의 기적으로 나타날 수 있음을 삶의 현장에서 경험하는 우리 모
두가 될 수 있기를 간절히 소망합니다.

3. 감사의 습관

본문으로 돌아와 35절 보시기 바랍니다.

'**떡을 가져다가 모든 사람 앞에서 하나님께 축사하고** 떼어 먹기를 시작
하매'

사도 바울은 음식을 나누어 주기 전 먼저 하나님 앞에 감사의 기도
를 드렸습니다. '축사하다'라는 것은 축복하며 감사하다는 뜻입니다.
배는 아직 육지에 도착하지 못한 상태였습니다. 사도 바울은 상황과
관계없이 하나님께 감사의 기도를 드리는 모습을 우리에게 보여주고
있습니다. 감사가 습관이 되어 있는 사도 바울을 성경은 증거하고 있

습니다. 만족할 줄 모르며 불평과 원망이 습관이 되어 있는 사람은 불행한 인생 살 수밖에 없습니다. 하지만 감사가 습관이 되어 있는 사람은 감사할 수밖에 없는 상황으로 하나님께서 인도하여 주실 것을 믿으시면서 범사가 감사의 제목임을 고백하는 우리의 복 된 믿음 될 수 있기를 주님의 이름으로 축원합니다. 아멘 우리가 구조된 후에 안즉 그 섬은 멜리데라 하더라 비가 오고 날이 차매 원주민들이 우리에게 특별한 동정을 하여 불을 피워 우리를 다 영접하더라 바울이 나무 한 묶음을 거두어 불에 넣으니 뜨거움으로 말미암아 독사가 나와 그 손을 물고 있는지라 원주민들이 이 짐승이 그 손에 매달려 있음을 보고 서로 말하되 진실로 이 사람은 살인한 자로다 바다에서는 구조를 받았으나 공의가 그를 살지 못하게 함이로다 하더니 바울이 그 짐승을 불에 떨어 버리매 조금도 상함이 없더라 그들은 그가 붓든지 혹은 갑자기 쓰러져 죽을 줄로 기다렸다가 오래 기다려도 그에게 아무 이상이 없음을 보고 돌이켜 생각하여 말하되 그를 신이라 하더라 이 섬에서 가장 높은 사람 보블리오라 하는 이가 그 근처에 토지가 있는지라 그가 우리를 영접하여 사흘이나 친절히 머물게 하더니 보블리오의 부친이 열병과 이질에 걸려 누워 있거늘 바울이 들어가서 기도하고 그에게 안수하여 낫게 하매 이러므로 섬 가운데 다른 병든 사람들이 와서 고침을 받고 후한 예로 우리를 대접하고 떠날 때에 우리 쓸 것을 배에 실었더라 석 달 후에 우리가 그 섬에서 겨울을 난 알렉산드리아 배를 타고 떠나니 그 배의 머리 장식은 디오스구로라 수라구사에 대고 사흘을 있다가 거기서 둘러가서 레기온에 이르러 하루를 지낸 후 남풍이 일어나므로 이튿날 보디올에 이르러 거기서 형제들을 만나 그들의 청함을 받아 이레를 함께 머무니라 그래서 우리는 이와 같이 로마로 가니라 그 곳 형제들이 우리 소식을 듣고 압비오 광장과 트레이스 타베르네까지 맞으러 오니 바울이 그들을 보고 하나님께 감사하고 담대한 마음을 얻으니라

소원의 항구

오늘 우리가 함께 살펴볼 본문은 사도행전의 대미를 장식하는 곳으로 사도 바울이 소원하였던 로마에 입성하는 장면을 보여주고 있습니다. 사도 바울이 로마에 들어가는 과정을 성경은 왜 이토록 자세하게 다루고 있는가. 세계의 심장부라 할 수 있는 로마에 사도 바울이 들어가 복음을 전할 수 있는 길이 열리게 되었기 때문입니다. 사도 바울은 죄인의 신분으로 로마에 입성하였습니다. 하지만 사도 바울은 순교당하기까지 2년 동안 셋집에 머물며 만나는 모든 사람들마다 하나님의 나라를 전파하며 예수 그리스도의 주 되심을 전하는 데 최선을 다했습니다. 그로부터 300년 후 로마는 복음의 능력 앞에 무릎을 꿇었고 기독교를 공식적으로 인정하게 되었습니다. 이렇게 되기까지 하나님은 사도 바울로 하여금 거룩한 소원을 품게 하셨고 폭풍 속에서도 그가 탄 배를 지켜주심으로 로마에 복음을 전하는 은혜의 통로로 사용하셨습니다. 하지만 그 여정이 결코 쉽지 않았습니다. 사도 바울이 탄 배가 열나흘 동안 광풍에 밀려 좌초될 위기에 처하게 되었지만 하나님은 그 가운데서도 역사하셨고 하나님이 뜻을 정하시면 누구도 막을 수 없다는 진리를 알게 하셨습니다. 하나님은 사도 바울이 예언한 대로 배가 한 섬에 걸리도록 인도하셨는데 1절 보시면 사도 바울이 도착한 섬은 오늘날 말타라고 불리는 멜리데 섬이었습니다.

'우리가 구조된 후에 안즉 **그 섬은 멜리데라 하더라**'

멜리데 섬에서 어떤 일이 일어났는가 그 섬의 원주민들이 사도 바울 일행을 극진히 맞이해 주었습니다. 불을 피워주고 따뜻한 음식을 나누어 주면서 생각지도 않은 대접을 해주었습니다. 그런데 갑작스러운 일이 생겨났습니다. 사도 바울이 나뭇가지를 불에 넣는 순간 불 속에 있던 뱀이 튀어나와 사도 바울의 손을 물어버린 것입니다. 원주민들은 뱀에 물리는 순간 즉사하게 될 것을 알고 있었고 사도 바울이 바다에서는 구조를 받았지만 죄를 지은 사람이기에 신이 진노하여 뱀에 물려 죽게 되었다고 생각했습니다. 그런데 그 생각이 틀렸다는 사실을 5절에서 보여주고 있습니다.

'바울이 그 짐승을 불에 떨어 버리매 **조금도 상함이 없더라**'

뱀에 물린 사도 바울이 아무런 상함이 없자 원주민들은 갑자기 사도 바울을 신처럼 숭배하기 시작했습니다. 이런 것을 보면 멜리데 섬의 원주민들은 하나님에 대하여 전혀 아는 바 없는 토속신앙을 가지고 살아왔다는 사실을 알 수 있습니다. 이 소식을 들은 추장 보블리오가 사도 바울을 초청하여 자신의 집에 머물도록 배려해 주었습니다. 이렇게 함은 이유가 있었습니다. 그의 아버지가 열병과 이질에 걸려 누워 있었기 때문입니다. 독사에 물리고서도 아무렇지도 않다면 이 사람에게는 신비한 능력이 있지 않겠느냐 생각하여 사도 바울을 초대하게 된 것입니다. 그런데 여기에도 하나님의 섭리가 있었습니다. 8-9절 보시면

'보블리오의 부친이 열병과 이질에 걸려 누워 있거늘 **바울이 들어가서 기도하고 그에게 안수하여 낫게 하매** 이러므로 섬 가운데 다른 병든 사람들이 와서 고침을 받고'

사도 바울이 안수 기도할 때 예수 그리스도의 이름을 선포하며 기도하지 않았을까요. 병든 사람들이 찾아와 도움을 구할 때 하나님의 능력을 선포하며 간구하지 않았을까요. 하나님께서 사도 바울을 멜리데 섬으로 인도하신 이유가 여기에 있었던 것입니다. 3개월 동안 섬에 머물며 극진한 대접과 도움을 받았던 사도 바울이 이제 때가 되어 로마로 가는 배에 오르게 되었습니다. 수라구사에서 레기온으로 그리고 최종적으로 보디올 항구에 도착하였습니다. 그런데 거기서도 사도 바울이 전혀 기대하지 않은 좋은 일이 일어났음을 14절에서 알려주고 있습니다.

'**거기서 형제들을 만나 그들의 청함을 받아 이레를 함께 머무니라** 그래서 우리는 이와 같이 로마로 가니라'

배가 항구에 내리자마자 기다리고 있던 믿음의 형제들이 사도 바울을 따뜻하게 맞이해 주었습니다. 생각지도 않은 만남이었습니다. 그뿐만이 아니라 사도 바울이 200km를 걸어 로마로 가게 되었는데 거기서도 또 다른 만남이 기다리고 있었습니다. 15절 보시면

'그 곳 형제들이 우리 소식을 듣고 압비오 광장과 트레이스 타베르네까지 맞으러 오니 바울이 그들을 보고 하나님께 감사하고 담대한 마음을 얻으니라'

믿음의 형제들과의 만남은 사도 바울에게 위로가 되어주었고 함께 하시는 하나님의 손길을 느끼며 담대한 마음으로 로마로 가는 길에 오르게 되었습니다. 오늘은 **'소원의 항구'**라는 제목 가지고 말씀 나눌 때 우리의 앞길을 인도하시는 여호와 이레의 하나님을 삶에서 경험하시기를 주님의 이름으로 축원합니다.

15절 말씀 주목해 보시기 바랍니다.

'그 곳 형제들이 우리 소식을 듣고 압비오 광장과 트레이스 타베르네까지 맞으러 오니 바울이 그들을 보고 하나님께 감사하고 **담대한 마음을 얻으니라**'

사도 바울이 담대한 마음을 갖게 된 이유가 무엇일까.

14일 동안 배가 광풍에 밀려 이리저리 쫓겨 다니고 있을 때 사람들은 삶의 의지를 포기하였습니다. 하지만 사도 바울은 달랐습니다. 아무런 소망을 발견할 수 없는 상황에서도 사도 바울은 희망의 메시지를 선포하였습니다. 행 27:26절 보시면

'그런즉 우리가 반드시 한 섬에 걸리리라 하더라'

신기한 것은 사도 바울이 말한 대로 되었다는 것입니다. 1절 주목해 보시기 바랍니다.

'우리가 구조된 후에 안즉 그 섬은 멜리데라 하더라'

사도 바울이 탄 배가 바람에 밀려 아무 섬에 도착한 것이 아닙니다. 멜리데 섬은 하나님이 예비하신 섬이요 믿음으로 선포한 말은 그대로 이루어진다는 진리를 보여주기 위해 준비해 놓으신 하나님의 선물이었습니다. 사도 바울을 생각해 보았습니다. 자신이 말한 대로 배가 섬에 걸리게 되었을 때 사도 바울은 하나님을 향하여 감사의 눈물을 흘렸을 것입니다. 하나님이 내 말을 기도로 받으셨다는 사실, 믿는 자의 말에는 권세가 있다는 사실을 확인시켜 주시는 하나님을 생각하며 사도 바울은 감사의 기도를 드렸을 것입니다. 믿는 자의 말에는 권세가 있다는 사실 믿으십니까. 왜냐하면 하나님께서 우리의 말을 기도로 받으시기 때문입니다. 성도 여러분, 하나님은 우리의 생각까지도 기도로 받으신다는 사실을 기억하시기 바랍니다. 엡 3:20절입니다.

'우리 가운데서 역사하시는 능력대로 **우리가 구하거나 생각하는 모든 것**에 더 넘치도록 능히 하실 이에게'

하나님은 우리의 말을 기도의 언어로 받으실 뿐만 아니라 우리가 품고 있는 생각까지도 기도로 받으신다는 사실 잊지 마시지 바랍니다. 그래서 믿는 사람의 말은 희망을 선포하는 긍정적인 말이어야 하는 것이고 생각만 해도 이루어진다는 형통의 복을 삶에서 경험하는 우리 모두가 될 수 있기를 간절히 소망합니다.

2. 극진한 영접을 받았기 때문입니다

오랜 시간 배에 탄 사람들의 소원이 무엇일까, 육지를 밟아보는 것이라 생각됩니다. 배가 14일 동안 광풍에 밀려 사경을 헤매었으니 배에 있는 사람들은 제발 아무 섬이라도 도착했으면 하는 마음의 소원을 가지고 있었을 것입니다. 그런데 신기하게도 사도 바울이 탄 배가 멜리데 섬에 도착을 하였는데 생각지도 않은 일이 기다리고 있었습니다. 2절 보시면

'비가 오고 날이 차매 원주민들이 우리에게 특별한 동정을 하여 불을 피워 **우리를 다 영접하더라**'

영접하더라, 따뜻하게 맞이해 주었다는 의미입니다. 섬에 도착하는 것만으로도 기적 같은 일인데 원주민들이 중요한 손님을 맞이하듯 영접해 주었을 때 사도 바울은 어떤 생각이 들었을까. 하나님이 인도해 주셨구나, 하나님이 우리와 함께하신다는 사실을 사도 바울은 확신할

수 있었을 것입니다. 그 증거가 2절에 나오는 '특별한 동정을 하여' 이 구절입니다. 특별한 동정을 하였다는 것은 원주민들의 마음을 누가 움직였다는 것을 의미합니다. 그들의 마음을 누가 움직였을까요 하나님이셨습니다. 사도 바울을 인도하시는 하나님의 손길은 14절에서도 볼 수 있습니다.

'**거기서 형제들을 만나** 그들의 청함을 받아 이레를 함께 머무니라 그래서 우리는 이와 같이 로마로 가니라'

사도 바울이 보디올 항구에 도착하게 되었을 때 설렘보다는 두렵고 떨리는 마음이 많았을지 모르겠습니다. 왜냐하면 보디올 항구에서 로마로 가는 길이 걸어서 200km 대장정의 길이 시작되기 때문입니다. 세계를 다스리는 최고의 권력자들이 모여 있는 로마로 가기 위해 사도 바울이 보디올 항구에 첫발을 디뎠을 때 그의 마음은 여러 가지 감정이 교차했을 것입니다. 그런데 사도 바울을 위로하고 힘을 얻게 하기 위해 하나님은 믿음의 형제들을 준비시켜 놓으셨습니다. 로마에서 어떤 일이 일어날지 모르는 상황에서 설렘과 두려움의 감정이 교차하고 있는 사도 바울에게 믿음의 형제들이 다가와 위로와 격려의 손길을 내밀어 주었을 때 사도 바울이 얼마나 힘과 용기를 얻을 수 있었겠습니까. 그런데 이것이 전부가 아니었습니다. 15절 보시면

'**그 곳 형제들이 우리 소식을 듣고** 압비오 광장과 트레이스 타베르네까지 **맞으러 오니** 바울이 그들을 보고 하나님께 감사하고 담대한 마음을 얻으니라'

여기에 나오는 형제들은 로마에서 달려온 성도들을 의미합니다. 로마 성도들이 달려온 길을 수치로 계산해 보면 압비오 광장은 로마에서 70km, 트레이스 타베르네는 로마에서 53km 정도 되는 거리입니다. 믿음의 형제들은 사도 바울을 만나기 위해 먼 길을 달려온 것입니다. 로마 성도들이 사도 바울을 영접해 주었을 때 모든 것을 예비해 놓으시고 인도하시는 하나님의 손길을 느낄 수 있었을 것입니다. 대치동교회 담임목사로 부임한 지 벌써 15년이 되었습니다. 2009년 6월 28일 성도님들과 함께 드렸던 첫 예배를 지금도 기억하고 있습니다. 그때 찬양대가 들려주었던 찬양 때문입니다. 30세의 나이에 목사 안수받고 맨하탄 교회 청년부 전임 사역자로 청빙 받았을 때 6년 동안 섬겼던 청운교회에서 환송 예배를 준비해 주셨습니다. 그때 함께 사역했던 주일학교 교사들 찬양팀 청년들이 불러주었던 찬양이 있었습니다. 그 찬양을 듣고서 미국으로 떠났는데 이민교회 10년 사역 마치고 담임목회자로 부임하여 첫 예배 드릴 때 대치동교회 찬양대가 마침 그 찬양을 들려주셨습니다. 이 험한 세상 지낼 때 주께서 날 인도하시니 어느 때나 어디서나 주 품 안에 살리라 이 험한 세상 지낼 때 주께서 날 인도하시니 두려움 없이 다 이기며 나 주 안에 살리라. 그날 저는 목이 메어 설교를 하지 못하고 강단에서 눈물 흘렸던 기억이 지금도 생생합니다. 믿음의 형제들이 사도 바울을 만나기 위해 먼 길을 달려와 맞이해 주었을 때 사도 바울은 여호와 이레의 하나님을 만날 수 있었고 로마로 가는 길을 인도하시는 하나님을 확신하며 담대한 마음을 가질 수 있었습니다.

　　사도 바울 일행을 위해 원주민들은 따뜻한 불을 피웠습니다. 배에서 뛰어내려 육지까지 헤엄을 쳐왔기 때문에 저체온증으로 힘들어하는 사람들을 위한 배려였습니다. 이때 사도 바울이 나무를 올려놓기 위해 불에 다가갔을 때 갑자기 독사가 나와 사도 바울의 손을 물어버렸습니다. 원주민들은 이 광경을 보고 어떻게 생각하였을까 4절 보시면

　　'원주민들이 이 짐승이 그 손에 매달려 있음을 보고 서로 말하되 진실로 **이 사람은 살인한 자로다 바다에서는 구조를 받았으나 공의가 그를 살지 못하게 함이로다** 하더니'

　　토속신앙을 갖고 살아온 원주민들은 사도 바울이 바다에서는 구조를 받았지만 신의 분노를 살만한 죄가 있기에 뱀에 물려 죽게 되었다고 생각하였습니다. 그런데 결과는 반대였습니다. 사도 바울에게 아무런 일이 일어나지 않았습니다. 원주민들은 너무 놀라 사도 바울을 신처럼 숭배하기 시작했습니다. 하지만 사도 바울은 말씀의 능력이 임하였다는 사실을 알게 되었습니다. 예수님께서 세상을 떠나시기 전 제자들에게 하신 말씀이 있습니다. 막 16:17-18절 보시면

　　'믿는 자들에게는 이런 표적이 따르리니 곧 그들이 **내 이름으로** 귀신을 쫓아내며 새 방언을 말하며 **뱀을 집어올리며 무슨 독을 마실지라도 해를 받지 아니하며 병든 사람에게 손을 얹은즉 나으리라** 하시더라'

　　사도 바울은 예수님께서 말씀하신 능력을 체험하게 되었습니다. 뱀

에 물렸지만 아무런 해를 받지 않았습니다. 추장의 아버지가 열병과 이질에 걸려 누워 있을 때 예수의 이름으로 안수하며 기도하자 치유의 기적이 일어났습니다. 멜리데 섬은 사도 바울에게 말씀의 능력을 경험하는 은혜의 현장이었습니다. 말씀의 능력을 체험한 사도 바울은 로마에 가서도 복음을 전할 수 있을 것이라는 담대한 믿음을 가지게 되었습니다.

사랑하는 성도 여러분! 말씀에는 능력이 있다는 사실 믿으시기 바랍니다. 말씀 붙들고 살아가면 우리는 말씀대로 역사하시는 하나님의 능력을 경험하게 될 줄 믿습니다. 말씀의 능력과 권세가 우리를 통해 나타나기를 소망하며 여호와께서 약속하신 선한 말씀이 하나도 남음이 없이 다 응하였다는 간증하실 수 있기를 주님의 이름으로 축원합니다.

4. 고난 속에 뜻이 있다는 사실을 알게 되었기 때문입니다

지난 시간에 사도 바울의 발걸음을 편한 길로 인도하시면 안 되는 것인가, 로마에 가서 복음을 전하고 싶어 하는 사도 바울에게 쉬운 길을 허락하시면 안 되는 것일까, 질문을 던진 적이 있습니다. 하나님께서 사도 바울을 멜리데 섬으로 인도하신 이유가 무엇일까, 그 섬에는 하나님의 이야기를 들은 사람이 한 명도 없었기 때문입니다. 원주민들은 토속신앙을 가지고 살아왔습니다. 바다가 사나우면 신이 진노한 것으로 여겼고 뱀에 물려 죽는 사람은 신의 저주를 받은 사람으로 생각했습니다. 사도 바울이 뱀에 물리게 되었을 때 원주민들은 신의 진노로 해석했고 사도 바울에게 아무런 상함이 없자 원주민들은 신처럼 생각했습니다. 토속신앙의 결과입니다. 이 소식을 들은 보블리오 추장이 사도 바울을 자신의 집으로 영접하였습니다. 그의 아버지가 열병에 걸려 누워 있었기 때문입니다. 어떻게 되었을까 8-9절 보시면

'보블리오의 부친이 열병과 이질에 걸려 누워 있거늘 **바울이 들어가서 기도하고 그에게 안수하여 낫게 하매** 이러므로 섬 가운데 **다른 병든 사람들이 와서 고침을 받고**'

누가는 여기서 낫게 하매와 고침을 받고 두 단어를 사용하여 그때 일어난 일을 기록하고 있습니다. 어떤 성서학자들은 8절에 낫게 하였다는 것은 사도 바울이 예수의 이름으로 안수하여 기도로 고쳐준 것을 의미하고 9절에 고침을 받았다는 것은 의사인 누가가 약을 가지고 병든 자들을 고쳐주었다고 해석하기도 합니다. 정확히 알 수 없지만 치유의 기적이 일어나는 현장에 사도 바울 혼자 사역하지 않았을 것으로 생각할 수 있습니다. 하나님께서 직업이 의사인 누가를 동역자로 붙여주신 이유가 여기에 있지 않았을까 멜리데 섬에 일어난 치유의 사건은 토속신앙을 가진 사람들에게 하나님의 살아계심을 알리는 기회가 되었고 예수 그리스도의 이름을 선포하는 전도의 현장이 되었습니다. 사도 바울과 누가는 고난 속에 뜻이 있다는 사실을 알게 되었을 것입니다. 하나님을 모르고 살아가는 원주민들에게 예수 그리스도의 이름을 들어보지 못한 사람들에게 생명의 복음을 전하게 하시려고 여기로 인도하신 하나님의 뜻을 알게 되었을 때 사역자들은 감사의 기도를 드렸을 것입니다. 사랑하는 성도 여러분! 고난 속에는 뜻이 있다는 사실 믿으시면서 하나님의 인도하심을 신뢰하며 살아가는 우리 모두가 될 수 있기를 간절히 소망합니다.

11절에 보시면 생소한 이름이 등장합니다.

'석 달 후에 우리가 그 섬에서 겨울을 난 알렉산드리아 배를 타고 떠나니 그 배의 머리 장식은 디오스구로라'

사도행전의 저자인 누가는 왜 배의 머리에 붙어 있는 장식물에 관심을 가지고 있는 것일까. 디오스구로는 카스트로와 폴룩스라 부르는 제우스의 쌍둥이 아들을 가리키는 것인데 뱃사람들은 바다의 수호신으로 숭배하였습니다. 사도 바울과 함께 동행한 누가는 배의 머리에 붙은 디오스구로의 장식물을 보면서 이런 생각을 하지 않았을까요. 바다의 수호신이라 불리는 디오스구로는 아무런 힘이 되어주지 못했다. 우리를 여기까지 인도해 주신 분은 디오스구로가 아닌 살아계신 하나님이시다. 말씀을 준비하는 가운데 시 107:28-30절을 묵상하게 되었습니다.

'이에 그들이 그들의 고통 때문에 여호와께 부르짖으매 그가 그들의 고통에서 그들을 인도하여 내시고 광풍을 고요하게 하사 물결도 잔잔하게 하시는도다 그들이 평온함으로 말미암아 기뻐하는 중에 **여호와께서 그들이 바라는 항구로 인도하시는도다**'

사랑하는 성도 여러분! 우리의 발걸음을 인도하시는 분은 하나님이심을 믿으시기 바랍니다. 하나님은 모든 것을 예비하시고 우리와 동행하시며 거룩한 소원을 품고 살아가는 자를 소원의 항구로 인도하실 것을 믿으시면서 주님의 옷자락을 붙잡고 살아가는 우리 모두가 될 수 있기를 주님의 이름으로 축원합니다. 아멘 우리가 로마에 들어가니 바울에게는 자기를 지키는 한 군인과 함께 따로 있게 허락하더라 사흘 후에 바울이 유대인 중 높은 사람들을 청하여 그들이 모인 후에 이르되 여러분 형제들아 내가 이스라엘 백성이나 우리 조상의 관습을 배척한 일이 없는데 예루살렘에서 로마인의 손에 죄수로 내준 바 되었으니 로마인은 나를 심문 하여 죽일 죄목이 없으므로 석방하려 하였으나 유대인들이 반대하기로 내가 마지 못하여 가이사에게 상소함이요 내 민족을 고발하려는 것이 아니니라 이러므로 너 희를 보고 함께 이야기하려고 청하였으니 이스라엘의 소망으로 말미암아 내가 이 쇠사슬에 매인 바 되었노라 그들이 이르되 우리가 유대에서 네게 대한 편지도 받 은 일이 없고 또 형제 중 누가 와서 네게 대하여 좋지 못한 것을 전하든지 이야기 한 일도 없느니라 이에 우리가 너의 사상이 어떠한가 듣고자 하니 이 파에 대하여 는 어디서든지 반대를 받는 줄 알기 때문이라 하더라 그들이 날짜를 정하고 그가 유숙하는 집에 많이 오니 바울이 아침부터 저녁까지 강론하여 하나님의 나라를 증 언하고 모세의 율법과 선지자의 말을 가지고 예수에 대하여 권하더라 그 말을 믿 는 사람도 있고 믿지 아니하는 사람도 있어 서로 맞지 아니하여 흩어질 때에 바울 이 한 말로 이르되 성령이 선지자 이사야를 통하여 너희 조상들에게 말씀하신 것이 옳도다 일렀으되 이 백성에게 가서 말하기를 너희가 듣기는 들어도 도무지 깨닫지 못하며 보기는 보아도 도무지 알지 못하는도다 이 백성들의 마음이 우둔하여져서 그 귀로는 둔하게 듣고 그 눈은 감았으니 이는 눈으로 보고 귀로 듣고 마음으로 깨달아 돌아오면 내가 고쳐 줄까 함이라 하였으니 그런즉 하나님의 이 구원이 이방인에게로 보내어진 줄 알라 그들은 그것을 들으리라 하더라 (없음) 바울이 온이태를 자기 셋집에 머물면서 자기에게 오는 사람을 다 영접하고 하나님의 나라를 전파하며 주 예수 그리스도에 관한 모든 것을 담대하게 거침없이 가르치더라

22

금하는 사람이
없었더라

사도행전 강해가 어느덧 마지막 시간이 되었습니다. 오늘 우리가 살펴보게 될 본문은 사도행전의 마지막 기록으로 사도 바울이 로마에 들어가 2년 동안 하나님의 나라를 전파하며 예수 그리스도에 관한 복음을 전하는 장면을 보여주고 있습니다. 16절 보시면

'**우리가 로마에 들어가니** 바울에게는 자기를 지키는 한 군인과 함께 따로 있게 허락하더라'

그토록 소원하고 꿈꾸어왔던 세계의 심장부 로마에 사도 바울이 입성을 하게 되었다고 본문은 기록하고 있습니다. 유대인들의 고소로 사도 바울은 여러 번 재판을 받게 되었지만 지금까지 아무런 죄목을 찾아내지 못했습니다. 사도 바울은 문제를 해결하기 위해 로마 황제에게 상소를 하게 되었고 재판을 받기 위해 로마로 가게 된 것입니다.

로마에 도착한 사도 바울에게 어떤 일이 기다리고 있었는가. 16절 마지막 보시면

'바울에게는 자기를 지키는 **한 군인과 함께 따로 있게 허락하더라**'

이러한 배려는 사도 바울을 옆에서 지켜본 백부장이 로마 관리들에게 좋은 이야기를 전해준 결과가 아니었을까 생각됩니다. 사도 바울은 로마에 있는 유대인들 중에서 지도자급에 해당하는 사람들을 초청하여 자기가 로마에 온 이유를 설명하면서 기회를 준다면 복음에 대하여 증거하고 싶다고 제안을 하였습니다. 23절 보시면

'그들이 날짜를 정하고 그가 유숙하는 집에 많이 오니 **바울이 아침부터 저녁까지 강론하여 하나님의 나라를 증언하고 모세의 율법과 선지자의 말을 가지고 예수에 대하여 권하더라**'

사도 바울이 로마에 입성하여 제일 먼저 말씀을 전한 대상은 유대인이었습니다. 복음은 모든 믿는 자에게 구원을 주시는 하나님의 능력이 됨이라 먼저는 유대인에게요 그리고 헬라인에게로다. 선교 원칙에 따라 사도 바울은 자신의 동족인 유대인들에게 예수 그리스도를 전하는 데 최선을 다했습니다. 그런데 여기서도 반응은 갈라지게 되었습니다. 24절 보시면

'그 말을 **믿는 사람도 있고 믿지 아니하는 사람도 있어**'

복음을 받아들이는 사람보다는 배척하고 거부하는 사람들이 더 많은 것을 보면서 사도 바울은 하나님의 뜻에 따라 이방인에게 복음을 전하는 데 집중할 것을 28절에서 선포하고 있습니다.

'그런즉 **하나님의 이 구원이 이방인에게로 보내어진 줄 알라** 그들은 그것을 들으리라 하더라'

누가는 사도행전을 어떻게 마무리하고 있는가, 30-31절 보시면

'바울이 온 이태를 자기 셋집에 머물면서 자기에게 오는 사람을 다 영접하고 **하나님의 나라를 전파하며 주 예수 그리스도에 관한 모든 것을 담대하게 거침없이 가르치더라**'

누가가 사도행전을 이렇게 마무리하는 이유가 무엇일까, 사도 바울이 황제에게 상소하여 로마로 왔다면 재판의 결과를 알려주는 것이 상식이 아닐까 생각할 수 있지만 그것은 누가가 사도행전을 기록한 목적과는 맞지 않는 이야기입니다. 누가는 위대한 전도자 사도 바울의 일대기를 사람들에게 알리기 위해 사도행전을 기록한 것이 아닙니다. 만약 사도 바울의 일생을 기록으로 남기기 위해 책을 썼다면 앞으로 진행되는 재판의 과정과 결과 그리고 사도 바울이 순교 당하는 장면으로 사도행전은 끝이 났을 것입니다. 누가가 사도행전을 끝맺음하면서 재판 결과에 대하여 기록을 남겨두지 않은 것은 사도행전을 기록하게 된 목적 때문입니다. 사도행전을 기록한 목적은 행 1:8절에 있습니다.

'오직 성령이 너희에게 임하시면 너희가 권능을 받고 **예루살렘과 온 유대와 사마리아와 땅 끝까지 이르러 내 증인이 되리라** 하시니라'

복음의 물결이 예루살렘에서부터 시작하여 유대와 사마리아를 거쳐 땅끝이라 할 수 있는 로마에까지 퍼져가는 과정을 기록으로 남기기 위하여 누가는 사도행전을 저술한 것입니다. 오늘은 사도행전 강해를 마무리하면서 **'금하는 사람이 없었더라'** 이 제목 가지고 말씀 나눌 때 복음의 물결이 계속해서 우리를 통하여 흘러갈 수 있기를 주님의 이름으로 축원합니다.

첫째, 그리스도인은 위기를 기회로 만들 수 있어야 한다는 사실입니다.

사도 바울이 로마에 도착했을 때 재판이 열리기까지 감금 상태에 있을 수밖에 없었습니다. 하지만 로마 당국의 배려로 사람들을 자유롭게 만날 수 있는 특혜가 주어졌습니다. 16절 보시면

'우리가 로마에 들어가니 바울에게는 자기를 지키는 한 군인과 함께 따로 있게 허락하더라'

사도 바울이 상당한 특혜를 받은 것이라 말할 수 있지만 사도 바울 입장에서는 여전히 답답한 상태에 있다는 것이 맞는 이야기일 것입니다. 군인과 함께 있다는 것은 사도 바울이 쇠사슬에 매여 있다는 것을 의미합니다. 20절 보시면

'그러므로 너희를 보고 함께 이야기하려고 청하였으니 이스라엘의 소망

으로 말미암아 **내가 이 쇠사슬에 매인 바 되었노라**

　자유는 주어졌지만 쇠사슬에 매여 있는 신세, 사람들을 만나 대화할 수 있는 기회가 주어졌지만 여전히 감금되어 있는 상황, 이것이 사도 바울이 처한 현실이었습니다. 어려운 과정을 거쳐 로마에 입성하였지만 여전히 사도 바울은 쇠사슬에 매여 있어야 했습니다. 사도 바울같이 열정이 많은 사람이 매여 있다는 것은 그 자체만으로 고통이고 답답함의 시간이었을 것입니다. 그런데 사도 바울은 그러한 상황을 오히려 더 좋은 기회로 만들어 버렸습니다. 그리스도인은 위기를 기회로 만들 수 있어야 한다고 말씀을 드렸는데 사도 바울은 매여 있는 상황을 어떤 기회로 만들었을까. 낮에는 유대인들을 만나 구약의 말씀을 가지고 이스라엘이 그토록 소망했던 죽은 자의 부활을 예수 그리스도가 성취했다는 복음을 전하는 데 최선을 다했습니다. 말씀을 들은 유대인들은 복음을 받아들이는 사람도 있었지만 오히려 화를 내면서 사도 바울에게 등을 돌리고 돌아가는 유대인들이 훨씬 더 많았습니다. 로마에서도 영적인 저항이 심하였고 복음을 받아들이지 않고 예수를 배척하는 사람들이 많았습니다. 사도 바울은 이 상황을 어떤 기회로 만들었을까.

1. 옥중서신

　사도 바울은 재판이 열리기까지 미결수의 신분으로 감금되어 있어야 했습니다. 군인과 함께 쇠사슬에 매여 있는 사도 바울은 그런 와중에서도 전도 여행을 통하여 세운 교회들을 향한 기도를 멈추지 않았습니다. 1, 2, 3차 선교 여행을 통하여 복음의 터 위에 세워진 교회,

성도들을 향한 사도 바울의 마음이 고후 11:28절에 나와 있습니다.

'이 외의 일은 고사하고 아직도 날마다 내 속에 눌리는 일이 있으니 곧 **모든 교회를 위하여 염려하는 것이라**'

사도 바울의 근심은 매여 있는 것이 아니었습니다. 사도 바울의 염려는 재판이 아니었습니다. 사도 바울의 걱정은 오직 교회를 위한 것이었음을 성경은 증거하고 있습니다. 사도 바울의 선교 사역을 돕기 위하여 기도와 물질로 섬겨주었던 빌립보 교회를 생각하며 사도 바울은 성도들을 위로하고 그들의 믿음을 말씀 위에 세워주기 위해 빌립보서를 기록하였습니다. 빌 2:5-8절 보시면

'**너희 안에 이 마음을 품으라 곧 그리스도 예수의 마음이니** 그는 근본 하나님의 본체시나 하나님과 동등됨을 취할 것으로 여기지 아니하시고 오히려 자기를 비워 종의 형체를 가지사 사람들과 같이 되셨고 사람의 모양으로 나타나사 자기를 낮추시고 죽기까지 복종하셨으니 곧 십자가에 죽으심이라'

기독론에 대한 말씀이 기록된 빌립보서는 사도 바울이 로마에 감금되어 있는 상태에서 기록한 옥중서신입니다. 아데미 여신에 대한 우상 숭배가 심했던 에베소에 사도 바울이 3년 동안 머물며 혼신의 힘을 다해 복음을 전하고 교회를 세웠습니다. 하지만 유대인들의 소동으로 급히 예배소를 떠날 수밖에 없었고 사도 바울의 가슴에는 에베소 성도들에 대한 걱정과 고민이 남아 있었습니다. 에베소 교회를 생

각하며 어떻게 하면 성도들이 우상 숭배의 죄악과 싸워 믿음으로 승리할 수 있을까 고민하던 중에 쇠사슬에 같이 매여 있던 로마 군인의 복장이 사도 바울의 눈에 들어왔습니다. 로마 군인이 쓰고 있는 투구, 방패와 검, 허리띠와 발에 있는 신을 보면서 사도 바울은 하나님의 전신 갑주에 대한 영감을 얻을 수 있었습니다. 사도 바울은 힘겨운 싸움을 하고 있는 에베소 교인들에게 하나님의 전신 갑주에 대한 말씀을 전해주게 되는데 엡 6:13-17절에 나와 있습니다.

'**그러므로 하나님의 전신 갑주를 취하라** 이는 악한 날에 너희가 능히 대적하고 모든 일을 행한 후에 서기 위함이라 그런즉 서서 진리로 너희 허리띠를 띠고 의의 호심경을 붙이고 평안의 복음이 준비한 것으로 신을 신고 모든 것 위에 믿음의 방패를 가지고 이로써 능히 악한 자의 모든 불화살을 소멸하고 구원의 투구와 성령의 검 곧 하나님의 말씀을 가지라'

로마 군인의 복장을 보고 사도 바울은 전신 갑주에 대한 영감을 얻을 수 있었고 에베소 교인들에게 영적 싸움에서 승리하기 위해서는 하나님의 전신 갑주를 입으라는 귀한 말씀을 전할 수 있었습니다. 또한 사도 바울은 골로새 교인들에게 교회의 머리는 그리스도요 교회는 그의 몸이라고 하는 교회론과 그리스도의 선재성에 대한 말씀을 기록하게 되는데 골 1:18-20절에 나와 있습니다.

'**그는 몸인 교회의 머리시라** 그가 근본이시요 죽은 자들 가운데서 먼저 나신 이시니 이는 친히 만물의 으뜸이 되려 하심이요 아버지께서는 모든 충만으로 예수 안에 거하게 하시고 그의 십자가의 피로 화평을 이루사 만

물 곧 땅에 있는 것들이나 하늘에 있는 것들이 그로 말미암아 자기와 화목하게 되기를 기뻐하심이라'

　마지막으로 형제의 잘못을 용서하고 사랑으로 품어주는 것이 하나님의 뜻이라고 말씀하는 빌레몬서 역시 로마에서 기록한 옥중서신입니다. 지금도 은혜가 되고 위로와 소망이 되는 말씀인 빌립보서, 에베소서, 골로새서, 빌레몬서를 가리켜 옥중서신이라고 하는데 사도 바울이 로마에 갇혀 있던 시절에 기록한 목회서신서입니다. 사도 바울은 매여 있는 상황에 있었지만 오히려 기회로 삼아 옥중서신을 기록함으로 위기를 기회로 만들어 내는 능력 있는 그리스도인의 모습을 보여주고 있습니다. 성도 여러분! 믿음을 가진 사람은 상황을 탓하지 않습니다. 환경을 핑계 대지 않습니다. 그리스도인은 위기를 기회로 만들어 나가는 사람임을 기억하시고 능력 있는 그리스도인으로 살아가는 우리 모두가 되었으면 좋겠습니다.

2. 전도의 기회

　로마에 도착한 사도 바울은 군인과 함께 쇠사슬에 매여 있는 신세가 되었지만 오히려 사도 바울에게는 복음을 전하는 기회가 되었습니다. 미국 워싱턴에서 사역할 때 장로님이 치과 의사를 하셨습니다. 어느 날 장로님께서 오시더니 내일 북한으로 들어가게 되는데 기도를 부탁하셨습니다. 1년에 한 번 초청을 받아 북한에 들어가시면 고위급 간부들을 치료하게 되는데 이것이 복음을 전할 수 있는 기회가 될 수 있도록 중보기도해 주실 것을 요청하셨습니다. 장로님을 위해 기도하면서도 걱정이 되었습니다. 북한에서는 전도 행위를 엄격히 금지하고 있는데 위험하지 않습니까 물어보았더니 진료하고 있는 동안은 누구라도 가만히 누워 있어야 하는데 그 시간 동안 내가 만난 예수 그리스도, 하나님께서 베풀어 주신 은혜에 대하여 자연스럽게 전하면 간부들이 잘 듣고 있을 뿐만 아니라 그 현장에 성령이 함께하시는 것을 느낄 수 있었다고 간증하시는 것을 듣게 되었습니다. 사도 바울이 누구입니까, 위대한 전도자와 함께 쇠사슬에 매여 있는 군인을 그냥 두었을까요, 사도 바울의 하루 스케줄을 알려드리겠습니다. 23절 보시면

'그들이 날짜를 정하고 그가 유숙하는 집에 많이 오니 **바울이 아침부터 저녁까지 강론하여 하나님의 나라를 증언하고 모세의 율법과 선지자의 말을 가지고 예수에 대하여 권하더라**'

사도 바울은 아침부터 저녁까지 하나님 나라에 대하여 예수 그리스도에 대하여 말씀을 강론하고 가르치는 데 최선을 다했습니다. 사람들이 가고 난 후 저녁이 되었을 때 사도 바울은 뭐하며 시간을 보냈을까, 함께 매여 있는 군인에게 당신도 예수를 믿으면 구원받을 수 있다는 복음을 전하지 않았을까요. 이것은 상상 속에 꺼낸 이야기가 아니라 증거가 있기 때문에 말하는 것입니다. 빌 4:22절에 보면

'모든 성도들이 너희에게 문안하되 **특히 가이사의 집 사람들 중 몇이니라**'

빌립보 성도들에게 보낸 서신서에 보면 가이사의 집 사람들 중 몇이 주 안에서 인사를 전한다는 기록이 있습니다. 가이사의 집 사람은 로마 황제의 직계 가족이나 친족을 의미하기보다는 주로 로마 군인

들 또는 성안에서 일하는 사람들을 가리키는 표현입니다. 사도 바울이 함께 매여 있는 로마 군인을 전도하기 위해 최선을 다했다는 증거가 아닐까 생각됩니다. 사도 바울은 신세를 한탄하거나 환경을 탓하는 사람이 아니라 오히려 위기를 기회로 만들 줄 아는 능력 있는 그리스도인이었음을 성경은 증거하고 있습니다.

사랑하는 성도 여러분! 상황을 탓하는 사람 되지 마시기 바랍니다. 탓하는 사람치고 성공하는 인생 보지 못했습니다. 우리는 살아계신 하나님을 믿는 사람입니다. 불가능을 가능으로 바꾸시고 없는 것을 있는 것으로 만들어 내실 수 있는 전능하신 하나님을 믿으시기 바랍니다. 하나님을 의지하고 살아가는 우리는 상황을 탓해서는 안 되고 다른 사람에게 책임을 전가해서도 안 됩니다. 내게 능력 주시는 자 안에서 모든 것을 할 수 있다는 믿음 가지고 사도 바울은 갇혀 있는 신세이지만 옥중서신을 기록하는 기회로 만들었습니다. 함께 매여 있는 로마 군인을 감시자로 보지 아니하고 구원받아야 할 불쌍한 영혼으로 보며 복음을 전하여 믿음의 형제로 세우는 기회로 만들었습니다. 우리 모두 위기를 기회로 만들 수 있는 주님의 제자 되어 하나님 나라 역사에 귀하게 쓰임 받을 수 있기를 주님의 이름으로 축원합니다.

둘째, 복음의 물결은 계속해서 흘러가야 한다는 사실입니다.

성경 66권 가운데 유일하게 결론을 맺지 않고 끝난 책은 사도행전이 유일합니다. 사도행전은 완성이 되지 않은 미완성의 책이라 말할 수 있습니다. 왜 성경은 사도행전을 미완성의 책으로 남긴 것일까.

사도행전의 흐름을 보면 행 1:8절의 말씀대로 진행되어 왔다는 사실을 알 수 있습니다. 마가의 다락방에 성령이 임하면서 사도들의 입이 열리기 시작했습니다. 사도들의 입이 열리게 되었다는 것은 성령께서 복음을 전하도록 역사하셨다는 의미인데 그로 인하여 예루살렘에 초대 교회가 생겨나게 되었습니다. 복음의 물결은 예루살렘과 유대를 지나 사마리아로 그리고 로마에까지 흘러가게 되었습니다. 사도행전은 사도 바울이 로마에 머물렀던 2년의 시간을 기록하면서 마무리하고 있는데 새로운 선교 사역이 시작되었음을 알려주고 있습니다. 당시 로마는 세계의 심장부라 여겨질 정도로 모든 길이 로마로 통하게 되어 있었습니다. 로마에 복음이 전해진다는 것은 로마와 연결된 길을 통하여 복음이 세계 곳곳에 전해지는 새로운 선교 사역이 시작되었다는 것을 의미합니다. 사도행전은 로마에서의 사역으로 끝맺음하고 있지만 이 끝맺음은 세계 선교를 향한 새로운 시작이 되었다는 사실을 우리에게 알려주고 있는 것입니다.

2. 복음의 진전

사도 바울의 매임은 매임으로 끝나지 않았습니다. 사도 바울이 매여 있음에도 불구하고 유대인들에게 하나님의 나라와 예수 그리스도의 주 되심을 전하는 데 최선을 다하고 있다는 이야기가 빌립보 성도들에게 전해지게 되었습니다. 소식을 들은 빌립보 성도들은 어떻게 하였을까. 사도 바울은 생명의 복음을 전하기 위해 그토록 애를 쓰는데 우리는 지금 무엇을 하고 있는가 고민하면서 사도 바울과 함께 복음 전파의 진전을 위해 힘을 모으게 되었음을 빌 1:12, 14절은 보여주고 있습니다.

'형제들아 내가 당한 일이 도리어 복음 전파에 진전이 된 줄을 너희가
알기를 원하노라'

'형제 중 다수가 나의 매임으로 말미암아 주 안에서 신뢰함으로 겁 없이
하나님의 말씀을 더욱 담대히 전하게 되었느니라'

사도 바울의 매임은 다른 형제들에게 복음 전파의 진전이 되었음을
성경은 증거하고 있습니다.

3. 복음의 물결

사도 바울이 복음을 선포할 때 그 현장에는 상당한 저항이 있었습
니다. 복음이 전해지는 현장에는 언제나 악한 영들의 저항이 있었고
특히 유대인들을 선동하여 선교 사역을 방해하였습니다. 그러나 복음
의 물결이 흘러가는 것을 막지는 못했습니다. 예루살렘에서부터 시작
된 복음의 물결은 소아시아를 지나면서 교회를 세웠고 성령의 인도하
심에 따라 유럽에 복음이 전해지게 되면서 급기야 로마에까지 복음의
물결이 들어가기 시작했습니다. 사탄 마귀들이 유대인들을 동원하여
막아보려 했지만 복음의 능력은 장벽을 넘어 세계의 심장부라 할 수
있는 로마에까지 흘러가게 되었습니다. 복음의 능력을 알고 있는 사
도 바울은 순교 당하기 전 성경에 중요한 말씀을 기록으로 남겨놓았
습니다. 딤후 2:9절입니다.

'복음으로 말미암아 내가 죄인과 같이 매이는 데까지 고난을 받았으나

하나님의 말씀은 매이지 아니하니라'

사도행전의 마지막 기록인 30-31절에 보면 '셋집'과 '거침없이 가르치더라'가 나옵니다.

'바울이 온 이태를 자기 **셋집**에 머물면서 자기에게 오는 사람을 다 영접하고 하나님의 나라를 전파하며 주 예수 그리스도에 관한 모든 것을 담대하게 **거침없이 가르치더라**'

헬라어 성경을 보면 사도행전에 마지막으로 사용된 단어는 '아콜리토스'인데 금하는 사람이 없었더라는 의미입니다. 셋집에서 시작된 복음의 물결은 아무도 막을 수 없었습니다. 그리고 정확히 260년 후 로마는 복음의 능력 앞에 무릎을 꿇었습니다. 셋집에서 시작된 복음의 물결은 흐르고 흘러서 지금 우리에게까지 왔습니다. 누군가의 희생을 통하여 흘러온 복음이 이제는 우리를 통해 흘러가야 하지 않을까요. 사도행전은 끝이 나지 않고 지금도 계속해서 누군가를 통해 기록되고 있는 것입니다. 할렐루야!

사도들을 통한
하나님의 행적 3권

초판 1쇄 발행 2023. 11. 1.

지은이 하인택
펴낸이 김병호
펴낸곳 주식회사 바른북스

편집진행 박하연
디자인 양헌경

등록 2019년 4월 3일 제2019-000040호
주소 서울시 성동구 연무장5길 9-16, 301호 (성수동2가, 블루스톤타워)
대표전화 070-7857-9719 | **경영지원** 02-3409-9719 | **팩스** 070-7610-9820

•바른북스는 여러분의 다양한 아이디어와 원고 투고를 설레는 마음으로 기다리고 있습니다.

이메일 barunbooks21@naver.com | **원고투고** barunbooks21@naver.com
홈페이지 www.barunbooks.com | **공식 블로그** blog.naver.com/barunbooks7
공식 포스트 post.naver.com/barunbooks7 | **페이스북** facebook.com/barunbooks7

ⓒ 하인택, 2023
ISBN 979-11-93341-70-4 03230